U0736387

做心灵的唤醒者

中等职业学校班级管理工作实务

主　编　姜封祥

副主编　李先涛　孟　静　李　梅

中国海洋大学出版社

·青岛·

图书在版编目(CIP)数据

做心灵的唤醒者：中等职业学校班级管理工作实务 /
姜封祥主编.—青岛：中国海洋大学出版社，2019.9
ISBN 978-7-5670-1942-3

Ⅰ.①做… Ⅱ.①姜… Ⅲ.①中等职业学校－班级－
学校管理 Ⅳ.①G632.421

中国版本图书馆 CIP 数据核字(2019)第 291227 号

出版发行	中国海洋大学出版社			
社　　址	青岛市香港东路 23 号		邮政编码	266071
出 版 人	杨立敏			
网　　址	http://pub.ouc.edu.cn			
电子信箱	shifanbnu@163.com			
订购电话	0532－82032573(传真)			
责任编辑	史凡		电　　话	0532－85901984
印　　制	日照日报印务中心			
版　　次	2019 年 12 月第 1 版			
印　　次	2019 年 12 月第 1 次印刷			
成品尺寸	170 mm×230 mm			
印　　张	16.5			
字　　数	290 千			
印　　数	1—1000			
定　　价	58.00 元			

发现印装质量问题，请致电 18663037500，由印刷厂负责调换。

序言　唤醒，从自我开始

　　我和本书作者姜封祥老师有很多相同之处：姜老师是高中语文老师，我也曾是高中语文老师；姜老师多年从事班主任工作，我也曾是班主任；姜老师是市级优秀教师，我也是市级优秀教师，而且凭这个荣誉，在1987年我25岁时，被破格评为中学一级教师；更有意思的是，姜老师是职业学校的老师，我曾经接受过一年的职业教育，我是职教专业班的学生。所以，看到姜老师的专著，我感到特别亲切！鉴于此，我能谈一点学习姜老师大作的感受，非常高兴！

　　我敬佩姜封祥老师的勤奋，感动姜老师的敬业。

　　我们每个人都曾经有一个个特殊的"家"——班级，我们每个人都曾经有一个个特殊的"家长"——班主任。习近平总书记曾说："一个人遇到好老师是人生的幸运，一个学校拥有好老师是学校的光荣，一个民族源源不断涌现出一批又一批好老师则是民族的希望。"回顾我们人生历程中遇到的"好老师"，我们会第一时间想到那个曾唤醒自己心灵的人，想到自己某一时期的班主任，想到那个朝夕相处，风雨同舟的"头儿"。他很普通，但是，我们身上流淌着的文化基因，却在很大程度上来自于班主任。

　　相对普通教育而言，我国的中职教育，起步较晚。由于种种原因，中职学生的学业成绩相对较差，当家长对孩子失去信心，老师对学生失去信心，学生对自己失去信心的时候，中等职业教育的核心问题：让学生重塑信心，让学生抬起头来生活，便成为中职班主任工作的重中之重。

　　从1952年起，我们国家开始在中小学正式设立班主任，至今不到70年的历史。也就是说，班级管理是一门年轻的学问，正是她的年轻，给我们留下无限探索的空间。《做心灵的唤醒者》也和其他有关学校班级管理的著作一样，必将成为一颗靓丽的明珠！

　　当前中职学校班主任普遍感到压力大，困难多，无助感强，倦怠感加剧，《做心灵的唤醒者——中等职业学校班级管理工作实务》的出现，无疑就是久旱的甘霖，对促进中职班主任自身发展，帮助中职班主任释疑解难，一定会发挥积极的作用。

　　这是一本中职班主任日常班级事务的管理指南。该书涉及职业学校班级规范建设、活动组织、家校沟通、学生习惯培养、文化培育、专业教育、就业指导、学业评价、应急处置等，可以说涵盖了中职教育的方方面面；从入学教育到日常管理，从学业指导到生涯规划，包括了中职德育的整个过程。该书作者针对中职德育的特点与个性，进行了卓有成效的探索，积累了丰富的经验，让读者能清楚地了解德育特别是中职德育的全过程，增加对德育工作的掌控度。

这是一本中职班主任岗位职责的应用指南。班主任是一个专业化岗位，由于种种原因，尚未形成专业化的培训体系。许多教师一上任就担任班主任，没有经历系统的岗前培训，加之中职学校的班主任教师多为非师范院校出身，因此班主任队伍缺乏教育学、心理学的知识，缺乏专业知识储备，缺乏业务操作能力，他们需要一种实践型的操作指导，"工作实务"就是一种实际事务的操作方法，如第一次见学生的设计、班级制度的制定、班干部的培养、主题班会的开设、班级文化的提炼、与家长沟通的方法等八大方面数十条策略，均是一线德育工作者在实践中总结出的经验方法，极具针对性和可操作性，能有效推进班主任队伍的专业化发展。

这是一部关注学生特别是中职学生实际发展的时尚指南。书中突出"以人为本"的原则，聚焦学生的实际，他们学习兴趣不高，规则意识淡薄，叛逆心较强，无原则地接触新生事物……从"仙剑奇侠"到"王者荣耀"，从"网络直播"到"抖音""快手"，从"佛系"到"网红"，所谓的"时尚"层出不穷，班主任不仅要做传统上的"传道授业解惑"者，更要与时俱进，做信息化时代的"传道授业解惑"者。该书编者结合近年来学生的实际，直面违法犯罪问题、心理健康问题、网络道德问题、代沟矛盾问题、职业道德问题……联系实际案例，总结出一系列有针对性的解决方案，引导班主任将新潮流融入教育方案，以多元化评价激励学生，做一个现代媒体的占领者，做一个"时尚"的引领者。

该书主编姜封祥老师，从事中职学校教育教学管理工作多年，深谙中职学生的管理要素，他和他的团队结合中职学生的实际，融入时代发展特色，给中职德育提供了实用的方案和参考。

做学生心灵的唤醒者，做立德树人征途上的探路者和追梦人！借此致敬在中职班主任工作一线默默奉献的奋斗者！

愿大家互相扶持，勇敢而坚定地行走在职业教育的大路上，为学生出彩，自己出彩而前进！

《德育报》社长、总编　张国宏

2019 年 9 月

前言　您就是人间最美四月天
——致中等职业学校的班主任

　　人间最美四月天，其实我们想说班主任就是学生生命中最美的四月天。班主任是一场修行，是引领学生立德之修行；班主任是一道风景，是引领学生成人之风景。其中，中职班主任更是风景之中最坚韧的山峰。

　　面对中职的学生群体，我们的班主任：上得了课堂，跑得了操场；批得了作业，写得了文章；开得好班会，访得了家长；劝得了"情种"，管得住上网；解得了忧伤，破得了迷惘；hold得住学霸，忍得了奇葩；查得了案件，做得了调解；镇得住嚣张，演得了唐僧……

　　的确，中职班主任扮演着多种角色，拥有多方面的能力，付出多维度的努力……

　　在中职的校园中，班主任的大脑没有停息过。整天要动脑筋想办法把班级管好，想办法制定班规班训，想办法制定班级奖惩考核制度，想着如何把班级建设成规范班级、先进班级、优秀集体，也无时无刻不在想着如何把一块块"原石"打磨成"碧玉"。

　　在中职的校园中，班主任的嘴没有停息过。课堂上要为学生讲课；学生调皮了，要找学生谈心；学生作业没做，要找学生谈话；学生破坏公物，要找学生训导；学生考试考不好，要找学生开导。几乎每个学生找个遍，有时还要找学生家长交流；也有时，因为班上同学的违规违纪，被领导找去谈话。

　　在中职的校园中，班主任的心没有停息过。整天把心都交给了自己的学生，用爱心温暖学生，用真心感染学生，用诚心打动学生。可怜天下父母心，可怜天下班主任心。

　　当然，中职班主任辛苦着，但同时也快乐着。看到同学们一张张的笑脸，看到同学们茁壮成长，不断进步，拥有一技之长，中职班主任会由衷地感到高兴。特别是每个节日到来的时候，收到同学们的一句问候、一条短信、一张贺卡，班主任们都会感动到热泪盈眶，多年以后一个个曾经朝夕相处的学生来看望的时候，班主任们会感到自己就是这个世界上最幸福的人，作为中职班主任，累并快乐着。

其实,教育就是一场暗恋,你费尽心思去爱一群人,结果可能只感动了自己;教育也是一场虐恋,费心爱的那一群人,总会离你而去;教育更是一场单恋,学生虐我千百遍,我待学生如初恋。最最亲爱的同学们,你若"不离不弃",我必"点灯相依"。希望在中职校园中有班主任陪伴的这些日子,成为你们人生最美好的回忆!而我们这群中职班主任,会继续在校园里教书育人,不忘初心,继续前行!

作为职业的德育工作者,我总想着把 20 年来中职德育工作做一个总结,总想着把在实施"唤醒"教育中与学生相处的点点滴滴做一个提升,总想着为中职班主任队伍专业化发展提供一点启示,唯有如此,方能不负初心,方能桃李芬芳!

本书由中职学校分管德育的校长、学生处主任、优秀骨干班主任编撰,他们把育人理念和实践经验有机融合于中职班主任实际工作之中,具有很强的指导意义和操作价值。

青岛中等职业学校"孟静名班主任工作室"主要成员参与了本书的编著,青岛外事服务职业学校的毕建英、徐妍、邢智宏、倪艳青及青岛交通职业学校任颐、李玉霞、李雁等班主任参与了部分案例的撰写和校对,在此表示感谢。书中引用了一些专家和同行的成果,在此一并表示感谢!限于时间和水平,本书尚有不成熟之处,敬请各位读者和同仁不吝指教!

姜封祥

2019 年 8 月

目 录

第一章　做工作岗位的自知者

雨果说："世界上最广阔的是海洋,比海洋更广阔的是天空,比天空更广阔的是人的灵魂。"教师是人类灵魂的工程师,而班主任则是战斗在德育阵地最前沿的战士,是班级的灵魂。从学校教育管理层面来看,班主任直接决定班级的发展层次,班主任稳则班级稳,班级稳则学校稳;从学生个体成长层面来看,中职时期是学生成长发展的关键时期,这是人生血脉骨肉成长的关键期,是人生品质意志形成的关键期,是人生公民素养培育生成的关键期,是决定一个人今后命运的关键期……而每个中职班主任就是这关键生命段的一座导航灯塔,一片引路风帆,一位抚慰心灵的园丁……

中等职业学校班主任是学校教育教学重要的专业性岗位,中等职业学校班主任工作是重要的育人工作,在学校实施教书育人、管理育人、服务育人,沟通学校、家庭和用人单位等方面发挥着重要的作用。

加强中等职业学校班主任的专业化发展,对于贯彻落实党的教育方针,坚持立德树人,努力培养德智体美劳全面发展的社会主义建设者和接班人,具有十分重要的意义。

第一节　中职班主任的岗位角色

班主任是引导孩子发展、培养孩子品质的"孩子王",歌曲《班主任》有这样一段歌词:"都说你是最小的主任,管着长不大的一群;都说你是最棒的园丁,守望着我们成长的年轮;都说你是最大的官,管着未来的部长、将军;都说你是最好的人,就像我们的父母亲……"作为最小的主任最大的官,中职班主任更是承担着建设和谐社会的重要使命,既具有荣光又具有挑战性。

中等职业学校班主任是国民教育序列师资队伍的重要组成部分,是中职教育的主力军,是中职学生管理工作的主要实施者,是中职学生思想道德教育的骨干力量,是中职学生健康成长的引领者,是中职学生职业生涯发展的引导者。2010年10月,教育部人力资源社会保障部联合发布了《关于加强中等职业学校班主任工作的意见》,意见中进一步明确了中等职业学校班主任在学生思想工作、班级管理工作、组织班级活动、职业指导工作、沟通协调工作等方面的工作职责,即教育学生,做好学校、家庭和用人单位的沟通,管理班级,做学生身心健康和职业发展的引路人。但在现实德育工作中,中职班主任的角色定位除了是班级的教育者、管理者外,还应该是学生道德行为的示范者,良好学习习惯的引领者,学生活动的组织者,心理障碍的疏导者,地位平等的对话者,职业生涯的指导者。班主任在工作中应根据不同需要,扮演好教师、朋友、家长、导师等不同的角色。

一、职业学校班主任的角色

"角色"一词源于戏剧,指演员扮演的剧中人物,后来被引入社会心理学。社会角色是指个体与其社会地位、身份相一致的行为方式及相应的心理状态,是对在特定地位的个体行为的期待。作为中职学校班主任的角色主要包括以下几个方面。

(一)中职学生发展的建设者

中职学生是一个相对特殊的群体,他们大多学习基础差,行为习惯存在缺陷,自信心不足。一个班级就如同未来职场中的一个团队,班主任是这个团队的组织者。这个团队的几十名成员性格各异、智力发展状况各异、兴趣点各异……班主任在发展学生的心智,塑造学生的心灵,陶冶学生的情操,引导学生形成正确的人生观和价值观等方面,都起着十分重要的作用,是学生性格发展的建设者。

(二)中职学生心灵的关怀者

老师要关爱学生并让学生感受到关爱,就必须成为学生的知心朋友。要发自内心地接受每一位学生,以真诚的心来影响他们,使他们感受到关怀和期望。我国著名教育家陶行知先生说过:"真的教育是心心相印的活动,唯独从心里发出来的,才能打到心的深处。"离开了心灵与情感的交流,教育也就没有任何意义。班主任只有从心灵上做学生的朋友,才能使师生互动这种教育的过程变得愉悦。因此,班主任只有成为班集体的一分子,成为学生真正的朋友,才能建立起平等、民主、和谐的师生关系,并收到良好的育人效果。

(三)中职学生管理的协调者

"班主任是学校领导者实施教育教学工作计划的得力助手",这体现了班主任的作用:在学校日常管理以及校园文化中发挥着"承上启下"的作用。这就需要班主任协调好学校、任课教师、各层次不同家庭背景的学生的关系,并协同社会、学校、社区、学生家长诸方面的力量,形成教育合力,促进学生健康、和谐发展,因而班主任是各种关系的协调者。

（四）中职学生心理健康的辅导员

身处社会的转型期,人的心理状况容易出现滑坡式的负面发展。中等职业学校学生正处在人生发展的关键时期,学习、生活以及个人的发展方向都在发生巨大的转变,而且还要直接面临日益激烈的就业压力和社会环境,在这过程中,容易产生各种困惑和心理问题,因此开展心理健康教育非常必要。但从职业教育实际状况来看,给职业学校每个班级配备专业的心理健康教育师资的可能性不大,那么心理健康教育工作就要由班主任分担。因此,一个合格的中职班主任,既是一个德育工作者,也应是一个好的心理辅导师。

（五）中职学生职业生涯的设计师

职业学校学生除进入高等学校继续深造以外,相当一部分在完成学业后将踏上社会,选择就业。如何择业、就业、创业,关系到学生的前途和终身幸福。因此,班主任还扮演着学生职业生涯设计师的角色。班主任应对学生全面了解,依据每一位学生的特点,引导学生发展特长,挖掘潜能,同时指导学生认清就业形势,树立正确的职业观,尽快完成从学生到准职业人的角色转变,走好成功迈向社会的第一步。

二、职业学校班主任工作的特点

鉴于中职学生的实际,中职班主任工作千头万绪,既要面对"陈年旧疾",又要应对突发状况;既要引导个别学生的成长,又要加强班级团队建设。无论何时何地,中职班主任都要注重理论与实践相结合,个性发展与团队建设相结合,典型事件与共性规律相结合,探索新时期中职学校班主任工作的主要特点。

（1）复合性。中职教育的培养目标是培养合格的社会主义公民、高素质的劳动者,所以班主任在管理班级过程中除了要关注学生某一方面的发展外,还要关注学生的综合性发展,尤其是职业迁移能力。这就要求班主任在做学生工作时,要经常给学生讲解综合职业能力发展的重要性,在做好学习工作的基础上,积极参与学校的各项活动。班主任要注重激励,及时总结,使学生各方面的职业能力得以提高,从而促进综合素质的提高。

（2）开放性。开放性体现在两个方面:一方面,中等职业教育的目的不只是符合学校内部的要求,还必须与经济社会发展相结合。班主任的工作不能脱离社会尤其是用人单位的需求,要根据用人单位的需求来研究提升班级管理工作水平。另一方面,班主任要结合时代特点,结合科学的教育方法,促进学生养成良好的职业道德行为,使他们能够满足用人单位的要求,提升就业率。

(3)民主性。班主任与学生的和谐关系是建立在相互尊重的基础上。中职班主任除了是班集体的管理者和组织者之外,还应是学生的朋友。当今社会对学生创新能力和实践能力的要求越来越高,这就要求班主任必须尊重他们,理解他们,调动全体学生的积极性,让学生自己做班集体的主人,自己管理自己,自己教育自己,充分发挥学生自我管理的能动性,真正成为学生的良师益友。

(4)专业性。班主任工作也是专业性很强的工作,具有特定的理论结构、操作规程。作为新时代的中职班主任,一是要不断地更新知识和观念,保持时代性;二是要不断提升自己的理论水平和师德师风建设,才能成为一个真正的专业性很强的合格班主任。

总之,中职学校班主任是一个专业性的岗位,班主任是充满爱心的唤醒者,是引导学生健康成长的导师,是学生的良师益友和引路人。班主任是学生择业、就业、创业的指导者,帮助学生学会做人、学会求知、学会生活、学会技能,成为未来职场的有用人才。

【拓展延伸】

1. 推荐给班主任的 12 本书

李镇西《爱心与教育》,四川少年儿童出版社 1998 年版。

朱永新《新教育之梦》,人民教育出版社 2002 年版。

万玮《班主任兵法》,华东师范大学出版社 2004 年版。

魏书生《班主任工作漫谈》,漓江出版社 2005 年版。

管建刚《不做教书匠》,福建教育出版社 2006 年版。

李迪《做一个优秀的中职班主任》,教育科学出版社 2011 年版。

梁岗《创建幸福教室的 35 个秘密》,华东师范大学出版社 2014 年版。

〔苏联〕苏霍姆林斯基《给教师的一百条建议》,杜殿坤译,教育科学出版社 1984 年版。

〔意〕亚米契斯《爱的教育》,姚静译,南海出版公司 2000 年版。

〔英〕伯特兰·罗素《教育和美好的生活》,杨汉麟译,河北人民出版社 2001 年版。

〔日〕黑柳彻子《窗边的小豆豆》,赵玉娇译,南海出版公司 2003 年版。

〔美〕雷夫·艾斯奎斯《第 56 号教室的奇迹》,卞娜娜译,中国城市出版社

2009 年版。

2. 经典案例

张景静:24 岁女老师"降服"24 个"坏小子"

乐倩

"再不听话,就送你去 52 中!"在成都,这是一句对孩子非常"有效"的恫吓语。因为,52 中是四川省唯一的一所工读学校。在这所学校里就读的,都是各式各样的"问题少年"。

张景静,24 岁,2003 年毕业于四川师范大学教育心理学专业,之后进入成都市第 52 中任教。张景静身高 1.60 米,一开口还总爱笑,毫无"师道尊严",可她不仅当上了工读学校里男生班的班主任,还把班上 24 个"坏小子"管理得心服口服。5 月 25 日至 31 日,张景静到北京出差一周,"坏小子"们成天念叨:张老师,你什么时候回来呀!

……

■ 被女生喊做"幺妈"

刚进学校的感觉? 其实面试的时候我就和学生有了第一次接触,当时觉得他们和其他学校的学生没什么区别。到学校报到以后再接触,就觉出他们的"坏"了,不管男生女生,张口闭口都是怪话(方言,意为"脏话")。

……

很多女生都不愿意受约束,刚来的时候就受不了,极端一些的还想自杀。所以进来时都要检查一下身上有没有刀片什么的。

接触多了,我发现这些女生的问题主要是感情方面,再就是不想学习,太坏的心眼也没有。她们有些想法,其实我很能理解。她们本来就学习基础差,有些已经离开学校半年、一年时间了,成绩比别人落下很大一截,你非要把她关在那儿,还要把成绩赶上去,是没用的。所以我们和普通学校的课程虽然一样,但是我们的进度要慢一些,边学边补以前的东西。

很快我就和她们融在了一起。有一个女生,打扮、性格都像男孩子一样,跟我感情最好,喊我做"幺妈",我就喊她"幺儿"。

可是有一天,她早上叠被子的动作特别磨蹭,我让她快一点,没想到她腾一下跟我凶起来了,发脾气,还骂些怪话,特别难听,然后就进了洗漱间。我本来想进去再和她好好说说,结果听到一个女生在里面问:你是不是想打她? 她说,嗯。我一下气极了,冲进去把她的漱口杯就给砸了。我说你打呀,她就没吭声了。紧接着我冲到值班室去哭,其他学生都来看我、劝我,我也不听,敲门我也不开。不过总还是要吃早饭的，到了早饭时间我出来了，她就过来道歉，说："幺妈，我刚才不是要针对你的，我是乱说的。"她这一道歉，我又心软了，就原谅了她。

后来她跟我说，是因为早上觉没睡醒，所以一喊她，她就不高兴。那时候我还是没经验，换到现在，我可能就不会那样做了。

■ 险遭学生打昏抢劫

在女生班带了半年，马校长来问我：敢不敢到初一带男生班？我想初一的孩子小嘛，有什么不敢的？就同意了。没想到这学期开学，到男生班直接就当了班主任。

我当班主任，学校里还有些争议，因为我们学校还从来没有一个女老师去带一个男生班，更何况我刚来没多久，连见习期都没满。不过马校长比较"新潮"，他鼓励我们年轻老师去尝试。他对我说，其他老师都会帮助你的。我们学校的男生班一般都是一个班主任，一个带班老师；就我们班特殊，给我配了两个带班男老师。

刚开始，班上来了9个人。一般住家不是都说什么两室一厅、三室一厅嘛，我们是七室一厅：教室、寝室、卫生间、活动室、老师办公室、值班休息室等，都在一套房里，一个班就是一个大套间。我跟学生们说，希望他们把这里当一个大"家"一样。但那时候他们的情绪很不稳定，总想法子要逃走。

开学没几天，遇上第一个周末，轮到我值夜班。突然就有学生跑来告诉我，他们已经商量好，打算趁我一个人值夜班的时候把我敲昏，抢走我身上的钱大家集体逃走，然后各奔东西。我听了吓一跳。上晚自习的时候，我把他们9个人召集起来，第一句话就说：你们别敲我了，我身上没带钱。

我是开玩笑的口气，他们也都笑起来，说："哎，老师，你咋知道？"我说："开玩笑，我是学心理学的，你们咋想的，我全知道。"

然后，我又认认真真地告诉他们，我带这个班有多么不容易，还有他们父母为什么要送他们来等等。通常和学生谈话我都是一个一个谈，那天我是全班一起谈，而且也不知道自己怎么那么多话，谈了整个晚自习时间，大概有两小时吧。只见那些孩子的头越来越低，最后一个个都趴桌子上了。我想应该差不多了，就说："别的话我不多说了，你们要是还有想法，可以找我单独来谈，写个纸条也行，现在去洗漱吧。"

结果，有一个学生跑来告诉我："老师，他们都跑到卫生间哭去了。"我高兴起来，心想，至少这两天我是安全了。

那天，几个带头要逃走的孩子哭得最厉害。哭完之后他们到我办公室来说，老师我们对不起你。我说，有你们这句话就行了。就是这几个孩子，现在表现特别好,也是最稳定的,还能够帮我管理班上其他孩子。

■ 两招秘诀:聊天和夸奖

我们学校的情况比较特殊,随时进学生,好了也随时可以走。现在,我的班上已经有了24个孩子,我今年正好是24岁,你说巧不巧?

在班上待的时间长了,我发现很多孩子就是缺乏沟通。24个孩子里,有十八九个都是家庭不完整的,有的是单亲家庭,有的甚至是孤儿。还有些学生,要么家里很有钱,父母成天在外面,不管他;要么是没钱忙着挣钱,也没空管孩子。

我们这里的老师对待成绩好还是不好的学生都是一视同仁的。态度决定一切——我这句口头禅,我们班上的孩子背得最熟了。学生只要认真做了,成绩慢慢来,关键是先养成良好的学习习惯。我告诉班上的孩子:你以前考20分,现在就是能考30分我都奖励你,那都是你的进步。

这些孩子其实都很聪明,思维相当活跃。以前我在普校实习的时候,那些孩子都很规矩。现在这个班的学生在上课时可"闹"了,抢着回答问题。我刚点一个举手的站起来,他还没说呢,下面坐着的就把答案喊出来了。而我们随时都正面鼓励他们。

你问我用什么方法奖励啊?有时候我会买些零食,平时他们很少吃的。不过他们更喜欢全班性的表扬。你只要在说到什么事的时候提一句:我发现谁谁谁在哪方面就挺好的,他就高兴得不得了。他们以前很少受到老师表扬,其实心里很在乎。

我班上有个孩子,各方面表现都不太好,但他有个优点:勤快。有一次我们厕所洗拖把的水槽堵了,他来告诉我,我说等一会儿我去给师傅打个电话来修。没过一会儿,他又跑来说,老师你快闻闻我的手。我笑着说我不闻,什么味道啊,他说,我去把它掏通了。我就在班上表扬他,后来他就更勤快了,时不时去刷个厕所什么的,成了管理员。其实只要你表扬他某方面以后,在这方面他绝对会做得更好,而其他方面自然而然就不会自暴自弃,对自己也会有更高要求。

■ "老师的笑容是校园里最美丽的花朵"

我们的学生每天晚上要写日记,老师给他们批改,也是一种沟通。写的内容很随意,就像在网上QQ聊天那样,主要是一种谈心。

有一个学生,刚来了一个星期左右就在日记里写道:"老师的笑容是校园里最美丽的花朵。"看到这句话我很心疼,可能他以前看到老师的笑容太少了。由此我发现他的语言表达能力强,演讲、朗诵什么的都挺好,我就鼓励他去参加校广播站竞职,结果他被选上了。我也推荐他去团校学习。

于是他又在日记里写道,以前自己在演讲方面再有才华,老师都只说,你把自己先管住了就行，其他就不要想了。来到这里，他越来越有自信了，能做自己做得好的事情。

其实那孩子来之前被人抢劫过，他想，那些人抢劫了他也没被处罚呀，所以他也去抢年龄比他小的同学的车和钱。那时他还迷恋上网打游戏，上网要花钱，他就回家要钱，妈妈不给他，他就掐他妈妈脖子。他妈妈特怕他，不敢在他面前说重话。

他来了以后，我就鼓励他主动和妈妈沟通。其实他是特别重感情的一个人，因为他说自己特别重朋友感情。我说："你为什么只重朋友感情，却放弃了父母对你的感情？看来你还不是一个重感情的人，如果你真重感情，父母的感情你放哪儿了？"

他喜欢打游戏，游戏里不是有这"值"那"值"的吗，我就对他说，原来父母对你已经不信任了，现在你每次回家，都是去赢"信任值"的，如果不把握机会，你的信任分就等于零。结果慢慢地，他回家以后，去哪儿都给妈妈打招呼，也帮着做点家务，跟妈妈聊天，母子关系也开始好转。

母亲节那天，我让每个同学都给家里打一个电话。他打完后，想了想，又跟我说："老师，我能不能再打一个，话还没说完。"

他愿意跟妈妈多说了，他妈妈也高兴，说儿子懂事了。"五一"节回家之后返校，他妈妈对我说，他确实变化大。我最欣慰最高兴的事，就是家长把他们带回家后，说孩子确实变了。

有个学生对我说，张老师，只要你在这儿教书，我就在这儿读。

你说孩子们对我个人感情好深？其实，越是这些所谓的"坏孩子"，就越是缺乏感情沟通，越是渴望感情沟通。你对他好一点，他就会回报你很多。

……

（《北京青年报》2004 年 5 月 31 日，有删改）

第二节　中职班主任的专业素养

教育部、人力资源社会保障部《关于加强中等职业学校班主任工作的意见》指出，中等职业学校班主任应由取得教师资格、思想道德素质好、业务水平高、身心健康、经过相关培训的教师担任。班主任要忠诚党的教育事业，热爱学生，乐于奉献，掌握教育学、心理学、职业指导等方面的基本知识和方法，熟悉相关法律法规，具有较强的教育教学能力、组织管理能力、人际沟通能力和职业指导能力。简而言之,中职班主任要不断提升建班育人的能力。中职班主任的专业素养主要包括以下两个方面。

一、真心育人

中职教育就是培养合格的社会公民、高素质的劳动者和技术技能人才的教育。既要对学生进行思想和品德的教育,又要对学生进行专业知识和技能培训,为学生可持续发展打下坚实的基础。因此,在班主任工作中始终应以人为本,以仁为体,以学生发展为导向。

(1)教学生学会做人,培育道德品质。要求学生首先以德立身,践行社会主义核心价值观,中职班主任要根据职业教育培养目标,以服务发展、促进就业为导向,把职业道德、就业指导、心理健康教育融为一体,有针对性地指导学生学业发展、健康生活等,培养学生做一个爱国敬业诚信友善的文明公民。

(2)教学生学会学习,培养学习能力。中职班主任应该在课堂教学和见习实习中为学生指明发展方向,明确专业的内涵、专业的主干课程、专业发展方向、专业就业前景等,培养学生的专业素养、综合素质,让每一个学生明确学什么、为什么学、怎样学,而不是仅仅做一个简单的劳动者。

(3)教学生把握现代企业文化。中职班主任要积极推动优秀企业文化进校园,定期组织学生走进企业调研,采用多种形式实现文化对接和融合。通过聘请优秀企业家、优秀技能人才做校园文化建设顾问,直接参与校园文化建设,邀请他们以主题演讲或职业沙龙等形式宣扬优秀企业文化;借鉴优秀企业的管理制度和方法,加强学生的日常管理;联合优秀企业共同开发职业能力、职业素养培训课程;在校园中营造企业文化氛围,特别是在实训场地创造浓厚的企业文化环境,充分利用工学结合、顶岗实习的机会,引导学生了解企业文化,感悟职业精神,培养职业素养,提高职业道德。

(4)教学生具备适合的择业心态。中职班主任要结合社会需求和自身特点,引导学生利用顶岗实习机会熟悉社会,体验职业,树立正确的择业观、职业观、创业观;培养学生的实践能力和创新精神;帮助他们树立合作与竞争意识,增强学生迎接职业挑战的信心,提高生活和社会适应能力,学会应对压力和挫折,让学生做到成功时很冷静,失败时很从容,具备良好的心态,以便能顺利踏入社会。

二、专业育人

中职班主任通过班级建设和管理实施育人任务,因而要具有综合的管理知识和管理能力。

（一）热爱学习，做"杂家型"传道者

班主任首先是一位教师，中职班主任不仅要引导学生学知识，学技术技能，还要引导学生学会做人、学会处事、学会合作、学会自我设计人生，持续发展。只有当班主任以优秀教师的姿态登上讲台，用精深的专业知识、灵活的教学方法，以娴熟的技术技能去指导学生训练技术技能，才能博得学生的信赖和敬佩，而后才有可能成为一位有威信的班主任。

班主任必须较系统地了解教育目的和教育原则、教育过程和教育方法，确立正确的现代教育观，自觉地按照教育规律来开展教育活动，科学地调控教育环境，科学地利用各种教育资源、管理艺术，把握学生的心理动态，方能达到最佳的教育效果。

（二）磨砺能力，做"魅力型"班主任

能力，是一个人顺利完成某项工作或活动的个性特征，通常指某人完成一定活动的本领。班主任在班级建设过程中应具备多种能力，包括以下几方面。

（1）深刻敏锐的观察分析能力。班主任做好工作的前提是了解学生，而了解学生最基本的素质就是观察能力。

（2）缜密有方的组织管理能力。班主任对班级的整体管理，要善于把学校教育要求同本班的实际结合起来，统筹兼顾，确立奋斗目标、培养班级干部、组织有效活动、协调人际关系、控制教育情境、引导正确舆论，才能管得科学、管得民主、管得严格、管得得力、管得有效。

（3）机智灵敏的应变能力。应变能力是指班主任善于因势利导，随机应变处理各种意料之外问题的能力，它是班主任深思和果断相结合的产物，也是班主任深入了解学生和不断积累教育经验的结果。中职班主任应变能力强，引导得法，处理得当，就可以对教育过程中突然出现的情况，迅速地做出明确判断和正确处理。

班主任还需要具备广泛的爱好和才能。班主任如果对音乐、体育、书法、绘画等都有一手，那将是"如虎添翼"，会更有利于班主任指导学生开展活动和发现特殊人才。

（三）德技兼修，做"双师型"教师

当前中国正处于社会经济转型期，供给侧结构性改革对职业教育也提出了新的挑战，要求职业教育与时俱进，适应经济社会发展，中职班主任也要与时俱进，不断提升专业化水平。中职班主任不仅要有高尚师德，还要具有某一方面的专业知识和专业技能，即术业有专攻；既要具有教学能力，又要具有管理学生的能力；既要拥有普通教师的任职资格，又要具有专业实践指导能力，具有某一方面的职业技术资格，做一名"双师型教师"。

（四）爱好研究，做"草根型"教育家

教育研究是以拓展教育科学知识和解决教育中的问题为目的的，中职班主任的研究目的是解决前沿实际问题，研究的课题就是教育教学中困扰我们的问题，研究的对象就是学生、自己和课堂，研究的过程是整个教育过程，研究的成果就是学生的发展、教学质量的提高。

苏霍姆林斯基说："如果你想让班主任的工作能给班主任一些乐趣，使天天上课不致变成单调乏味的义务，那么就引导每一位班主任走上从事一些研究的这条道路上来。"班主任不能仅仅用知识去工作，更要用自己的思想、智慧、情感、精神去工作。班主任必须不断学习、不断研究，因为研究，所面对的问题才能不断解决，才能成为名副其实的专家型班主任。

总之，"有什么样的班主任就有什么样的学生"，这句话虽然有点儿言过其实，但实实在在地反映了中职学校班主任的重要性。现代化的经济结构、生产方式、生活方式等，决定了教育必须面向现代化、面向世界、面向未来，培养创新型人才。因而要求中职学校的班主任必须具备现代化的政治素质、道德素质、科学素质、能力素质及身体素质，明确多种素质的对立统一关系，最大限度地做好班主任工作，做学生健康成长的引路人。

【拓展延伸】

1.《教育部人力资源社会保障部关于加强中等职业学校班主任工作的意见》（教职成〔2010〕14 号）

2. 26 个字母教你当好班主任

A：awake（唤醒）教育者的使命在于唤醒。

B：belief（信任）信任学生才能走进后进生的心灵。

C：care（关心）有关心才会使教育有温度。

D：digest（理解）理解是开启学生心灵的一把钥匙。

E：enjoy（欣赏）赏识可以激发学生的自尊心和上进心，是学生进取的不竭动力。

F：feeling（情感）意大利著名教育家米契斯在《爱的教育》一书中指出："教育上的水是什么？就是情，就是爱。教育没有情爱，就成了无水之地。"

G：give（付出）付出必定有收获。

H:help(帮助)帮助学生重新树立信心,鼓起勇气,这是切断后进生形成的重要途径。

I:ignite(点火)帮助学生点燃自尊心之火,点燃自信心之火。

J:justice(公正)公平对待每一位学生。

K:knowledge(知识)自己的"一桶水"常满常新。

L:love(爱心)把"爱满天下"作为自己的座右铭,用爱心去滋润学生、感化学生。

M:motivation(激励)著名教育家第斯多惠说"教育的奥秘不在传授,而在激励、唤起和鼓舞,"多用赏识教育,多激励,唤起学生自信。

N:natural(自然)苏霍姆林斯基说:"在自然而然的气氛中对学生施加教育影响,是这种影响产生高度效果的条件之一。"

O:observe(观察)世界上没有两片完全相同的树叶,班级中没有完全一样的学生,必须仔细观察学生,认真了解学生,这是做好班主任工作的基础。

P:patience(耐心)有足够的耐心,要做好打持久战的准备,反复抓、抓反复。

Q:quarter(宽大)宽大是老师班主任应具备的胸怀。

R:respect(尊重)教育成功的秘密在于尊重学生。

S:smile(微笑)教师的微笑是阳光,可以融化学生心中的坚冰。

T:think/tolerance(思考/宽容)善于思考是教育创新的前提;宽容是感化学生的良药。

U:unity(团结)"一个都不能少",这应是每一位班主任孜孜以求的目标。

V:victory(成功)成功是每一个学生尤其是后进生梦寐以求的目标。

W:wrath(发怒)发怒是一门艺术,怒而有度、怒而有术、怒而有节,切忌不分场合乱发脾气,伤害学生幼稚的心灵。

X:xfactor(未知因数)善于发现学生身上的特长,并将它发挥出来,即发掘学生身上的未知因数。

Y:young/yes(朝气蓬勃/行)"你真行""你会成功",引导学生迎接挑战和具有一定的创新精神。

Z:zest(乐趣)把班主任工作做得完善一些,更好一些,努力耕耘,收获乐趣,这是优秀老师班主任的最高境界。

(班主任工作网,http://www.banzhuren.cn/peixun/517.html,有删改)

3. 推荐电影

《放牛班的春天》(法国)、《听到天堂》(意大利)、《死亡诗社》(美国)、《叫我第一名》(美国)、《地球上的星星》(印度)、《热血教师》(美国)、《可爱的你》(又名《五个小孩的校长》,中国香港)、《一个都不能少》(中国)。

第三节　中职班主任的教育原则

班主任工作是十分繁重的,也是十分复杂的,要对学生德、智、体、美、劳各方面的发展担负重要责任。班主任工作必须按照教育的客观规律办事,遵循一定的教育原则,讲求一定的方法。班主任工作的基本原则是教育规律的客观要求和反映,一切教育活动和方式都不能与之相违背。

一、中职班主任的教育原则

(一)学生主体原则

所谓学生主体原则,就是指学生是认识和实践的主体,自我发展的主体,是班级教育的主要目标。

(二)因材施教原则

所谓因材施教原则,就是指班主任在工作中,必须根据班级学生的年龄特征、个性差异以及发展现状,向每个学生提出恰当的教育要求,并有针对性地采用不同的教育措施,使每个学生都能得到最好的发展。

(三)集体教育原则

所谓集体教育原则,就是指班主任在工作中,要注意依靠学生集体,既将学生集体看作教育的对象,又将其视为教育的主体,充分发挥学生集体在教育中的巨大作用。

(四)民主公正原则

所谓民主公正原则,就是指班主任在工作中,要认识到师生之间、学生之间在人格尊严和社会权利上都是平等的,应尽量地尊重、信赖学生,公平合理地对待每一个学生。

(五)严慈相济原则

所谓严慈相济原则,就是指班主任在工作中,要把热爱关心学生与严格要求学生有机结合起来,爱寓于严、严出于爱,让学生不断获得并产生成长和进步的内在动力。

（六）以身作则原则

所谓以身作则原则，就是指班主任在工作中要严格要求自己，率先垂范，自正其身，要求学生做到的，自己首先做到，用"身教"来影响和感染学生。

二、中职班主任工作的困难和入手路径

（一）中职班主任工作难点

首先，在大学扩招以及普通高中教育普及率不断提高的影响下，中职教育的入学门槛不断降低，生源素质堪忧，进入中职学习的学生有许多都是行为不服管教、自我约束能力薄弱的学生，他们尚未认识到学习的重要性，更没有掌握有效的学习方法，这使得中职班主任的工作难度进一步加大。

其次，中职学生在九年义务教育历程中遭遇了太多的"挫折"，很多学生缺乏积极向上的精神风貌，对人冷漠，对事漠不关心，仿佛一切都与之无关，缺乏团队意识，如同一盘散沙。中职班主任面对这样的群体，感觉付出再多的努力也如同泥牛入海。

最后，学生的良好学习态度以及健康的心理需要学校教育与家庭教育形成合力，不少学生从小生活在特殊环境中，如单亲家庭，个别家长对学生缺少关爱甚至不闻不问，导致学生对前途失去信心，不思进取、自暴自弃，这样的情况不利于中职班主任工作的有效开展。

（二）中职班主任工作的入手路径

（1）了解学生是做好班级管理的前提。作为班主任，我们要在很短的时间内熟悉班级中的每一个学生。开始时班主任可以对照学生档案，对学生的家庭情况、学习状况、特长爱好等有初步的了解。然后在进行班会的时候，再对学生进行具体的观察，尤其是那些个性比较鲜明的学生。在学生军训期间，多与学生接触，关心他们的生活，关注他们的健康，和他们促膝谈心，了解学生的心理。在班会上介绍职教的特点，介绍学校的专业设置、毕业生就业、发展前景等情况，引导学生设想他们的中职生活，热爱自己的专业等，增强师生之间的沟通，了解熟悉每一个学生的身心状态。

（2）落实常规是做好班级管理的基础。常规管理工作抓得好不好，直接关系到班级状况，也反映了班级管理水平，因此，要想提高班级的综合素质和质量，必须从班级常规管理入手。怎样提高班级管理的效益呢？在加强管理的同时，还要做好以下两方面：一方面是制定一套详细的班级管理办法和考核细则，另一方面就是对违反常规管理行为的处理。

（3）实践活动是做好班级管理的载体。中职学生对常规的说教有天然的抵触，要使学生不断发展，要使班级有很强的凝聚力，办法不一而足。可以说每一种教育活动都可以挖掘培养班级凝聚力的因素，但效果是不同的。根据编者数十年的中职教育教学工作经验，组织有意义的活动是最有效的教育方式之一。活动也有多种多样，中职学校的学生也特别愿意参加实践活动，如参加"职教义工"，参观德育实践基地，参与"文明风采"竞赛等，实践活动是培养中职学生个体品质，增强班级凝聚力的最佳途径。

（4）家校合作是做好班级管理的保障。教育是一个系统工程，需要学校、社会、家长、学生的共同努力。作为班主任就应多与任课老师和家长联系，及时了解学生的思想、学习和家庭情况，发现问题及时解决。开班会时，面对学生，要以肯定成绩和进步为主，寻找学生的闪光点，多维度地看待学生，在充分肯定成绩的基础上委婉地指出不足，给学生以希望和信心。

管理的最终目的是要培养符合时代需要的高素质技术技能人才。作为中职班主任，只有不断完善班级管理机制，加强对班级的科学化、系统化和规范化管理，调动一切积极因素，才能管出特色、管出成效。

【拓展延伸】

1. 皮格马利翁效应

美国著名心理学家罗森塔尔和雅各布森进行了一项有趣的研究。他们先找到了一个学校，然后从校方手中得到了一份全体学生的名单。在经过抽样后，他们向学校提供了一些学生名单，并告诉校方，他们通过一项测试发现，这些学生有很高的天赋，只不过尚未在学习中表现出来。其实，这是从学生的名单中随意抽取出来的几个人。有趣的是，在学年末的测试中，这些学生的学习成绩的确比其他学生高出很多。研究者认为，这是由于教师期望的影响。由于教师认为这个学生是天才，因而寄予他更大的期望，在上课时给予他更多的关注，通过各种方式向他传达"你很优秀"的信息，学生感受到教师的关注，因而产生一种激励作用，学习时加倍努力，因而取得了好成绩。这种现象说明教师的期待不同，对学生施加影响的方法也不同，学生受到的影响也不同。借用希腊神话中出现的主人公的名字，罗森塔尔把它命名为皮格马利翁效应。

心理学家威廉·詹姆斯说过，人性最深切的渴望就是获得他人的赞赏，这是人类有别于动物的地方。对于孩子来说，由于年龄小，心理幼稚，他们最强烈的需求和最本质的渴望就是得到别人的称赞，尤其是来自父母的鼓励。一个人如果在童年时代很少被称赞，就会直接影响到他的发展，甚至导致他一生的个性缺陷。

2. 让学生感到信任和爱

全国优秀教师王金战曾有这样一段回忆：

上高中的时候，我当时最不喜欢的就是化学，觉得那就是一个记忆性的学科，所以学得不怎么样。那时因为纸张紧张，书不是一人一本，而是两个人共用一套书。有一次在教室里做作业，化学老师看到我和同桌看一本书，就把他上课用的那本书给了我，说："你先看，上课时再还给我。"上课了，我用颤抖的双手把书还给老师，说："老师谢谢你。"

以后，老师不用书的时候，就把书给我用。我就想：这个化学老师对我这么好！都是一个班里的学生，为什么她就给我看，而不给别人呢？看来，老师还是很看重我的！

我对这个老师产生了一种感激，就想一定要学好化学。一学下来，我突然发现化学原来是所有学科中最好学的。后来，我的化学越来越好，高考时化学考了 99 分（满分 100 分）。

（王金战、隋永双《英才是怎样造就的》，重庆出版社 2006 年版）

第四节　中职教育的法律规范

依法治校、依法治教是学校工作的最根本要求，现代学校建设的本质特征就是健全制度并按照制度管理学校。中职班主任要掌握相关法律知识，在日常工作中开展法制教育宣传，依法规范学生的行为，依法保护学生的合法权益。中职班主任要熟悉的法律法规主要有《中华人民共和国未成年人保护法》《学生伤害事故处理办法》《中华人民共和国职业教育法》《中华人民共和国预防未成年人犯罪法》等。

全力打造学生保护屏障

——《中华人民共和国未成年人保护法》的应用

一、法规简介

《中华人民共和国未成年人保护法》（以下简称《未成年人保护法》）是我国第一部全面的、综合的专门保护未成年人权利的基本法律。该法于 1991 年 9

月4日七届全国人大常委会第21次会议通过,现行版本为2012年10月26日公布,2013年1月1日起施行。

这部法律第一次把家庭、学校、社会对未成年人的保护进行了系统的、科学的法律规范,不但体现了我国已批准加入的《儿童权利公约》的原则,而且该法所调整的是社会各方面同未成年人健康成长的关系。《未成年人保护法》的宗旨,即该法第一条明确规定:"保护未成年人的身心健康,保障未成年人的合法权益,促进未成年人在品德、智力、体质等方面全面发展,把他们培养成为有理想、有道德、有文化、有纪律的社会主义事业接班人。"未成年人是中职班主任日常管理的主要对象,中职班主任开展工作必须依法办事,并协同各方力量共同做好未成年人保护的坚强后盾。

二、工作项目

【指导意义】

学校和老师在教育学生时,一定要依据《未成年人保护法》来"治教"和"执教",以合乎法律要求的行为来保护学生和维护自我。中职班主任依据《未成年人保护法》,要注重加强日常安全教育,注意批评的方法与尺度,维护学生人格尊严,注意引导学生合理上网,形成健康的社会生活理念。

【操作指南】

(一)中职班主任要牢固树立依法执教思想意识

随着经济社会的发展,公民的法治意识、维权意识愈来愈强,每当发生校园事故,学校和老师往往处于舆论的焦点,成为"弱势群体"。我们来看下面的案例:

案例:阿亮是青岛某中学的一名中学生,2010年3月7日,上体育课期间,体育老师因接到学校的临时开会通知,便安排学生自由活动。阿亮和几名同学在操场上踢足球,结果不慎摔伤,后经医院确诊为左股骨下段骨折,花费大量医疗费。阿亮父母找到学校要求学校支付医疗费时,学校认为学生上体育课受伤纯属意外,学校没有责任,故拒绝支付。法院审结,阿亮受伤时14岁,系限制行为能力人,学校对在校的未成年学生负有管理之责,应保护其人身健康和安全。教师上体育课让学生自由活动,自己去开会,在一定程度上使学生脱离了教师的管理和指导,对原告的损伤,学校有一定的过错,应负相应的责任。

(大律师网,http://www.maxlaw.cn)

案例:16岁刘某和王某都是某职业学校学生,而且还是同班同学,私下里两人也是要好的朋友，平时两人经常在一起学习、玩耍。

2016年8月的一天，上午第二节下课后，班主任让学生自由活动。刘某、王某和几个同学去操场玩耍，王某走在最前面，刘某想戏弄王某一下，悄悄给其他同学说："快跟上，看我的。"其他同学就一起跟着刘某向前走，走到王某的身后，刘某伸手打了王某头一下。被敲击的王某，受到惊吓转过身，却看到刘某正和几个同学在一旁大笑。看到同学嘲笑的目光，感觉受到羞辱的王某，顿时火冒三丈，怒冲冲地质问道："是谁打得我？""不是我，嘿嘿……"刘某嬉皮笑脸地回应道。王某一看，再次质问刘某："就是你，你这个××！"随后，两人发生激烈的争吵，争吵过程中，刘某向前一推，王某向后踉跄几步倒在地上，随后发现自己右下肢十分疼痛。同学们赶紧把王某扶回教室，并报告班主任。班主任简单批评了刘某几句，也没有把王某的伤放在心上，让他们上课去了。

王某中午放学回到家，告诉父母上午发生的情形，脱掉裤子后，父母发现他右下肢出现肿胀，赶紧送医院住院治疗。王某在医院住院2周，花费2万余元，其间刘某送去医疗费1万元。此后，王某家人认为：王某受伤后，学校没有及时将王某送往医院，错过了最佳救治时间，学校存在过错。于是起诉至当地法院，要求学校给予赔偿。

（王立杰《学生打闹受伤，家校双方对簿公堂》，《河南教育（职成教）》2019年第5期）

从案例中我们可以看出，校园事故发生后，家长和学生很多时候不再把自己看作是公益教育的配合对象，而是作为教育产业的消费者，一旦受到侵害，就会运用包括法律在内的各种手段来捍卫自己的利益，使得学校和班主任老师要面对各方面的压力，甚至承担法律责任。因此，中职班主任必须牢固树立法制观念，严格按照《未成年人保护法》实施教育活动，打造守法、和谐的生态教育。

（二）中职班主任要强化执行依法从教行为规范

《未成年人保护法》规定，未成年人的保护主体有家庭、社会、学校和司法机关等。班主任要重点研究"学校保护"部分，即《未成年人保护法》第三章第七条至第二十六条的内容，并与自己的工作实践相结合。

案例：某职业学校高一某班的小明同学理了一个怪发型，班主任张老师把他叫到办公室，问他："你认为这样好看吗，像学生吗，想故意违反学校规定吗？"小明低头不语，给他讲有关道理，他还是一言不发。张老师火了，下了最后通牒，今明两天必须把头发修剪好，否则家长带回反省，谁知，第二天小明不但没有修剪头发，而且在上课铃响后大摇大摆地走进教室。张老师一怒之下，停止小明上课一周,通知家长带回整改并写出反省材料和保证书。两天后,小明的叔叔找到校长,要状告张老师违法。张老师倍感委屈,自己是为了学生培养良好的行为习惯,也未打骂孩子,何来违法之说?

《未成年人保护法》第十八条规定:"学校应当尊重未成年学生受教育的权利,关心、爱护学生,对品行有缺点、学习有困难的学生,应当耐心教育、帮助,不得歧视,不得违反法律和国家规定开除未成年学生。"第二十一条规定:"学校、幼儿园、托儿所的教职员工应当尊重未成年人的人格尊严,不得对未成年实施体罚、变相体罚或者其他屈辱人格尊严的行为。"张老师的行为侵犯了小明的受教育权和涉嫌变相体罚,家长的投诉是有法律依据的。中职班主任在日常学生教育中要注意运用恰当的方式方法,对品行有缺点的学生和家长进行耐心的说服教育,也可以陪同学生一起去改正缺点,还可以依据学生处分规定给予纪律处分。

为真正落实《未成年人保护法》,中职班主任要身体力行,协调各方力量将法律法规要求体现在学校教育工作之中,我们可从以下主要措施入手。

1. 合理处理校园突发事件,全面做好安全教育

《未成年人保护法》第十九条要求学校对未成年人进行适合其身心发展的社会生活指导,第二十二、二十三、二十四条都明确规定学校要进行安全教育,要求班主任"优先保障未成年人的合法权益"。中职班主任可注意做好以下工作:

(1)通过校班会、专题教育、安全教育平台学习等,实施安全教育,提高学生的安全意识。

(2)落实安全应急逃生演练,提高学生安全逃生能力。

案例:2009年12月7日21时10分许,湖南湘乡市东山育才中学晚自习下课,学生在下楼梯的过程中,一名学生跌倒,引发踩踏事故,造成8人死亡,26人受伤。经尸检,8名学生均系机械性窒息死亡。据查造成这次事故的原因除了学校没有开展过类似应急演练等间接原因外,学生安全意识薄弱,在楼梯间拥挤,也是其原因之一。提高安全防范意识和安全应急能力应当成为班主任的日常安全教育重点工作。

(百度百科,https://baike.baidu.com/item/湖南踩踏事件/12650235,有删改)

(3)学生安全是学校工作的根本,发生突发事件时,班主任应当第一时间救治学生,确保每一个学生安全是我们班主任义不容辞的责任。

2. 合理运用批评,注意把握批评尺度,全面履行班主任教育权和保护学生人格

"你就是一个笨蛋""给我滚出去"……这些话会时不时出现在有些中职班

主任的嘴边。根据《未成年人保护法》，老师骂学生是一种违法行为，可是根据教育部《中小学班主任工作规定》明确规定，班主任有批评学生的权利，要求班主任必须履行教育权。那么班主任应当如何将两者结合起来？

（1）班主任要尊重学生，严禁使用不文明言语，防止语言出格，避免形成言语暴力；

（2）班主任要恪守当众表扬，单独批评的原则，多表扬，多肯定，批评学生要讲究时间和场合，注意维护学生自尊；

（3）善于运用赏识教育，发现学生的闪光点，并且注意用一个闪光点点燃一串闪光点。

3. 合理开展预防沉溺网络教育，全面培育中职学生正确的社会生活导向

三、拓展链接

1.《中华人民共和国未成年人保护法》

2.《中华人民共和国民法通则》

3.《中华人民共和国教师法》

4.《中小学幼儿园安全管理办法》

5.《青岛市中小学生处分暂行规定》

6. 教师30句忌语

①你真笨、你真蠢（傻）、你简直就是大白痴。②你这孩子真是无药可救。③走，你给我滚出去。④你如果再×××，明天就停你课（明天你就不要来上课）。⑤天生你就不是学习的料。⑥大家别理他。⑦班级没有你这样的学生该多好。⑧缺心眼儿！⑨老师说什么，你不听就不行！⑩你看你，四肢发达，头脑简单。⑪脑袋长出来干什么的？⑫你为什么这么没用！⑬你再这样调皮，我就要请家长。⑭你真笨得出奇。⑮你再不努力学习，就考不上好中学（大学），将来就没有什么出息。⑯你成绩这么差，对得起你的父母吗？⑰某某品德不好，是全班最差的。⑱你不认真学习可以，但不要影响其他同学。⑲双休日去医院查查智商。⑳你是哑巴，说话声音这么小。㉑我管不了你了，叫你父母来吧。㉒你这种人一辈子没出息。㉓你是人吗？你有没有自尊？㉔你真是可恶！㉕你跑来混什么！㉖太不像话！㉗闭上嘴，你不用解释！㉘怎么了，都哑巴了吗？叫你们说的时候不说，不让你们说的时候乱说。㉙朽木不可雕也。㉚（对家长）你是怎么教育孩子的？

（《新规会不会又走了形式？》，《银川晚报》2014年4月16日）

合理应对校园伤害事故

——《学生伤害事故处理办法》的应用

一、法规简介

《学生伤害事故处理办法》(以下简称《办法》)于 2002 年 3 月 26 日经教育部部务会议讨论通过,2010 年 12 月 13 日《教育部关于修改和废止部分规章的决定》修改并发布。《办法》共分为:总则、事故与责任、事故处理程序、事故损害的赔偿、事故责任者的处理以及附则等 6 章 40 条,主要目的在于指导和帮助教育行政部门、各级各类学校积极预防、妥善处理学生伤害事故。

二、工作项目

【指导意义】

《办法》对学生伤害事故的责任划分、事故损害的赔偿、事故责任者的处理等做出了明确规定,具有极大的操作指导意义。《办法》出台后,有力地促进了学校提高自身的责任观念和预防意识,促进学校、教育行政部门加强对学生人身安全的保护;有利于在校学生人身伤害事故的妥善、正确处理,维护学生和学校的合法权益;建立起良好的法制环境和制度框架,为学校适应实施素质教育的要求,开展多种形式的活动,促进学生身心的全面发展,创造必要的外部条件和有力的保障机制。

据不完全统计,我国的大中小学共有两亿多名在校学生,这是一个庞大的社会群体,保障在校学生的人身安全是维护学生的合法权益,保障学校教育教学正常秩序的最重要因素。中职学生在校期间发生人身伤害的处置已经成为困扰学校教育教学工作的重要问题。近年来,教育部已经相继颁布了 10 多项有关学校安全工作的政策、规定,此次出台的《办法》是推动教育领域的法制建设,构建有关学校安全的法律、制度框架的重要组成部分。

【操作指南】

(一)学生伤害事故的责任认定

案例 1:原告华某和被告王某是某中学同班同学,两人平时关系不错。在课间休息嬉闹时,华某跌倒受伤,因多次协商不成,华某父母将王某诉至法院要求赔偿损失。经审理,王某及所在学校均承担了相应的责任。

华某辩称,他在课间被王某绊倒,导致右胫骨骨折。后来多次与王某协商未成,同时认为学校未尽到教育、管理职责,应承担相应责任。要求被告赔偿各类经济损失共计 16.8 万元。王某辩称,华某身体损伤是自己造成的;学校辩称,原告身体损伤发生于学生课间活动中,学校依法应承担的责任由法院确认。经审理查明,华某与王某是同学,两人日常关系较好。课间,两人在教室门外嬉闹时,华某跌倒受伤。当日,华某经即墨市中医医院诊断为:右胫腓骨骨折,住院治疗 12 天,支付医疗费 2 万余元。即墨法院根据原告申请,依法委托青岛万方医学司法鉴定所对其伤残等级、后续治疗费进行鉴定,经鉴定为九级伤残、后续治疗费为 8000 元。

法院认为,原告华某和被告王某的监护人在日常生活中有义务对其子女进行应有的安全、纪律教育,培养未成年人良好的行为习惯,加强自身安全保护意识。之所以导致本案后果的发生,是原告华某和被告王某的监护人未有效履行法定监护职责及其双方的过失行为所致,为此原告华某和被告王某均负有过错责任。但因被告王某是限制民事行为能力人,依法应由其监护人承担赔偿义务。被告某中学作为教育机构,在日常教育、教学活动中,在加强学生的安全、纪律教育方面做了一定的工作,并且在原告身体损伤后也履行了救助和告知义务,但从双方在校期间发生的纠纷中不难看出,学校在规范学生的行为上,仍存有教育、管理上的疏忽与不足,所以依法应承担相应的过错责任和赔偿义务。法院判决王某赔偿 7 万余元,学校赔偿 1.6 万元。

(《青岛晚报》2017 年 5 月 28 日)

由此可见,对于校园安全教育要常抓不懈,抓细抓实,相关工作材料注意留存,有学生管理部门整理归档。

案例 2:某职业学校组织新生军训期间,学生小明在训练时突然晕倒,一头撞在路边的石头台阶上,导致颅内出血。家长以天气炎热,学校没有尽到安全教育职责和缺乏安全防护措施为由要求学校赔偿。班主任刘老师经过深入调查,了解该生患有先天性癫痫,家长为了让孩子顺利入学,隐瞒了病情。刘老师马上将这一情况报告给学校,依据相关规定,学校可免责。

从本案例中可以看出,班主任应当对学生的各个方面做深入细致地了解,尤其涉及学生身体和心理状况的信息,了解得越详细越细致越好,最好在学生入校时就建档立卡,有据可查。

(1)学校责任事故的类型。学校责任事故,即由于学校过错而造成的事故。《办法》在第九条列了 12 种常见的学校依法承担责任的类型。其中,最容易理解错误的是第九款。从常识角度来说,很多家长会认为教师过错导致的学生伤害,应该由教师来承担责任。但从这一条我们可以明确看出,学校教师在履行职务过程中,由于体罚、变相体罚或违规操作等行为导致的学生伤害事故由学校承担责任。那么,学校在这种事故中到底该怎么处理呢?《办法》第二十七条给出了答案:因学校教师或者其他工作人员在履行职务中的故意或者重大过失造成的学生伤害事故,学校予以赔偿后,可以向有关责任人员追偿。

(2)学生责任事故的类型。学生责任事故,即由于学生本人或未成年学生的监护人的过错造成的事故。《办法》在第十条列了5种常见的学生或监护人依法承担责任的类型。从中,我们可以得知,除了学校以外,学生自身的某些过错行为导致的他人受伤害,也是需要承担法律责任的。

(3)其他相关人员的责任事故。其他相关人员的责任事故,即因与学校或学生个人活动有关的其他个人或组织的过错造成的事故。《办法》第十一条规定:学校安排学生参加活动,因提供场地、设备、交通工具、食品及其他消费与服务的经营者,或者学校以外的活动组织者的过错造成的学生伤害事故,有过错的当事人应当依法承担相应的责任。

(4)学校无责任事故类型。在日常生活中,很多家长存在认知偏差,认为只要是学生在学校发生了意外事故,一律都由学校承担责任。而如果从法律角度去分析,会得出截然不同的答案。有关学校在什么情形下不承担责任的类型,《办法》在第十二条和第十三条有明文规定。比如明确了"天灾"导致的学生受伤害,学校是不承担法律责任的,这点比较容易理解也容易被人接受。很多人无法理解的是自杀、自伤行为的责任界定。历来自杀、自伤行为,均视为行为者对其身体的自主处分,属直接故意,故皆由其本人负责,这是司法审判所遵从的一项法则。因此,学生自杀或不满教师的正常批评而自杀,不为学校有过错,故学校不承担责任。当然,有充分证据证明学生的自杀、自伤,是由于教师体罚学生所致,则学校要负一定责任。在第十三条列出的4种情形中,我们主要应该抓住"自行"二字。学校对学生负有的是教育保护责任而非监护责任。监护责任为无限责任,实行无过错原则,只要被监护人致人损害,监护人不论是否有过错都要承担责任。教育保护为有限责任,只有当学校教育管理有过错才承担相应责任。因此《办法》中列举的不属于学校管理职责范畴的情形,学校不承担责任。

(二)学生伤害事故的处理程序

案例1:一天早锻炼,赵同学为抢时间,从草坪抄近路跑向操场集合,却不料被花坛上方一根昨夜大风吹落下来的网络线绊倒。接到同学报告后,班主任王老师立即询问赵同学是否有大碍,赵同学说没有关系。到了中午,赵同学说感到头晕想吐,王老师立即把赵同学送到医院就诊,并通知家长,医院诊断为脑震荡。

这天家长忽然来到学校找到王老师,说赵同学受伤是在学校里发生的,王老师作为班主任没有尽到监护责任,这个孩子他们不要了,让王老师带回家去。

学生伤害事故属于紧急突发事件,班主任应主动在第一时间介入事件的处理,这既是班主任的职责,同时也能为学校赢得今后处理事故的主动权。无论有无过错,班主任一旦发现学生受到伤害,要立刻采取有效的应对措施,以便赢得最佳的救助时间。如果因为没有及时救助而导致伤害扩大,学校就要承担相应责任。

案例2:某职业学校学生小明在课后召集同学打排球,在比赛时为了救球不小心摔倒,导致锁骨骨折,住院期间共花费医药费2.6万元。小明的班主任孟老师面对突发事件冷静处理,首先他在事发后第一时间赶到医院探望受伤学生,并与家长初步沟通;第二步通知学校负责保险的人员,联系参保意外伤害险的保险公司报案;第三步孟老师将一同打排球的同学召集起来,认真了解比赛的情景并让每一名同学写出书面情况描述,及时向当天劝阻学生停止活动的值班老师了解情况并写出书面材料,同时调出当时的监控视频备份;第四步孟老师写出情况报告,并根据《学生伤害事故处理办法》的规定得出学校可免责的结论,提出学校给予学生必要关怀及安排老师和同学补课等建议,向学校分管领导汇报;第五步在得到学校的许可后,孟老师又多次与学生家长沟通,同时安排师生进行补课,家长也认可班主任和学校的做法;第六步学校及时协调居民社会保险、意外伤害保险,同时启动校方无责任险,尽管赔付的金额与医药费相差数千元,但家长对学校和班主任的做法深表谢意,表示不再追究相关责任。

从上面的案例可以看出,班主任老师在学生发生伤害事故后需冷静处理,对受伤学生及时救助,并在第一时间联系家长。事故发生后,班主任要及时调查,查清事情的原委,并与学校相关分管人员依据相关法律法规厘清责任。班主任必须要辨别清楚谁在伤害事故中承担主要责任,据此判断自身和学校在此事上有无责任,责任轻与重,据实际情况确定应对策略。对于学校或自身无须承担责任的事故,或者学校和自身仅需承担轻微责任事故,无须自己揽责,但应秉承人道主义精神,协助家长做好保险理赔工作,注意保护现场,提供相应材料。如果学校和自身有工作失误,应承担主要责任,班主任应该实事求是,积极沟通家长,配合学校承担相应责任。如果在无法与家长协商解决的情况下,应当发挥桥梁和纽带,与家长真心沟通,想方设法稳定家长情绪,通过磋商,引导家长通过司法程序解决。

面对已经发生的校园伤害事故，中职班主任应该熟悉下面的处理程序：

（1）以人为本，及时救助。班主任应沉着冷静，对受伤害学生及时进行救助。严重事故需按照规定，在规定时间报告上级主管部门。

（2）尊重事实，保护现场。保护现场，搜集证据，这是调查事故原因和责任认定的事实依据，班主任要注意做好下列工作：①保护现场物品，维护现场秩序，疏散围观学生，确保无次生伤害事故发生；②及时通知学校职能部门，派专人保护现场，落实现场目击者并记录证词；③如有必要，可以请学校职能部门通知公安部门协助调查，保存视频，保存证据。

（3）通知家长，协同处理。事故发生后，班主任必须履行在第一时间通知家长的义务，让家长及时了解学生状况，对于需要治疗学生的治疗方案及早征求家长意见，避免家长与学校发生纠纷。

通知家长时要讲究方法：首先要尽量用电话联系，尽量避免发短信；其次要简明扼要陈述事实，不要失实，也不要夸大事实；再者要关注家长情绪，切忌推卸责任，运用"太极"手法。

（4）理清责任，尊重事实，有理有节地应对家长的需求。班主任要注意不揽责，不推责，引导家长采取合理有度的方式处理问题。

（三）校园安全事故的预防

学校安全工作是重中之重，每所学校都具有相对完善的制度和体系，班主任要熟悉学校的安全运作体制，并且合理应用。

（1）校舍安全事故的预防。首先，班主任要落实学校的安全巡查制度，具有善于发现的眼睛，善于发现隐患，及时上报职能部门，第一时间处理；其次，建立班级联系网络，落实学生的安全职责和分工；第三，落实学校的应急逃生预案，引导学生熟悉逃生路线，遵守逃生规则，提高逃生技能；第四，明确事故发生后的救助措施，如何救助学生，如何疏散学生，如何求助，如何上报等；第五，协助学校善后处理，如何保护现场和整理证据，如何与家长沟通，如何启动保险理赔程序等。

（2）集体活动的安全操作。第一，根据学校的活动方案，进行具体的安排。班主任应当结合本班学生的实际，进行安全教育，对学校的活动方案进行细化，对活动中可能出现的意外拟定专门化预案。第二，活动前要告知家长相关活动事宜，将活动的主题和注意事项及时告知家长，听取家长意见，并邀请家长共同参与学生管理工作，取得家长支持。第三，加强活动中的组织管理，落实小组分工，做好过程控制，作为班主任，重大活动中要一直与学生在一起。第四，强化班干部的责任心。外出活动,头绪繁多,班主任难以兼顾,应以班干部为核心建立工作网络,加强班干部责任心,配合自己做好组织管理工作。

三、拓展链接

1.《青岛市突发事件总体应急预案》

2. 校园突发事件的应急防控

(1)火灾事故应急

学校师生发现校园火灾均应及时报警,迅速向学校领导汇报。发生在教育场所的火灾,教育活动必须立即停止,并对人员进行安全转移或疏散。如果有伤员,及时抢救。

第一,发生火灾事故时,在场教职工及抢险救灾组人员迅速疏散学生,撤离到安全区域。

第二,迅速切断有关电源。

第三,在向119消防指挥中心报警的同时,立即报告上级主管部门。

第四,积极配合消防人员灭火。

第五,在进行灭火的同时,采取有效的隔离措施,防止火势蔓延,确保师生的生命安全。

(2)食物中毒应急

第一,发现师生有类似食物中毒症状时,应迅速送医院诊治。

第二,迅速向上级主管部门、卫生防疫部门报告。

第三,做好所食用食物的取样工作,以备卫生部门检查。如是食用校外食物所致,也应积极配合有关部门取样。

第四,迅速排查食用致毒食物的师生名单,并检查他们的身体状况。

第五,做好家长、家属的工作。

第六,积极配合上级有关部门做好诊治、调查事故处理等工作。

(3)交通事故应急

第一,发生交通事故时,对受伤人员及时送医院抢救,并要记清肇事车辆的型号、牌号。

第二,保护好事故现场以及重要物品、证据。

第三,迅速向交警部门报告,再向学校、家庭、上级主管部门报告。

第四,做好家长、家属的工作。

第五,配合交警部门做好调查、取证、事故处理等工作。

(4)恶性伤亡事故应急

当学校内发生人员伤亡的恶性事故时,应立即保护现场,并报告学校应急预案处理的领导,对未死亡人员,学校应采取现场急救,无法或无能力救治,或者无法判断伤亡情况的,应及时向相关部门(公安部门、医疗救治中心等)报警。

对恶性伤害事故的原因要进行及时调查,实事求是配合相关部门,提供相应证据证件,事故的处理根据调查结果以及相关法律法规条例处理。

(5)传染性疾病应急

应当做到早发现、早报告、早隔离、早治疗,对传染病病人和疑似传染病病人采取就地隔离、就地观察、就地等待医疗部门治疗。加强预防控制措施,防止造成疫情扩散,发生重大传染病疫情或群体性不明原因疾病等,应及时采取如下措施:

第一,对全校师生员工采取必要的保护措施,发放必要的防护用品。在公共卫生场所完善洗手设备,提供流动水、洗手液、除菌消毒肥皂。

第二,所有教室、办公室、人群聚集场所要增加通风的时间和强度,教育师生增加户外活动的时间,注意劳逸结合,注意个人卫生,增强抗病能力。

第三,建议师生尽量避免接待外地来访的客人,各种集体性人员聚集活动推迟或取消,尽量减少不必要的会议和集体活动。

第四,一旦发生疫情,严控外来人员进入,教育学生自我保护,限制学生去人员密集的公共场所,对学校外出工作人员、学生实行登记制度,经医院进行必要的身体检查,才能复校。

第五,学校采取必要的消毒措施。

(6)地震、洪灾等自然灾害应急

发生自然灾害必须以生命安全第一为第一要素。学校经请示后可以采取必要的停课措施,对影响师生安全的教育活动,都应及时采取必要的防范措施。在上下学路上可能危及学生生命安全的隐患,应及时告知家长接送或在路上护送,也可以报警;对可预见性自然灾害,应在未发生灾害前,做出安全部署;对不可预见的自然灾害如地震、龙卷风等,应尽力采取保护和自救措施。事后应及时施救,并将事实情况通过汇报程序汇报。

(7)人为破坏事故应急

第一,加强校园保卫,阻止外来人员进入校内。

第二,发生爆炸等恶性事故,及时报警,学校应保护生者,进行人员安全疏散,对伤员进行救治。

第三,发生绑架等突发事件,及时报警,并配合公安部门提供相关破案线索。

第四，发生打架斗殴致人伤残等突发事件，及时报警，送伤者就医，保护现场，调查原因。

依法构建德技并修平台

——《中华人民共和国职业教育法》的应用

一、法规简介

《中华人民共和国职业教育法》(以下简称《职业教育法》)是为了实施科教兴国战略，发展职业教育，提高劳动者素质，促进社会主义现代化建设，根据"教育法"和"劳动法"，制定的法规。由中华人民共和国第八届全国人民代表大会常务委员会第十九次会议于1996年5月15日修订通过，自1996年9月1日起施行。

二、工作项目

【指导意义】

职业教育是我国国民教育体系中的主要类型之一，是社会发展和国民经济的重要基础。2013年6月，习近平总书记在全国职业教育工作会议上做出重要指示："职业教育是国民教育体系和人力资源开发的重要组成部分，是广大青年打开通往成功成才大门的重要途径，肩负着培养多样化人才、传承技术技能、促进就业创业的重要职责"。职业教育具有实践性、应用性、针对性的特点，其培养目标并非培养理论性和研究型人才，而是为社会输送具有很强动手能力的技术技能人才。学有所成，学以致用，将所学技能迅速应用于工作中，是职业教育追求的目标。新中国成立以来，尤其是改革开放后，我国一直十分重视发展职业教育，并于1996年颁布了《职业教育法》，从此，我国职业教育体系的建立健全以及职业教育事业的实施和保障从法律层面得到了规范。《职业教育法》是我国职业教育发展史上的一座里程碑，它规定了我国职业教育的基本内涵、体系框架、运行机制和保障措施，集中反映了职业教育实践和理论探索的经验成果，进一步确立了职业教育作为一种国家基本教育制度的地位，为职业教育发展提供了基本法律保障。

【操作指南】

中等职业教育担负着为国家培养数以亿计合格劳动者的使命，必须以面向市场，服务发展，促进就业为宗旨，使学生获得感性认识、掌握职业技能的同时，养成理论联系实际的作风和独立工作的能力，并促进良好职业习惯、职业道德的形成，为学生构建德技并修的平台。

然而作为中职学校的班主任，在工作中却往往会遇到如下的问题。

（一）学生缺乏正确认识、合理定位，缺乏学习兴趣

许多学生选择职校本为无奈之举，他们在入学时对专业和职业并不会有较多的考虑，甚至大部分中职学生专业的选择是由老师或家长代为包办的，有的家庭或学生甚至看不起职业教育或所从事的技术工作。这些都造成学生对专业缺乏兴趣，也不关心自己的就业前景，以至于在学校期间不努力学习。学生自身也没有要学好一技之长的强烈意识，更严重的甚至会产生厌学心理。

中职教育应定位于培养"高素质、强技能、宽适应、复合型"的技术技能人才，要把培养高素质的实用型人才作为中职学校教育教学主要目标。只有根据中职人才培养目标，遵循中职人才培养规律，重视实践，突出实用，强化学生专业技能的培养，才能形成特色，满足社会需要以及学生自身就业的需要。作为中职学校的班主任应转变传统的教育观念，帮助学生和家长转变"重学历、轻能力"的观念，肯定技术技能人才对社会发展的巨大贡献，摆脱职业教育低人一等的偏见。只有将知识传授、技能培养与工匠精神培养融为一体，才能使学生既拥有一技之长，又具有崇高的职业精神和牢固的职业信念。

具体来说，中职班主任在日常的德育工作中应重点做到以下两点。

（1）帮助学生树立正确的人生观和价值观。作为班主任，应帮助学生树立正确的价值取向，帮助学生设计合适的职业目标，开展职业生涯设计指导，稳定其就业的选择。通过主题班会、行业调研等形式告诉学生学一技之长，能为自己将来的事业提供有力的保障；组织开展丰富多彩的活动，在活动中让学生有表现的机会，重新树立自信心，让学生对学校有认同感、归属感；通过一系列有意义的实践活动，丰富学生的学习生活，增强学生对专业课程的学习积极性，从而提高学生的综合素质，满足社会、企业的需要。

（2）加强学生心理引导、思想引领。中职班主任要重点关注学生心理健康教育，增强学生的心理承受能力和抗挫折能力，培养学生健康的人格。同时要改进思想教育方法，维护学生身心健康。班主任在教育学生或做学生思想工作时，要讲究工作方法，要关心学生、爱护学生、尊重学生的人格，决不能用过激的言行体罚或变相体罚学生。

案例1：小路，青岛某职业学校学生，家境较好，家里有父母及一个大姐。其父亲经商，母亲在一工厂上班，晚上经常要加班，大姐在××工业大学读本科。

三个人管教他的时间都很少,而父母都认为他很让人操心,屡教不改。小路的优点是头脑灵活,计算机水平高,有一定的上进心,曾做过班里的计算机课代表,在班里人缘较好。同时他也有很多不良行为,如喜欢抽烟、网络成瘾、旷课等,甚至还偷过父母几千元钱。在高一开学不到两个月就被记警告处分,后又因顶撞老师被记大过,在校内吸烟,又被记留校察看,先后曾三次提出退学,班主任李老师在了解了小路的情况后,从以下三个方面入手解决小路的问题:

(1)发挥家长的主导作用,结合同班同学的同伴力量,引导学生重返校园。

(2)帮助学生和家长改善亲子关系,舒缓学生的厌学情绪,让学生明确学习目标。

(3)等待教育契机,解开学生心结,建立学生对老师的信任,让学生能愉快地学习。

最终经过老师、父母、同学多方的努力,小路终于改过自新,重返校园学习。

案例2:小刘入学时成绩优异,但是因为父母离异,他一直跟着奶奶生活,家庭贫困,总想尽快改变生活窘况。刚开学没多久,他就在社会上认识的一些朋友的撺掇下,有了退学打工挣钱的想法。

《职业教育法》第三十二条规定"职业学校、职业培训机构可以对接受中等、高等职业学校教育和职业培训的学生适当收取学费,对经济困难的学生和残疾学生应当酌情减免。收费办法由省、自治区、直辖市人民政府规定。国家支持企业、事业组织、社会团体、其他社会组织及公民个人按照国家有关规定设立职业教育奖学金、贷学金,奖励学习成绩优秀的学生或者资助经济困难的学生。"作为中职班主任,应当鼓励学生,只有学好一技之长,将来在社会上才能更好地立足;并且及时将国家的资助政策告知学生,在学习和生活上关心爱护困难学生,根据困难学生的特点和健康成长需求给予指导和帮扶,让学生感受到集体的温暖,坚定他在学校完成学业的信念。

中职生的流失问题是各中职校普遍存在的问题,不仅应受到教育主管部门和中职学校的高度重视,还应受到国家和社会的高度关注,因为这些流失群体如不及时干预,必将影响劳动力素质的整体提高和创新型国家的建设,阻碍现代化的进程,还会为社会带来不安定的因素。只有做好中职生控流工作,才能促进我国职业教育的健康发展。解决中职生的流失问题任重而道远,需要政府、社会、学校、家庭等多方共同努力。作为中职学校的班主任要降低学生的辍学率,一定要多方着手,形成良好的学习氛围,建立良性竞争的学生激励制度,让学生有成就感。

（二）学生适应能力培养不足，顶岗实习频出问题

中职学生的校外顶岗实习是推进校企合作培养模式的一个重要环节，是实现课堂教学与职业工作环境对接的关键。加强校外顶岗实习的规范管理是深化教育教学改革，提高人才培养质量的重要举措。如何对校外顶岗实习的学生进行有效的教育与管理，确保在这一环节中学生的身心健康与实习安全，已成为中职学校管理工作的一个不容忽视的现实问题。作为中职班主任，不仅是校外顶岗实习的引导者，也是校外顶岗实习的学生管理工作的直接执行者，应该从提高学生综合素质方面入手，让校外顶岗实习培养出来的学生成为企业真正需要的人才，达到校企合作的最佳目的。

中职学生在刚刚开始实习时，大多思想都比较单纯，对如何应对复杂、突变的事物缺少必要的思想准备，加之学生知识面窄、技能不过硬、心理承受能力差、竞争意识淡薄、人际关系紧张等，部分学生无法适应全新的工作、生活。而学校对学生综合素质、适应能力及意识的培养和学生生存适应能力的提高教育等方面有所不足。因此，在校外顶岗实习中，学生很容易出现各种各样的思想问题，主要问题有以下几个方面。

（1）对校外顶岗实习认识不足。现在的学生大多是独生子女，年龄偏小，思想不够成熟，初入企业，对顶岗实习准备不足，对自己的身份认定不准确。有的学生认为在流水线上工作既辛苦，又没面子，不能尽快从学生身份转换到员工角色上来；有的学生并不太重视校外顶岗实习，认为校外顶岗实习只是为了完成学校布置的任务，而企业安排的大多数任务，也只是简单的操作性工作，学生们觉得自己只是企业的"临时工"。

（2）对岗位分配缺乏正确的认识。企业往往是根据产品生产的需求对学生进行分工，不可能满足每个学生的要求而提供一一对应的生产服务岗位。此外，各个岗位工作内容和标准不同，所承担的责任和给予的待遇也存有差异，这使得部分学生认为这是待遇不均，从而产生抱怨心态。

（3）不能正视理想与现实的差距。企业选择人才的标准是综合型的，在校表现优秀的学生不一定在校外顶岗实习工作中成绩突出，有的学生高估了自己的工作能力，不能适应企业的规章制度，眼高手低，遇到困难就选择消极逃避，给自己的校外顶岗实习工作带来了负面影响。

（4）不能正确处理与企业员工的人际关系。在校外顶岗实习时，不少学生是第一次走出校园参加工作。他们缺乏工作经验和社会阅历，尤其在人际交往关系处理方面存在一些欠缺。有的学生在受到主管的批评时，心理承受不住，

与主管发生顶撞;有的学生因为工作辛苦,就满腹牢骚,对校外顶岗实习产生抵触情绪,以至于影响了团队氛围和工作效率;更有甚者,出现迟到和旷工现象。

(5)不习惯企业环境,不适应企业管理。校外顶岗实习相对学校生活的强度来说要大,很多学生会出现疲倦、饮食不适应等情况。企业作息时间以及住宿环境也会让部分学生难以适应,特别是企业管理更多地体现为刚性约束,有着严格的规章制度。如果出现严重违纪,就会受到严厉处罚,因而他们会找各种理由逃避企业的规章制度的管理。

案例:小越是青岛某职业学校商务专业的一名学生,按照学校要求,小越于三年级开始去国际贸易公司进行为期一个学期的顶岗实习工作,刚刚开始实习的小越被公司安排从事跑单的工作,小越却认为跑单工作只是一个体力活,又挣不到钱,因此不愿意服从实习公司的安排,多次找到实习老师要求换工作,最后甚至罢工不去单位实习了。

面对实习学生出现这样的问题,班主任该如何做呢? 可针对学生实际,采取以下主要措施。

(1)做好校外顶岗实习前学生的思想指导。班主任在实习前应有目的、经常性地对学生进行一些就业指导。首先,中职班主任应把德育放在首位,通过课堂主渠道,以遵纪守法、爱岗敬业、团队协作和吃苦耐劳精神为主题,突出职业道德教育和诚信教育,强化"礼仪、礼貌、礼节"教育,提升实习学生职业素养,培养学生良好的社会诚信度。引导学生做好角色转换的准备,利用班会引导学生有意识地准备从学生到准员工角色的转换,提升他们的心理承受能力,让他们能够勇敢地面对现实,对自己高标准、严要求。当面临困难、问题时,不能总想依赖别人的帮助,要培养社会所需的吃苦耐劳精神与敬业精神。其次,班主任应注重发挥家长的积极作用,通过家长会等渠道对学生家长进行宣传,及时告知实习单位的情况,做好家校联系工作,让家长协助学校引导学生树立正确的择业观和就业观,引导学生正确认识自己,合理定位,踏实工作,实现学生、学校、企业三赢。再次,邀请企业相关领导对学生进行企业文化和规章制度的培训,让学生更多地了解企业。最后,还可以邀请优秀毕业生代表回母校做报告,汇报成长经历,交流在企业工作、学习的经验,为学生在校外顶岗实习做好行为规范、心理和技能等方面的准备。

(2)加强与学生的沟通,更多地关心学生。在陌生的新环境里,学生们往往会感到无所适从。怎样面对周围陌生的面孔,结交新朋友,这是他们面临的全新任务。中职班主任要与学生主动沟通,排解学生心中的孤独与惶恐,指导学生正确对待社会上的不良现象,主动适应并融入主流社会中,帮助学生从学校环境顺利地过渡到职场环境。班主任还应尽量利用课余时间多下企业巡查,了解学生的思想和实习情况,帮助他们解决实习中遇到的困难和问题,并利用网络建立聊天群,与学生在聊天群里聊他们的收获和意见、建议,在群里互相讲述、交流,从而掌握和了解实习期间学生的工作和生活动态,并及时进行指导。

(3)培养学生的抗压能力与团队合作能力。随着工作环境、社会环境以及专业环境的变化,学生从学校到企业,从实训室到生产线,从"校园人"变为"社会人",这种大的角色跨度,使部分适应能力差的学生心理焦虑,企业快节奏的工作方式使原本习惯了学校生活的学生倍感压力,中职班主任应加强对学生的心理疏导,引导其正确定位,变工作压力为学习动力。

(4)与企业充分沟通,架起学生与企业的桥梁。校外顶岗实习期间,企业因订单变化,生产进度调整,学生加班或顶班在所难免,有些学生很难在短期内适应。面对这种情况,班主任在安抚学生的同时,应加强与企业的沟通协调,建议控制加班时间,并给予学生加班补贴,以提高其工作积极性。为了激励学生的工作积极性,与企业共同协商奖励机制。一方面,对表现好的个人或者团体及时表彰;另一方面,也需倾听企业的意见,及时改进顶岗实习的管理工作,使得学生能符合企业所需。

《职业教育法》第四条规定:实施职业教育必须贯彻国家教育方针,对受教育者进行思想政治教育和职业道德教育,传授职业知识,培养职业技能,进行职业指导,全面提高受教育者的素质。在中职学校提高学生的职业素养,是社会转型的需要,是学生适应社会、企业发展的需要,也是学生个人发展的需要。作为中职学校的班主任,在平日的管理中,更应该注重职业素养和"工匠精神"的培育,将工匠精神培养融入日常教育教学中。从入学开始就注重对学生职业素养的培养,大力弘扬"劳动光荣、技能宝贵、创造伟大"的时代风尚,大力弘扬"工匠精神"。通过班会课、德育主题活动以及专业课程的学习,培养符合现代工业需要的"匠人",使学生以高标准,严要求对待学习、工作,以一丝不苟、精益求精的态度对待自己,让每个学生都能够以敬畏的姿态对待自己的职业,让"工匠精神"在中职学校扎根、开花、结果,从而实现中职学生的"人生梦"。这对于改变职业教育的形象,对于调整职业教育的社会评价,都有十分重要的意义。

三、拓展链接

1.《中国中等职业学校学生发展与就业报告》(教育部〔2012〕)
2.《中华人民共和国劳动法》(2018年修订)

四、典型案例

我和我的兄弟
——用恒心和赏识来矫正极端个性学生

学生小马，以其"个性"突出、我行我素、飞扬跋扈、软硬不吃而闻名全校，任课老师对他是深感头痛。为转化这个学生。三年来我进行了不懈的努力，我把他当自己的兄弟来对待，中间虽有曲折反复，但最后终成善果，他顺利毕业并进入青岛啤酒集团工作。现把转化的主要工作总结如下：

给他开一份正确的心理"处方"

入学初，我就感觉这个学生与众不同。他的自我意识太重，独来独往，说话口气生硬，一幅居高临下的样子，而且时常有违反课堂纪律的举止。通过了解，我得知这个学生在小学和初中时也是因为"个性"太强，与班主任校领导都发生过不少冲突。家访时，他的父母对他也感到束手无策，他的父亲曾说过这样的话：如果他一直这样"横"下去，等他到了十八周岁，就和他解除父子关系……我仔细的分析他的"病因"：由于个性心理、家庭教育等原因，将学生个性中的某一因素推向极端，便形成了极端个性，表现在小马身上便是他本来知识面不宽，能力也不很强却自以为是，争强好胜，性子暴躁，遇到意外的刺激，正常的思维被打乱，认识问题、处理问题的能力大幅下降，是非不辨；同时虚荣心极强，对荣誉的需求量大大超过常人，期待别人能重视他、赞赏他。

给他压上一副担子

通过观察，我发现这个学生有体育特长，而且有强烈的表现欲。于是我因势利导，让他担任了体育委员，他果然干得有声有色。运动会、越野赛，不仅组织得有条不紊，而且冲锋在前，以身作则，取得了良好的成绩。同时，我还定期找他谈话，让他时刻明白自己是班干部，要起一个带头作用。一年来，他的纪律意识加强了，课堂纪律有了很大的改观。

让他撞一撞南墙

如果不是发生在高一下学期期末的"经商事件"，这个学生可能已经沿着正常的轨迹健康发展了。但是事情的发展总是曲折的，火山终究是要爆发的。高一下学期期末时，小马在他昔日朋友的建议下，决定弃学经商，去"鸟窝"倒腾服装，他为自己设计了一个美好的前途。我和他家长进行了多次劝说，一点效果也没有，他已经铁了心了，为此，他母亲甚至以绝食相逼。由于家庭压力，他不得不背着书包回到学校。但"身在曹营心在汉"，有时上上课就溜之大吉，出去谈"生意"了。鉴于以上情况,我感觉到有必要让他到社会上撞一撞,试试深浅,清醒一下脑子。于是,我和他及其父母,来了个三方会谈,在我的建议下,三方达成共识:让他在马上就要到来的暑假中去试一试,然后再做决定。后来他在这次事件中撞了个"头破血流",铩羽而归,从此不再提辍学之事,安心上学。

给他一条运行轨道

尽管因为上学期"经商"旷课,小马挨了一个处分,体育委员也被撤了。但他身上的缺点并未因此而全部收敛,我感到有必要给他设计一条健康发展的轨道。我先让他对"经商"一事做了一个总结,他对自己性格和能力有了较客观的认识,接着我又一次来到他家,给他提出了三个问题:①有人狂傲是有资本,或有才、或有钱、或有势,你有什么狂傲的资本? ②你前一段时间在纪律上,该做的都做了,不该做的也做了,你还想做什么? 有什么意思? ③你将来打算如何生活? 他听完后沉默好久,无言以对。我趁热打铁,提出"约法三章",即用最大的克制来遵守纪律,以认真的态度来对待学习,努力学会尊重别人。他认可了,表示要用最大努力来改善自己。

和他共建一座"桥梁"

为了第一时间了解小马心理动态,我平时留心观察,发现苗头,适时与他说话。说话时我用平等亲切的语气,不使用过激的语言,不当众批评他,使他信任我,亲近我,把他的真心话告诉我。我还专门为之设立了一个"成长日记",记录其主要行为,过一阶段便与他及其父亲举行"三方会谈",表扬为主,并适时适度提出修正缺点的希望,使他有向上的动力和压力。几十次家访,上千次谈话,不计其数的表扬,对矫正其极端个性产生了极大的作用。

为他塑造一颗爱人和博大的心

在和小马的接触中,我发现他极端个性的主要表现,是强调自我意识,说穿了,也就是自私和狭隘,他太看重自我,因而不会为别人考虑,他走不出狭小的自我天地,因而常常钻入牛角尖儿,也会极度敏感,而这一切,主要是城市的生活环境和他的成长环境造成的。为此,我两次在假期中带他到菏泽地区的农村同学的家中家访,体验生活。贫困的生活激发了他内心深处的同情心,勤俭的作风改变着他的习惯,广阔的大地拓宽了他狭隘的胸怀,淳朴的民风涤荡着他的自私……他回来后跟我说了很多很多,我顺势加以引导。他学会了同情,学会了爱:在家里能体谅父母,放学回家之后,常常为父母做饭;在学校能关爱同学,主动与我班来自贫困地区的学生结成"帮扶"对子。

给他一个重新展示的舞台

经过两年的"改造",他发生了很大的变化,纪律意识加强了,心胸开阔了,自制力提高了，极端性弱化了，而且学习成绩有了很大的提高。鉴于这种情况，我觉得很有必要再为他提供一个展示自我的机会。我提议他担任班级的副班长，分管纪律、卫生。这一提议在班里投票表决时，获得绝大多数同学的赞同。他也不负众望，尽心尽力。在他和其他班委的努力下，班级一直处在自我管理的良好状态下，我这个班主任在不在一个样。在实习时更是表现优异，受到青岛啤酒厂的表扬，小马也被评为优秀实习个人，并被青岛啤酒集团录用，成为一个对社会有用的人。毕业之后，每逢教师节，小马都会找我聚一聚，谈谈他的工作情况和打算，我们成了无话不谈的好兄弟。

古人十年磨一剑，现在我三年正一人，看到他健全地发展，我认为很值。佛家说，救人一命胜造七级浮屠，同样在教育工作中，教师能改造一个人的不良习气，使之茁壮成长，也是功德无量的。无论对社会还是对个人，都是一大贡献。在与小马共处的三年中，我深深地体会到，持久和赏识是开启学生心灵的一把金钥匙，是健全学生性格的一剂良药，是涤荡学生灵魂的及时雨。

（青岛外事服务职业学校　姜封祥）

协力筑造预防犯罪堤坝
——《中华人民共和国预防未成年人犯罪法》应用

一、法规简介

《中华人民共和国预防未成年人犯罪法》（以下简称《预防未成年人犯罪法》）是 1999 年 6 月 28 日第九届全国人民代表大会常务委员会第十次会议通过，自 1999 年 11 月 1 日起施行。现行版本是 2012 年 10 月 26 日第十一届全国人民代表大会常务委员会第二十九次会议修正稿。

该法是为了保障未成年人身心健康，培养未成年人良好品行，有效地预防未成年人犯罪而制定。这部法律对政府有关部门、司法机关、人民团体、有关社会团体、学校、家庭、居民委员会等相关主体，在预防未成年人犯罪方面应该承担的责任和义务做了明确规定，同时对各方如何开展预防未成年人犯罪的教育方面提出了要求，并对未成年人的不良行为、严重不良行为做了解读和描述，同时规定通过科学正确地对待未成年人犯罪预防未成年人重新犯罪。

二、工作项目

【指导意义】

学校应当将预防犯罪的教育作为法制教育的内容，并纳入学校教育教学计划。教育工作者应立足于教育和保护,联合各种社会力量,对未成年人的不良行为及时进行预防和矫治。中职班主任应结合常见多发的未成年人犯罪行为,根据学校所处地区的特点,从学生年龄特征出发,开展形式多样的预防未成年人犯罪的宣传活动,培养学生的法制意识,并对个别学生表现出的不良行为及时发现,科学矫治。

【操作指南】

所谓未成年人犯罪,是指年满 14 周岁不满 18 周岁,具有刑事责任能力的自然人实施严重危害社会的,应当受到刑罚处罚的行为。据统计,中国有未成年人 2.2 亿之多,占国家总人数的 17% 左右。近年来,青少年已经成为我国刑事案件的主体人群,青少年犯罪已经占全部犯罪的 60% 以上。[1] 由此可见,加强对未成年人犯罪的预防,已经成为迫在眉睫的问题。

（一）重点预防中职学生的不良行为

"少时偷针,大时偷金",违法行为甚至是恶劣的思想都是从细微的不良习气逐步发展起来的,未成年人犯罪的预防必须防微杜渐,发现苗头及时介入。

案例:青岛某职业学校接待来访的所在区公安分局干警,要求提供该学校二年级学生小邓和小林的家庭住址和家长联系方式,经了解此二人因偷窃摩托车已被某郊区派出所当场抓获。经调查得知,家长在外经商的小邓和家庭条件优越的小林都喜欢飙车,两人经常旷课,与社会人员一起切磋车技,也在学校附近飙车。班主任却认为这只是个人爱好,只作为一般违纪处理,与家长联系并批评教育,但两人飙车需要购买配件,需要更换更高档的摩托车,于是两人铤而走险,走上了盗窃的道路,涉案金额近万元。班主任和家长对其多次违纪未引起重视,错过了最佳的教育时机,从而导致了悲剧的发生。

"勿以恶小而为之",中职班主任要熟悉每一个学生的爱好和特点,要善于观察学生的日常行为,严格区分《预防未成年人犯罪法》中指出的不良行为、严重不良行为和普通违纪行为,在日常工作中慧眼识别,重点预防。《预防未成年人犯罪法》第十四、十五条规定,未成年人的父母或者其他监护人和学校应当教育未成年人不得有下列不良行为:

(1)旷课、夜不归宿;

(2)携带管制刀具;

---

[1] 廖菁、郑定锋《〈"天使"缘何"堕落"〉——以广州市萝岗区未成年人犯罪案件分析为例》,《青年探索》2010 年第 5 期。

(3)打架斗殴、辱骂他人；

(4)强行向他人索要财物；

(5)偷窃、故意毁坏财物；

(6)参与赌博或者变相赌博；

(7)观看、收听色情、淫秽的音像制品、读物等；

(8)进入法律、法规规定未成年人不适宜进入的营业性歌舞厅等场所；

(9)吸烟、酗酒；

(10)其他严重违背社会公德的不良行为。

《预防未成年人犯罪法》第三十四条指出,本法所称"严重不良行为",是指下列严重危害社会,尚不够刑事处罚的违法行为：

(1)纠集他人结伙滋事,扰乱治安；

(2)携带管制刀具,屡教不改；

(3)多次拦截殴打他人或者强行索要他人财物；

(4)传播淫秽的读物或者音像制品等；

(5)进行淫乱或者色情、卖淫活动；

(6)多次偷窃；

(7)参与赌博,屡教不改；

(8)吸食、注射毒品；

(9)其他严重危害社会的行为。

(二)预防未成年人犯罪的教育开展要多方协力

很多未成年人犯罪的原因是多方面的、多层次的,是社会问题的综合反映。因此必须根据相关的法律规定,必须依靠全社会的力量,齐抓共管,通过政治的、经济的、行政的、法律的、文化的、教育的等多种手段,进行综合治理。未成年人生活和成长的环境是由家庭、学校、同学、朋友等组成的不停互动的环境,预防和减少青少年犯罪是一项社会系统工程,全社会应共同关注。作为班主任应积极开展法治教育,并对学生的违法犯罪行为保持高度敏感性。

案例:小程的父母经常出差,有的时候会留小程一个人在家住。放学后,小程想去网吧玩游戏,在路上向朋友借身份证。在××网吧里,小程用朋友余某的身份证登记得以顺利上网,小程在网吧玩通宵,第二天上课时瞌睡打盹,当班主任老师询问起来又总是支支吾吾不肯回答。小程胆子越来越大,多次如此操作,终于有一天,派出所民警在网吧例行检查时,小程出示了余某的身份证,被民警当场识破,民警当场对小程进行教育,公安机关对其做出行政拘留三日的处罚,并通知小程的父母和所在学校。

该案中父母让小程单独在家住,脱离了他们的监管因而有机可乘去网吧,这种做法是不对的,《预防未成年犯罪法》第十九条明确规定"未成年人的父母或者其他监护人,不得让不满十六周岁的未成年人脱离监护单独居住"。网吧对未成年人的身份证监管不严,没有及时发现或者假装未发现小程使用别人的身份证,也给了小程在网吧通宵的机会,直到公安机关通关身份证检查才发现小程的问题。作为小程的班主任,其实有更早的机会,预防和干预此事。班主任在日常法治教育中,应增加关于身份证使用的法律法规,并在发现小程上课瞌睡严重时及时与家长取得联系,问询事情的原因,引起家长的重视。在适当的时机,学校还可以邀请公安机关,对学生出入可能性较大的网吧及其他法律、法规规定未成年人不适宜进入的营业性歌舞厅等场所进行抽查或普查,帮助学校肃清周边环境,将预防未成年人犯罪的工作做全做实。

(三)预防未成年人犯罪的教育形式应与时俱进

信息社会,每个人都成了"自媒体"的一分子,微信朋友圈,QQ 空间等人们经常使用的网络传播工具,对未成年人来说有着天然的吸引力,他们对社会信息敏感而好奇,容易追随新潮流,却往往缺乏一定的辨识能力。

案例:某学校 4 名同学周末聚会,边吃饭边看网络电视剧《余罪》,其中有用弹弓射穿车窗玻璃行窃的情节,4 人顿时产生好奇心,对此情节的真实性见解不一,争论得热血沸腾。其中有一名同学刚好从网上购买了一支弹弓,于是在另一名同学的怂恿下,产生了想尝试一下的念头。回家路上,4 人接连损害了 10 多辆车窗的玻璃,受损车的玻璃总价格高达上万元,最终 4 人均因任意损毁他人财物,情节严重,被刑事拘留。

该案例中,4 名年轻同学被网络影视剧信息激发出好奇和冲动情绪,竟然做出了《预防未成年犯罪法》第十四条明确规定的"故意毁坏财务"的严重不良行为。作为中职班主任,我们应该加强对未成年人活跃其中的网络虚拟世界的关注,经常将网络信息中不良或不合法的内容作为班会讨论话题,如《中华人民共和国预防未成年人犯罪法》第七条指出的,"结合常见多发的未成年人犯罪,对不同年龄的未成年人进行有针对性的预防犯罪教育"。班主任不仅可以利用班会等在校时间进行教育,还应该在学生喜欢的网络空间积极开展预防犯罪的教育。比如主动利用学校、班级的公众号及时发布有针对性的教育文章,并提示学生观看有正确导向的新闻,利用班级的微信群或 QQ 群开展讨论,带领学生学习安全平台普法知识并督促学生积极留言交流,积极增加与时俱进的预防犯罪教育。班主任还可以积极开拓各种学生喜闻乐见的形式,比如校班艺术节文艺节目展演、心理剧编排等,都可以作为预防犯罪的新平台。

（四）对未成年人不良行为的矫治应严谨科学

2015 年共青团北京市委课题组进行了一项调研,用数据大致勾勒出这些青少年不良行为的发展轨迹。课题组对 7 种不良行为按照"最早发生"的人数比例排序,其中前 4 种不良行为分别是:抽烟喝酒（37.0%）,打架斗殴、辱骂他人（29.6%）,逃学、旷课、夜不归宿（14.8%）,与学校和家庭关系紧张（7.4%）。在 7 种不良行为中,这 4 项经历最可能成为青少年成长过程中最早发生的不良行为。通过数据,他们给有"抽烟喝酒"不良行为的青少年描出了一条大致发展轨迹:抽烟喝酒——打架斗殴、辱骂他人——与学校和家庭关系紧张——逃学、旷课、夜不归宿——与社会不良人员联系——进入法律、法规规定未成年人不适宜进入的营业性歌舞厅等场所。

从上述报告可见,多数未成年人成长过程中的不良行为都是从较轻微的行为开始,作为中职班主任我们应尽早发现这些苗头,及时矫正。作为老师我们要严格执行校规校纪,努力把不良行为扼杀在摇篮阶段。及时发现并制止吸烟酗酒等不良行为,并对出现这些行为的学生深入了解,挖掘原因,疏导心理,联系家长配合观察和教育。《预防未成年人犯罪法》第二十三条指出"学校对有不良行为的未成年人应当加强教育、管理,不得歧视。"当学生出现打架斗殴、与社会不良人员联系时,更要引起高度重视,积极矫治;同时教育班级同学不可以歧视或漠视这些暂时有不良行为的同学,通过班会讨论辨别是非美丑善恶,耐心细致做好理顺情绪、平衡心理、化解矛盾的工作;调动同学之间的互帮互助,在生活上温暖犯错误的同学,在学业上帮助他们,并调动和激发他们内在的生机和活力,避免这些出现不良行为的同学感觉被集体疏离;更加投入社会不良人员的怀抱,预防其走向更严重的不良行为,并预防严重危害社会的犯罪行为发生。

同时,对未成年人的某些严重不良行为,应按照《预防未成年人犯罪法》第四章规定"及时予以制止,采取措施严加管教,也可以送工读学校进行矫治和接受教育","构成违反治安管理行为的,由公安机关予以处罚"。

【拓展链接】

1.《中华人民共和国预防未成年人犯罪法》（2012 年修订）

2.《未成年人法制教育和不良行为矫治研究报告》（郭开元,中国人民公安大学出版社 2013 年版）

第二章　做班级发展的规划者

在学校中,班级是学生学习和生活的主要环境,班级对学生个体的发展具有直接的影响作用。在教育实践中,成功的班主任在建设班集体的过程中都是胸有成竹的,每走一步都清楚自己为什么要这样做,这样做要达到什么目的,对班级发展有什么作用。这实际就是对班级发展有明确的方向、有周密的计划、有具体的措施。班集体的建设应该强调根据班级发展的实际,抓住各个阶段发展的重点和关键,贯穿于每一个学期,每一个学段,使班级的发展得到优化的效果。

第一节　第一次接触的设计

一、工作情景

对学生来说,每一次进入新的班级,每一次换新的班主任,都是一个新的开始;对班主任来说,每接一个新班,每换一届新学生,都是一个新的挑战。

二、工作项目

【工作目标】

中职班主任接手新的班级,首先要调整心态,做好接班的心理准备,善待每一位学生;要提前做好准备工作,从学生的档案材料中阅读学生的个性特征;要提前策划与学生的初次接触,精心设计每一个细节,争取第一次就能收获学生的敬重。

【操作程序】

(一)从心理上调整到"班主任"频道

班主任工作特别是中职班主任工作是一个又苦又累的差事,无论是主动还是被动接手新班,都要调整心理状态,树立"接新班"的意识。对于"老"班主任来说,要有一个总结反思的心理过程。回顾刚刚结束的班级工作,思考一下:刚刚结束的带班工作,我的成功之处在哪,失误之处有哪些?原因何在?如果可以重来,我哪些方法可以延续,哪些方式需要调整?我接手的学生又年轻了3岁,我了解当今十五六岁的少男少女吗?他们喜欢从事什么运动,喜欢唱什么歌,喜欢玩什么游戏?这一届学生的成绩与以往的学生有何差别,他们人文素养发展状况如何?当务之急我要给他们摆正哪几种做人态度,矫正哪几种习惯?

对于"新手"来说,接手新班的心理准备首先要通过老班主任和书本学习带班经验,尤其是优秀班主任的个案处理,班级活动的处理步骤等;同时一定要熟悉本班学生的情况,要学会因材施教,对症下药,切不可生搬硬套,大而化之。

（二）从档案中发现每一个鲜活生命

学生的档案记录着学生主要发展过程,档案里的材料是会"说话"的,我们要善于从档案的文字中阅读每一个学生的"性格"。

首先,新任班主任要认真阅读学生的"照片",记住他(她)的特征和姓名,以便在与学生见面时就能叫出学生的名字,以获得学生的认同感,这就是所谓的"名字效应",同时从学生照片上的眼神中也可以看出学生的某些性格。

其次,新任班主任要认真阅读学生的成绩和经历。从成绩中可以大致了解学生发展的差异性和特长,有的同学英语成绩很差,但数学成绩却很好;有的同学成绩平平,却有科技发明;有的同学成绩较差,却有乐器特长……这些文字记录都在默默向你诉说档案中是一个怎样的孩子。

再者,新任班主任要认真阅读学生的家庭信息。新班主任在阅读档案时要记录家长的电话,以备联络之用。从家庭住址中父母双方不一致,可以推测是否为离异家庭;从只有父亲或母亲一方的信息,可以推测是否为单亲家庭;从父母没有工作单位,可以推测是否为低保家庭。这样我们就对学生的家庭有了初步了解(当然有时档案中的记录是不尽详细和准确的),就可以采取有针对性的措施教育学生和联系家长。

（三）从细节上做好班主任的 N 个 "一" 次

新学期即将开始,许多中职班主任又迎来新一届学生。如何迅速打开局面,顺利地开展工作呢?

第一次在学生面前亮相。班主任第一次出现在学生面前时,每一个学生都会在内心给老师一个评价。这个评价先入为主地"左右"着他们对班主任的态度,也将"决定"着班主任能否顺利打开局面、开展工作。亮相前的准备工作主要包括整理学生名单,第一时间把握学生信息来源,了解熟悉学生等。

第一通电话。班主任在初步了解学生信息的基础上,与家长沟通,得到家长的初步肯定,赢取支持,获取更多信息,真正做到知己知彼。

第一次在学生面前说话。班主任要做好第一次自我介绍,形象着装要落落大方,言谈举止要恰当得体。注意什么时候露出笑容,要有备而谈,言简意赅,立规矩,明目标。

第一次排座位。小座位大问题,班主任一定要认真对待。排位之前,与学生进行沟通,征求同学们的意见,确定排座位的方案;方案确定,严格执行,不能随意更改。教师公平民主,学生理解包容,和睦相处。

第一次开班会。班主任要提要求,讲纪律,知道什么该做,什么不该做。划出禁区,避免冲突。要详细地、具体地讲新学校、新学年、新集体的各项规章制度、纪律要求和奖惩措施。制度一旦制定通过,一定要严格执行。

第一次家长会。这是"两个教育者——学校和家庭协调行动的第一步,不仅要一致行动,要向儿童提出同样的要求,而且要志同道合,抱着一致的信念,始终从同样的原则出发,无论在教育的目的上、过程上,还是手段上,都不要发生分歧"(苏霍姆林斯基语)。班主任要利用好家长会这一联结家庭教育与学校教育的纽带,进行自我介绍,班级基本情况介绍,班干部队伍建设,学生在校基本情况包括作息时间、学校规章制度、收费等,班级建设情况包括班风建设、学风建设、班级凝聚力的建设、性格特质培养,存在及需要重视的问题,需要家长怎样配合等。

第一次布置任务。班主任定位要合理,作风要雷厉风行,不能拖泥带水,朝令夕改。

第一次表扬和批评。班主任要及时做出判定,肯定好行为,警告不当行为;注意当众表扬,单独批评,如果要当众批评,只能批评现象,切忌批评到学生。

如果说刚入学的新生是一张洁白的画纸,那么,"第一次"就是作画的第一笔。画得好,也许会成为一幅名画;画不好,也许会成为一张废纸。中职班主任要重视"第一次",做好"第一次",让班级管理赢在起跑线上。

【拓展链接】

某职业学校学生登记及班主任阅档记录表
年　　月　　日

毕业编号		毕业初中学校			照片
姓名		性别		出生年月	年　月　日
家庭住址	区(市)　　路(村)　　号楼　单元　　号				电话
身体情况					
家庭藏书量					
父亲姓名		工作单位及学历		联系电话	
母亲姓名		工作单位及学历			
获奖及特长				在初中任何职务	
阅档随记	学科长处及短处： 兴趣爱好及特长： 师生评价优缺点： 近期教育方向：				

三、工作案例

不能输的是士气！

军训第 2 天的晚上，各班要进行拔河比赛，这是高一新生各班之间的第一次较量。我班全是男生，人数又多，同学们个个摩拳擦掌，准备大干一场，加上我适时的动员鼓励，颇有志在必得之势。

我班小孙同学，自称从小学、初中参加过的拔河比赛就没有输过，他积极地选拔上场队员，面授拔河技巧，忙得不亦乐乎。

比赛开始了，分组、抽签，我班对阵 3 班。结果，虽然每个人都竭尽全力，但是实力相差甚大，两轮过后，败下阵来，同学们的情绪颇有点沮丧。我倒没有什么，毕竟人家班里都有"重量级"选手，而我班学生个个标准身材，确实不在一个级别里，输了，没话说！

我鼓励学生：后天晚上还有大合唱比赛，我相信咱班一定能赢！对此，我也是有几分自信的，因为我带过的班级，参加学校的合唱比赛，还没有过不得奖的。

接下来，选歌、练歌，教官也求胜心切，我更是披挂上阵，亲自担任指挥。记得头天晚上，吃过饭后，大家来到训练场，席地而坐练歌，蚊虫叮咬肆虐，但全班没有一人抱怨，我们的歌声一遍又一遍，团委程璐老师经过时，也夸："你班唱得真好！"我知道：这一把，学生们是真的铆足了劲儿，要一雪拔河比赛"失利之耻"。

比赛的日子到了，我班最后一个出场，教官担任评委，公平而论，我们唱得不错，公布结果时榜上有名。刚要兴奋，忽被告知统计有误，结果给刷了下来。

这一下子如当头一棒，不但学生懵了，教官懵了，连我也有点不知所措。一个学生嗫嚅着问我："老师，咱们还上去领奖吗？"

我无言。

比赛结束了，各班排队走出礼堂，按照规定，各班教官要统一把学生带回宿舍，但我班的教官，情绪明显低落，尽管我一再安慰（教官也只是个 20 几岁的孩子啊），他仍低声说："老师，你带他们回去吧！"说完，就走了。

走出礼堂，大家一声不吭，气氛压抑沉闷。

怎么办？

不！我不能让我的学生带着这样的情绪回去！明天还有队列会操，军训就要结束了，难道我们要带着失败的感觉回去吗？那对一个尚未形成的班集体来说是多么可怕啊！

我不能轻言放弃！这个时候，学生失落，教官失落，作为班主任的我，不能失落！我不能任由这种情绪在班内蔓延！我必须重振士气，把这股精气神儿给重新拧回来！

想到这里，我召集大家围聚在我身边，说："今天晚上的比赛我们又输了，但我对大家的表现感到满意，因为，你们都尽力了，虽然两次比赛都输掉，但是我们不能输的是士气！曾国藩有句名言：屡败屡战。这与'屡战屡败'虽只是字序上的不同，意义却大相径庭，前者体现的是一种士气，一种坚持和信念！明天的会操，只要大家尽力，输赢都不要紧，希望大家在今后的人生道路上，要赢得起，更要输得起！"

初秋的晚上，凉意阵阵，孩子们穿着单薄的衣服，在寒风中安静地听着，黑夜中，我看不清他们的面孔，但却能感受到他们轻轻的呼吸和起伏的心跳！

这是多么有意义的一课啊！

感谢这样一次机会，为学生上一堂有关挫折教育的课，让我与他们一起共同经历成长。不错，谁都渴望成功，渴望赢，但有谁可以保证自己是常胜将军呢？当我们输了的时候，我们应该用一种怎样的态度去面对呢？作为班主任，当学生出现了这样的问题时，该怎样去引导呢？

我想，起码这一次，我抓住了机会，变不利为有利，化被动为主动，我做到了。

而这，岂不是比仅仅赢得一场比赛更加重要，更有意义吗？

我希望我教的学生，我带的班级，学到的不只是一点知识和技能，而是一种做事、做人的态度，在遇到坎儿时，能够从容面对，直面人生！

第二天的队列会操表演上，我班学生精神抖擞，重整旗鼓，一举拿下了这分量最重的奖项！

不能输的是士气！我想，这是此次军训留给我和学生的最大收获！

（青岛交通职业学校　任颐）

第二节　班级活动体系设计

一、工作情景

德育本质的内化是培养健全人格，外化是培养健康的社会性。如何营造良好的德育生态环境，如何提高德育工作的实效性，必须有一个"体系意识"。德育工作体系主要包括：培养目标体系、专题内容体系、德育途径体系、综合评价体系、德育队伍体系、大德育体系等,中职班主任要依据学校的架构,设计符合自己班级特色的德育工作体系,按照体系对学生进行系统化教育。

二、工作项目

【工作目标】

中职班主任要依据《中等职业学校德育大纲(2014年修订)》和学校德育工作规划,逐步落实学校德育培养目标,并且依据学校工作体系,细化班级的教育体系和活动载体,使得班级德育工作具有规划性、系统性、实效性。

【操作程序】

（一）依据中职学生实际，设计适合的教育目标体系

《中等职业学校德育大纲(2014年修订)》规定中等职业学校德育目标:把学生培养成为爱党爱国、拥有梦想、遵纪守法、具有良好道德品质和文明行为习惯的社会主义合格公民,成为敬业爱岗、诚信友善,具有社会责任感、创新精神和实践能力的高素质劳动者和技术技能人才,成为中国特色社会主义事业合格建设者和可靠接班人。结合学校的实际情况,可按照学年度对培养目标进行分解、细化,通过日常的工作完成分解目标的培养,积少成多,积善成德。

通过德育内容体系的构建,落实党的教育方针和国家的培养目标,细化学校人才培养的具体要求和素养构成,班主任要根据学校的教育主题,设计班级教育主题、班级教育内容,并规划班级教育目标。下面以青岛某职业学校的"雅致"德育体系为例,来看德育内容体系构成的要素。

青岛某职业学校高一年级第一学期德育工作内容框架设计

高一年级:习惯——立志

学期	月份	学校主题	班级教育主题	教育内容	教育目的	备注
第一学期	9月	规范建设月安全教育月	1. 站在人生新起点 2. 远离隐患守护生命	了解学校概况,学习学校规章制度;总结军训情况,站在人生的新起点上,高一学生应该如何开始新的生活。交通安全、消防安全、卫生与食品安全、防自然灾害、防意外伤害	了解校园、校情、校规、校纪,树立主人公意识,增强归属感,确定新的发展方向	

（续表）

学期	月份	学校主题	班级教育主题	教育内容	教育目的	备注
第一学期	10月	爱国教育月	3. 爱国——永恒的主题 4. 自信教育——不败的花季	学习爱国志士的典型事迹，理解"爱国、敬业、诚信、友善"社会主义核心价值观个人层面的基本内容，培养爱国之心和报国之志。 选取学生同龄人拼搏和成功的案例，激发学生树立自信、奋发向上	培养学生爱国心、自信心，激发学生向上的内动力	
	11月	职业教育月	5. 职业素养教育——立志，了解专业，初步规划人生	组织学生深入行业企业调研，了解专业发展，完成生涯规划书（一期）	引导学生树立适合的志向，对学生进行职业生涯和职业理想教育	
	12月	班级建设月	6. 我爱我班	完善班训、班级公约等规章制度。建立比较稳定的班干部队伍，进行特色班级文化建设	建立班级规章制度，优化班干部队伍，形成特色班级文化	

青岛某职业学校高一年级第二学期德育工作内容框架设计

高一年级：习惯——立志

学期	月份	学校活动主题	班级教育主题	教育内容	教育目的	备注
第二学期	3月	爱心奉献月 安全教育月	7. "文明守纪从我做起"	重温学生一日常规、德育学分管理规定，寻找自身存在问题，培养出勤、礼仪、卫生、学习、集会、活动等良好习惯	强化学生一日常规，建立学生行为准则	安全教育第一课、志愿者活动

（续表）

学期	月份	学校活动主题	班级教育主题	教育内容	教育目的	备注
第二学期	4月	革命传统教育月	8. 崇尚礼仪，立德修身	教育学生发扬中华民族礼仪之邦的传统，明晓日常个人礼仪，交往礼仪	培养学生讲文明、守礼仪的良好素养	缅怀英烈活动、体育节及春季运动会
	5月	青年建功月	9. 青春无悔	利用同龄人的案例，引导学生树立目标、热爱学习、热爱劳动，正确对待理想的人生第一个路标，使之都能有一个无悔的青春	明确青春的可贵，学习的重要，珍惜青春，收获成功	五四表彰、学生干部培训
	6月	法制教育月	10. 做守法的公民	现身说法，模拟法庭，法制手抄报，宣传法律知识	对学生进行法制教育，在班级中引入民主管理机制，推行自主管理	法制教育进校园、毕业典礼

【拓展链接】

1.《中共中央关于进一步加强和改进学校德育工作的若干意见》(1994)

2."整体规划大中小学德育体系，就是根据不同教育阶段学生身心特点、思想实际和理解接受能力，准确规范德育目标和内容，科学设置德育课程，积极开展德育活动，努力拓展德育途径，有针对性地进行教育和引导，使学校德育更具科学性，更好地促进青少年学生全面健康成长。"

——出自《教育部关于整体规划大中小学德育体系的意见》(教社政〔2005〕11号)

三、工作案例

另解"光棍节"，奔向独立日
——我的教育故事之班级主题活动

徐铭莲

本故事是自己所带班级无数班级主题活动故事中的一个，旨在让学生摆脱依赖性,走向独立自主,建设一种以"独立"为核心的班级文化。

传说中的依赖症

最近,班上颇有些怪象,让人头疼。

不少女同学只有一点小感冒,自己一个人到医务室去拿点药吃就行了。可是她非得生拉活扯地拽上好姐妹一起,在老师面前请假时还一脸愁容的"病西施",转过背就和姐妹们说说笑笑走了——这哪像生病的样子。更可气的是,常常一去就是大半节课。

不止一个住校生的家长来电,孩子在校根本不会洗衣服。每次周末回家,书包里装的除了作业,还有一大堆脏衣服。寝室生活老师也反映,不少孩子早上长期不整理床铺,寝室卫生也总是要不断监督才会做好。小洋、小文等几个男生都高一了还每天都要父母叫他起床,一旦父母未能及时叫醒便要迟到。

小江、小欣、小军几个"学霸"学习积极性确实高,但一上晚自习就爱相互讨论,好像不讨论不能完成似的,罚他们一个人在办公室做题,也能很快正确解答。或者明知道老师第二天会评讲,却一遇到问题就要提前问,晚自习一旦没在办公室找到老师解决问题就焦躁不安。

面对这些班级现象,我困惑不已。这难道就是传说中的"依赖症"——不是依赖朋友,就是依赖父母、老师。在依赖中失去了自我,物质生活不能自理,精神寄托于他人?不行啊,这个问题得靠明白人引导,作为班主任的我,该如何引导他们摆脱"依赖症",奔向独立自主呢?蛮干效果差,我要等待教育契机——一个具有特殊时间性和典型意义的节日。

柳暗花明有转机

11月8日中午,教室里弥漫着起哄的气息。

"小张,双11,购物狂欢节,就要来了!你想好给女同学买啥礼物了吗?"

"不敢送,你就是缩头乌龟!"

大家七嘴八舌,嘻嘻哈哈,甚至有人吹起了口哨。

此时,我已走进教室,看着脸一阵青一阵白的小张,我脱口而出:"说啥?有你们这样开玩笑的吗?究竟是哪门子节日?"

"光棍节!"好家伙,竟然异口同声,整齐响亮赛军训啊。

多年的班主任经验告诉我,不是东风压倒西风,就是西方压倒东风。此刻只能硬着头皮先压住阵势:"人家小张老老实实,你们却捉弄人家。光棍有啥不好?光棍是光的、独立的、自由的、不依附的,光棍才活出自我!"

话一落地,把我自己都惊呆了。这难道不就是我长期以来苦苦寻觅的摆脱依赖症的教育契机吗?压在我心头的问题竟然迎刃而解了。高中生都是单身一族，过"光棍节"理所应当！但我们要把此"光棍节"过成彼"光棍节"，把喝五吆六的依赖变成孩子的独立行动，把对父母的抱怨撒娇变成自理大气，把情绪的奴隶变成情绪的主人，把随声附和变成独立的思考……

对，我们班还是学校的"班级节日试点班"呢，那就这样给学生过一个特殊的"光棍节"——另解"光棍节"，奔向独立日！我抑制不住内心的兴奋，紧锣密鼓忙活起来。

不是购物狂欢，光棍节，独立日

11月10日上午。我利用课间轻描淡写地问道："同学们，明天是什么节日？"

"光棍节！"好家伙，好洪亮。

"好！大家想不想过这个节日？"

"想！"多数人不假思索，看来过节日这种形式真是受欢迎啊！

"啥子哟，高中还可以过这个节啊？徐老师开玩笑哦。"有人质疑了。

呵呵，他们已经进入了我设的甜蜜"圈套"，于是我大声宣布："亲，明天，我们高一5班全体同学一起过'光棍节'！现在给大家10分钟的讨论时间，讨论一下如何过。"

教室里立马人声鼎沸起来。我也不制止，让他们语言上先疯一把吧。

"'光棍节'虽然属于光棍的特权，但是光棍并不光荣，所以我们明天最重要的任务就是'脱光'，哈哈哈……"

"光棍有权利败家，我看我们明天集体疯狂网购吧。"

"依我说，最好的方式是晚自习集体吃火锅。"

"就晓得吃，我看最高大上的选择是集体看电影。"

要引导才行了，我叫停："好了，同学们，你们说得那些高大上其实太低端，太常见，太颓废了，其实我们可以过得更有意义一些！"

"那怎么过哟？"教室里充满了疑问和期待。

"'光棍节'起源的灵感不是因为有四个阿拉伯数字'1'吗？1既可以组词组成一无所有，还可以组成独一无二。明天我们就将一无所有的'光棍节'过成独一无二的'光棍节'如何？"

"要得。"学生应和着。

"每个一都代表一个个体，而任何一个个体都需要一定的独立——独立思考，独立生活，独立解决面对的困难，干脆我们把独一无二的光棍节改个名，就叫独立日吧。这样既高大上，又更符合我们中学生的身份。独立日就必须有独立之具体内涵，而独立肯定和依赖是天然对立的，而且大家身上都难免有些依赖症，比如依赖同学给你买早饭，依赖父母给你洗衣服，依赖老师解答本来自己都可以解决的难题。因此我想提一个要求,无论我们明天的独立日过成什么的样子,都必须有一个内容,就是不要有依赖行为,借此让我们所有人都能够意识到自己身上的依赖问题,并且在以后的时间去克服它,大家觉得如何?"

"好!"教室里的声音响亮、整齐又兴奋。

我在黑板上写下"1-1-1-1-独立日",并说道:"接下来再给大家10分钟的时间,大家讨论明天的独立节如何过? 请每个小组列出几条独立方案。"

10分钟过去了,每个小组都提出了一些,最后师生共同整理成为4个"独立公约":

1. 形体独立。独立日一天不三五成群,不与人"勾肩搭背",不相互讨论问题,上课不讲话,下课不打闹,总之,自己的事情自己做,一个人能做的事情不要两个人来做。

2. 情绪独立。独立日一天,无论喜怒哀乐,都自己承受,不受人影响,不向人倾诉,不帮人排解;但一要情绪稳定,二要情绪尽可能乐观。

3. 行为独立。独立日一天挑战一次自己,做一件平时不太敢做的事情。比如上学途中给陌生人一个拥抱,比如在课前来一次即兴演讲,比如找年级组长乃至校长谈一次话,反映一下同学们的心声……

4. 思想独立。在独立日一天敢于在思想上做一天独立的自己,不受任何人影响地思考一个问题,并最终以文字的形式呈现出来。

"同学们,你们能做到吗?"

"能!""好新鲜的节日。"学生们七嘴八舌的回答着,总的意思是比较期待。

节日班长发话了:"我们是不是应该成立一个监督小组,对同学们明天的言行进行必要的监督,看看哪些人做得好,哪些人差一些,老师行不?"班长不愧是"领导",总是眼光独到,高瞻远瞩。

"当然可以!"好家伙,真是进入正能量状态了。晚自习前,在班长的组织下,孩子们组建好了监督小组,还取了一个颇有些调侃的名字——独立督导大队。他们制作了貌似规范的督导证,我也乐呵呵在上面签名认证。

向着独立,狂奔

11月11日,如期而至! 同学们的表现令人刮目相看,耳目一新。

场景一:语文课前三分钟,本来不怎么参加演讲的小新同学,竟然登上了讲台,声音洪亮地发表了《我的青春不应该被无聊充斥》的演讲。

场景二:小杰本来想邀约小存一起上厕所,被督导大队小陈发现,两个人只得分开去。

场景三:午自习罕见地安静了,鸦雀无声,有同学本来想找东西借东西,但面对四周的"督导",只好作罢,下自习后才借。

场景四:我正暗自高兴,看来只要潜能被激发出来,创造就有一切可能。此时,意想不到的情况发生了:小周同学独立做一道数学题,用了1个小时还未解出。怎么办?是让他继续"耗费"时间独立想题,还是去问同学或直接请教老师?我犯难了……权衡片刻,我当机立断:"到办公室再独立思考10分钟。"小周同学本来就不认输,提起笔哗哗直算。不出10分钟,小周独立思考,解题成功!

……

11月12日,独立日督导大队统计结果,并向合格者颁发"独立者"证书,"勒令"违反了独立日精神公约的同学表演节目。最终统计结果,全班54人中有51人获得了证书,3人不合格。

最后,一个以前的依赖者、今天的"独立者"主动总结:"经过这一天的体验,我有深刻的感受。今天我终于不要别人陪我上厕所,我也自己驾驭了不良情绪,我没有说一句话独立完成了作业,我是一个成熟独立的人。"颇为自豪。

我也趁机归纳:11月11号是社会上的光棍节,更是咱班永远的独立日。老师真诚希望大家做到四个1:一是独立的行为、二是独立的情绪、三是独立的思想、四是独立的人格。当然,并非一朝一夕之功。老师真诚地希望,今天只是一个开始,同学们未来做得更加精彩。

活动反思

一、反思本次得失

同学们的反思:通过这个节日,基本达到了活动目标的要求。让同学们体会到形体上是可以独立行事的,情绪是可以独立自控的,生活是可以独立自理的,思考是可以独立完成的,精神是必须独立的。我们不能被他人左右,也不能依赖于他人。孤单并不可怕,盲从才不可取。我们终于赋予了"光棍节"以新的含义——"独立之形体和独立之精神"。光棍节就顺利地更名为"1-1-1-1-独立日",并且载入"班级节日"史册。

我的反思:公约还可以更细化,科学化,争取下次改正。同时,独立不是这一天的事,应该是一种从今以后,一生都要坚守的精神。这一次活动以班级节日的形式进行了渗透和强调,在同学们心中经历了从疑惑到惊讶,从挑战到惊喜,从执行到反思的过程。从而在心里植下了"独立之形体和独立之精神"之根,但还需在以后多加巩固。

二、反思其他班级节日

班级节日是我班的特色班级文化,每周一个主题班级节日,形成了连续的"班级节日课程"。德国现代哲学家伽达默尔说过:"节日具有它自己特殊的时间性,它本质上是一种反复现象。至关重要的和典型在于它展示给我们节日自身的积极内容。事实上,所有的节日都可以是一种创造,并使人提升到存在的不同境界。"是的,班级节日见证了学生深深浅浅的成长脚印和风华正茂的青春正能量。每个人精神振作,身心愉悦。因此,班级文化建设是塑造学生心灵的栖居地,是德育的好帮手。

我还要继续实施的异彩纷呈的班级节日有:

节日名称	要求	意义
清明节、端午节、中秋节、春节……	做足节日气氛,做出新意	挖掘出节日更深的文化含义
母亲节、感恩节、异国风情节、民族特色节。安全教育日、国际和平日……	世界的眼光	拓宽视野,增长见识
体育节、艺术节、原创节、图片节、数字节、搭档节、特长展示日、无批评日、交换使用作业日、夸奖同桌日、双胞胎日、晒理想节、远足节、谜语节、颠倒节、疯狂英语日、疯狂发型日、恋爱模拟节……	力求原创丰富多彩	发挥创造力,增进友谊、促进学习、辅助德育

班级节日是班级文化的重要组成部分。因为教育是一门捕捉教育契机的艺术,节日是一种很好的契机。节日这种德育模式得到了专家的认可。班级节日渲染了学生青春成长路上的点点滴滴,见证了学生深深浅浅的成长脚印,鼓起了学生风华正茂的成长风帆,张扬了学生挥洒不尽的青春正能量。

通过创建班级节日,开展班级活动,是班级文化建设中魅力独特效果奇佳的好方式。

（《班主任之友（中学版）》2015年第5期,有删改）

第三节　班级管理制度建设

一、工作情景

近年来,中职学校生源质量呈下降趋势,这些学生由于自制力差、厌学、缺乏目标等,在义务教育学段中一直坐着"冷板凳",鲜有成功的喜悦。但刚刚踏入职校的新生,在心灵深处有从头再来的决心和上进的要求。所以,在入学之初,班主任就应抓住契机,加强入学教育,加强规范教育。

没有规矩,不成方圆。学校的规章制度是学生日常行为的基本规范,对形成个人良好的行为习惯,建设良好的班级风气和校园文化,提高教育教学质量具有重要的作用。中职班主任在班级管理中要注意策略和方法,既要依规治班,落实底线教育,又要灵活处理,抓大放小,给学生成长的空间。等到良好的班风基本形成后,再开始抓小处,抓细节,进一步强化遵规守纪的意识。

二、工作项目

【工作目标】

中职班主任要在学生入校之初为学生介绍学校历史和发展、专业设置和发展方向,了解学校的规章制度、校园文化内涵等;在入校之后,要进一步学习和落实《中等职业学校学生一日常规》和《中等职业学校学生公约》等的要求,实施底线管理,立规成习;采取恰当方式,激励发展。

【操作程序】

（一）加强入学教育,引领新发展

(1)军训教育。军训教育是新生入学后的第一堂课,主要对学生进行爱国主义教育、军事科目训练、行为习惯养成等。爱国主义教育的形式主要有国旗下的讲话、国防教育讲座、参观军营等;军事科目训练的形式主要有队列训练、内务知识、军事常识等。通过军训教育,迅速将一个松散的新生群体组织为一个统一的集体,帮助学生树立良好的纪律意识、团队意识和集体生活意识,帮助学生迅速融入新奇而陌生的集体中,同时还可以增强学生的体质,锻炼学生坚韧不拔的意志。另外军训教育中,通过教官和班主任老师的观察,再辅以一些文艺活动,例如军歌比赛、联欢活动等,发现和培养一批班干部,为班级管理和班级建设奠定良好的开端。

(2)校情校史教育。学校的发展史是一个永恒的教育题材,可以通过讲座、橱窗展览、校内电子屏幕、参观等形式让学生直接、全面地获知学校的基本概况、发展历史、软硬件配套设施、师资力量,了解学校所取得的重要成就和发展前景,了解学校已经毕业学生的去向等重要信息,加深学校在学生心目中的良好印象,从而产生对学校的认同感、归属感。另外,需让学生了解学校各区域的功能,了解与自己生活、学习密切相关的部门。

(3)校规校纪和常规管理教育。俗话说"没有规矩不成方圆",一些学生在初中有着不良的行为习惯,比如抽烟、生活无规律、染发等,如果在中职入学时不加以规范和约束,会给学生本人和周围同学带来不良的影响。因此,为营造良好的校园氛围,培养学生良好的生活习惯和行为习惯,有必要在入学教育时使新生全面了解学校校规校纪,让新生明确学校对学生的基本要求,引导学生树立良好的行为规范意识,自觉约束自己的言行,避免出现违反校规校纪现象,努力做一个合格文明的中职生,主要内容有:《中学生守则》《学生日常行为规范》《学生违纪处分条例》等,同时明确告知新生学校会常抓不懈得加强校纪校规的教育和监督。此外,还需要让学生了解学校的日常管理,比如学生操行评定办法、奖学金评定办法、资助政策、宿舍管理、学籍管理、社团管理、学生会管理等。

(4)安全法制教育。中职学生入学时大多数人缺乏社会阅历,容易轻易地相信他人,比如相信推销的产品、诈骗短信等。因此,有必要开展以防骗、防盗、防火、网络安全、交通安全、卫生食品安全为内容的安全教育,明确告知各种求助渠道和方式,同时梳理校园生活存在的主要安全隐患,向学生讲述校园伤害事故案例及处理,提高学生的安全防范意识。同时组织新生学习相关法律法规,学会遵纪守法,不做伤害他人的事情,并学会自我保护,避免受到来自外部的伤害。

(5)心理健康教育。由于生活环境、学习方式和社会角色等方面的变化,新生容易产生心理不适应。为了让新生身心愉悦地生活和学习,需要开展心理健康教育,主要内容包括如何正确认识和对待心理不适应现象,容易产生哪些心理问题,如何进行自我调节,如何寻求帮助等。

(6)专业启蒙教育。中职生毕业之后直接面向社会,从入学初,就开始朝着"职业人"方向努力。因此中职班主任要通过讲座、新老生交流会等形式,帮助学生了解职业教育与普通中学教育的区别及其优势所在,同时摆正自己的心态,不沉浸在中考失利的阴影下,明确不论从事任何职业,都可以实现自己的人生价值,过得充实快乐。同时帮助新生了解自己所学专业的基本状况,比如课程有哪些,如何学好专业课程,专业前景,未来要从事的工作等问题,了解企业对中职生在知识、技能和素养等方面的要求,使得新生根据自己的专业对自己的三年中职生活进行较早的规划。另外介绍学校课堂外的特色活动,比如社团活动、选修课程、艺术节、体育节、晚自习兴趣班、职业技能大赛等,鼓励学生在学习掌握好本专业必须具备的专业基础知识和素养的同时,多参加活动,锻炼胆量,积累经验,多阅读一些课外书,丰富自己的知识结构。

（二）明确规则，建立新秩序

（1）加强出勤管理，培养好习惯。中职学生厌学情绪较为严重，纪律意识较为薄弱，个别学生有迟到、早退、旷课的不良习惯。作为中职班主任要严格按照学校的纪律要求，建班伊始就要明确考勤制度、请假制度，并严格执行。在学生上课、集会、做操、实训和参加学校组织的集体活动时，必须严格考勤，因故不能参加者，必须请假。无故不请假，请假手续不全等，均以旷课论处；同时规定几次迟到折算为一节旷课，按照上级主管部门学生处分条例规定，给予相应的处分，并在一定场合予以公示，对行为散漫学生起到警示作用，弘扬正气。

（2）规范仪容仪表，树立青春形象。因社会流行风气影响，有的中职学生喜欢奇装异服、染发烫发，中职班主任应按照《中小学生守则》《中等职业学校学生公约》等要求，对学生的仪容仪表严格要求，及时整改。为此，许多职业学校对仪容仪表等做出明确规定，如：①服装穿着：按照规定全天穿着学生装，不能在服装上涂鸦，保持整洁干净；不能敞开衣襟，扣上衣扣或拉上拉链（一般至第四粒扣子处）；不能卷起衣袖或裤脚，不能收紧裤腿；胸卡全天按要求佩戴于左胸上方；无特殊要求不能穿高跟鞋，不能佩戴饰品。②发型：简洁、整齐，不能染发、烫发，不能使用发胶，不能理成奇异发型；男生头发前不过眉，两侧头发拉下来不能遮盖耳朵上方，脑后处不低于耳朵下 2 厘米；女生以齐耳短发或马尾辫子为主，刘海儿不能超过眉毛，两鬓和脑后要整齐，不宜过长。③指甲：定期修剪指甲，指甲与指肚相齐，上学期间禁止涂指甲油，禁止做美甲或戴甲套。

（3）保持规则稳定，注意循序渐进。班主任执行制度时，在争取绝大多数学生认可制度之后，要保持制度的稳定性，不能朝令夕改；要保持制度的公正公平，对所有学生一视同仁。在实施制度的过程中要注意循序渐进，讲究分寸。在学生违背纪律和要求时，需要采取适当的惩罚。惩罚可以分为两类："减甜式"惩罚和"加苦式"惩罚。"加苦式"惩罚是加重受罚者痛苦的体验，让他以后面对错误，望而却步，在冲动面前三思而后行，或者是对自己的错误后果负责。例如对违反纪律情节轻微的学生，可以惩罚他到讲台上唱一首歌曲或朗诵一首诗歌；对于一般违反纪律的学生，可以让其写出 300 字的违纪说明并责成其为班级做一次义工；对于违反纪律情节较重的学生，可启用学生处分制度。

"减甜式"惩罚是剥夺学生想要做某事的权利，或者渴望得到的物品，让他为了得到自己想要的一些东西而加强自我约束。例如取消学生参加某项活动的权利，减少学生的一些乐趣。两种方法哪种更好呢？这要根据实际情况，看实施的对象特点。同一种方法对于不同的人效果一定不同，应该因材施教。每位班主任还要牢记,惩罚的目的绝不是压服、制服和征服,而是告诫和警醒。

(4)坚持尊重前提,处理讲究技巧。人与人之间相处的根本原则是尊重,师生之间亦是如此。对待违纪学生不要简单粗暴,切忌遇到学生违纪就大发雷霆,其实有时冷静面对能够收到意想不到的效果。在处理违纪学生时,一定要以尊重为前提,切勿用"白痴""混蛋"甚至"你父母怎么生出你这样的神仙"等,那样只能使师生关系降至冰点,教育将不会收到任何成效。

(三)以人为本,科学管理

(1)让每个学生都做班级管理的主人翁。国有国法,班有班规。班主任应该根据班情,引导学生积极参与到班级纪律的制定之中,让每个学生都成为班级管理的主人翁。班主任可在入学之初,组织班规班纪主题班会,让每位同学写出自己认为应当遵守的纪律,然后组织全体同学讨论,归纳、提炼,形成班级"十不准"等班规,并让全体同学签字认可,人手一份,共同监督执行。

(2)让每个学生都有闪光的机会。每个学生都有优点和缺点,中等职业学校的学生尽管不足之处较多,作为中职的班主任一定要有一双善于发现的眼睛,多肯定,多赞美,让每个学生都能认识到自己的闪光点,都能产生不断前进的自信。班主任即使在批评学生时,也可采用"褒三贬一"的形式,在批评学生一个缺点时先表扬他三个优点,让每个学生在高兴愉悦中接受批评,改正缺点。

中职班主任要善于树立班级中的正面典型,让学生从身边榜样汲取前进的力量。如班主任可在班级设立班级明星榜,评选每月明星,让每个学生都有受表扬的机会,再接再厉;让身边的同学都能受到激励,共同进步。

【拓展链接】

1.《青岛市教育局关于印发〈青岛市中小学生处分暂行规定〉的通知》(青教规〔2018〕1号)

2.《中等职业学校学生公约》

爱祖国,有梦想。热爱祖国,热爱人民,热爱中国共产党。志存高远,服务人民,奉献社会。

爱学习,有专长。崇尚科学,追求真知;勤学苦练,精益求精;不会就学,不懂就问。

爱劳动,图自强。尊重劳动,勇于创造;艰苦奋斗,勤俭节约;从我做起,脚踏实地。

讲文明,重修养。尊师孝亲,友善待人;诚实守信,言行一致;知错就改,见贤思齐。

遵法纪,守规章。遵守法律,依法做事;遵守校纪,依纪行为;遵守行规,依规行事。

辨美丑,立形象。情趣健康,向善向美;仪容整洁,衣着得体;举止文明,落落大方。

强体魄,保健康。按时作息,坚持锻炼;讲究卫生,保持清洁;珍爱生命,注意安全。

树自信,勇担当。自尊自信,乐观向上;珍惜青春,不怕挫折;敬业乐群,勇担责任。

三、工作案例

我做"大哥"的日子
——对落后班级管教方法的一些探讨

近年来,随着中等职业学校生源质量的下降,在一些专业中容易形成管理难度较大的"差班"。对于这样的班级,如果用常规的管理方法,常常会收获失望。应该如何来带这样的班级?这是职业学校教育教学管理中需认真探讨的课题。

记得2003年青岛旅游学校邵竹君老师有一篇文章《不缺理解,不缺沟通,缺的是管教》发表后,一石激起千层浪,引发了一场大讨论,我想多数职业学校的学生基本上处于这种状况,关键是要敢于管教,巧于管教。在中途接手了当时学校里最差的班级——计算机运用专业职专班时,我更是对此深有体会。

计算机职专班是当时学校最差的班级,在高一军训的时候就发生了不服管教,追打教官的恶劣事件,高一时绝大部分学生自由散漫,整个课堂混乱不堪,任课教师叫苦连天,学习成绩及格的寥寥无几,一年之内共换了三任班主任,这个班已经成了学校的"洪水猛兽",成了学校领导头痛不已的心病。在这种情况下,我担任了这个班的班主任。对于这个班,我没有用常规的思路来管理,而是针对学生的实际情况采用了一套特殊的管理方法并付诸实施,取得了良好的实效。

一、树立威信

我深深明白,要管好这些学生,必须在开始的时候就把他们震住,否则将一发而不可收拾。第一次见面时,我给自己理了一个平头,穿了一身黑西装,一副

"小哥"的形象，板着面孔，满脸严肃地走进教室，我一言不发地扫视全场，大部分同学因为我的出现而安静下来，教室里陷入了一种沉寂。此时恰好有三个同学迟到了，由于不明教室内的变化，竟旁若无人，大摇大摆地走进来。我一看，高喊了一声："出去，你们把这当市场呢！"此时整个班级里更是鸦雀无声，那几个迟到的学生也愣住了，怯生生地退到教室门外。我冷冷地盯了他们一会儿，说："知道规矩吗？你们难道不知道应该怎样进入课堂吗？"三个人立马喊了报告，我才让他们进入了教室。接下来，我又严肃地对全班同学强调："记住，在任何时候都要遵守游戏规则！"第一次见面，我就使他们感到一种无形的压力。接下来发生的一件事更使他们折服于我。有一天，学生告诉我校门外有两个"小哥"正拦着我班的学生索要钱和乘车卡，我一听吼了一声就冲了出去，几个男生紧跟其后。我拿出老师的威严，对两位"小哥"动之以情，晓之以理，加以劝诫……这件事情之后，我成了学生们的"大哥"。在日常交流中，我也选择他们感兴趣的话题作为切入点，如网上热门事件、明星逸闻、CS游戏、传奇游戏等，我还加入了班级的QQ群，使学生乐于和我交流，这样在交流中，既拉近了我和学生的距离，又使我对班级里发生的事了如指掌。

二、确立规范

针对学生自由散漫、不受规范的现象，我加大了常规教育的力度。首先利用班会引导学生制定了自己的《班规》，学生自己制定的规范能最大限度地得到学生的拥护和执行。然后开始监督规范的实施，从出勤、着装、仪容仪表等抓起，设专人负责，让学生自己管理自己。每天早自习检查着装、仪容、胸卡等，如果有不合要求者，家长在家就让家长送来，或者让他们承包卫生区以示惩戒。对于迟到的同学，则让他们向全班同学做出解释，并为他们扣了班级的量化分数向大家道歉，然后请家长每天早晨监督起床。同时，我还选拔了十位有威信、有人缘的同学，轮流担任纪律巡视员，其他同学或出于交情，或出于义气，都不愿给巡视的同学带来麻烦，因此都能"自觉"地做好自己应做的事情。一个原来最差的班，在学校的量化评比成绩每月都能进入前三名，班级在不知不觉中改变着……

三、树立责任

针对学生对班级事务漠不关心，缺乏责任心的情况，我实施了责任教育。我安排班委把各项事务进行了分工，落实到个人，实行承包责任制。在检查卫生和公物等事物时，直接查到个人，谁出问题谁负责。这使学生明白作为这个集体中的一分子，就要为集体承担相应的责任和义务，所有的个体把自己的事情做好了，整个集体就会不断发展，否则就会因你而受到影响，你就会为集体所不容。学生逐渐明白了责任的内涵,逐渐学会了承担起自己的责任。

同时,我在班级中提出"为自己学习,为前途学习"的口号,让学生明白学习也是自己的一种责任,要为自己负责,为自己的前途负责,为自己能顺利毕业学习。这样学生慢慢地能较为自觉地学习,对他们我的要求也不高,能及格就行,班级整体的学习成绩逐步提高。

四、用心赏识

针对差生较多的现象,我采取了赏识性的教育,因为否定和批评对他们而言已经是家常便饭,继续使用只会适得其反。差生也是人,作为人他们心里必然有希望被肯定的欲望。因此我注意发现他们的细微进步,并及时进行表扬,让他们从肯定中寻找向上的动力。运动会上,刘晓、孟天蛟等人一天连跑了四个项目,艺术节前,崔瑶、王增等利用周六和周日赶排街舞……其实接触多了,我发现他们也有诸多的可爱之处,只要引导得当,他们也会绽放灿烂。

经过了规范教育、责任教育、赏识教育,学生逐渐提高了自制力,恢复了自信心,产生了向上的动力,班级中形成了自我教育、自我管理的氛围,人人有事干,事事有人管,我这个班主任基本上在自习、课间操、集会等场合"置身事外"了,从而达到了自我教育的目的。

五、注意事项

在带"差班"时,我认为有以下问题要特别注意,否则很难收到良好的成效:

(1)在当今环境中,带差班要有很强的责任心,班主任要靠上抓,反复抓,只有这样才能发现问题,及时解决。

(2)要率先垂范,要求学生做到的事,班主任要先做到、做好,做学生的榜样,这些学生特别需要一个引领者。

(3)要以爱心为基础,不能一味高压,要通情达理,关心他们,让他们感受到严格后面的关爱。

(4)要公平处事,不可偏袒。班主任要通过公平来树立威信,一旦失去公正就会在学生心里投上阴影,从而使学生产生抵触情绪。

(5)要管教得法,因人而异。有人吃软,有人吃硬;有人重交情,有人讲义气……班主任要找准恰当的切入点,要维护学生的自尊,切不可当众批评。

(6)要说话得体,切不可啰里啰唆,一本正经地空讲大道理,这是学生最为讨厌的事。要结合学生的切身实际去教育,用他们的思维纠正他们的行动。

经过努力,我这个"大哥"赢得了大家真正的尊重和信任,这个班级也发生了很大的变化,每次的量化评比均名列前三,同学们的日常表现中规中矩;各项活动踊跃参加,成绩显著;学习成绩也有了很大的提高,在全市的毕业会考中,全班 38 名同学只有 5 人需要补考。

以上是我带落后班级的一些做法，虽然给人剑走偏锋的感觉，但无非是因材施教的具体化而已。我想作为现代的班主任，一定要针对学生的实际情况，有的放矢，用心去创新，去寻找最有效的办法。

（青岛外事服务职业学校　姜封祥）

第四节　班干部队伍建设

一、工作情景

班集体是学校的结构和功能单位，它既是教育的对象，又是教育的力量。班集体只有形成正确的领导核心，才能保证各项制度的贯彻执行，才能发挥班集体活动的潜力，使班级工作顺利开展，而班集体核心的建立，主要表现在班集体先进分子的使用和班级学生干部的培养上。

班主任、班干部及学生三者之间的关系如同伞柄、支架和布，一个好的伞柄如果没有支架的支撑是无论如何也撑不起一片天空的。因此，班干部建设是学校班主任工作的一个极其重要的环节。

二、工作项目

【工作目标】

中职班主任在班级管理中，要充分认识班干部的重要作用，并做好班干部的培养。作为班主任，首先要知晓班级组织机构的构成，要根据学校的规章制度制定班干部选拔办法，规范班委会的日常运作，同时要建立与学生干部的沟通桥梁，做好与班干部的协调，形成班级管理的有效力量。

【操作程序】

（一）熟悉班干部的组成

班干部队伍由班委会和团支部两部分组成。班委会一般由班长、副班长、学习委员、纪律委员、卫生委员、文艺委员、体育委员、生活委员等组成。团支部一般按照团委要求，设书记、组织委员、宣传委员、监察委员等。

这两大班级组织分担着思想组织建设和行政管理两大职能，二者的活动是有机组合，不能各自为政。两大组织的工作既各有侧重，又互相融合，因此两者应当相互协作、相互促进。

（二）充分重视班干部的选拔

班干部是班级活动的骨干力量，是班集体活动的主力军，是班级管理的核心力量。正确地选拔班干部是班主任搞好班级管理的关键。做好干部选拔要坚持以下原则：

（1）必须明确班干部的选拔标准。选拔干部，要有一定的标准。学生干部必须品学兼优，此外还要充分考虑学生的领导能力。学生干部在学生中应有领导才能，有较强的组织能力，能够团结同学，顺利完成各项任务，同时还应具备奉献精神，能为他人着想，有较强的感召力等。如果符合以上标准者，均可作为班干部的候选人选。在实践中，切不能因为学生成绩优异就全面肯定，一定要多角度观察，学习成绩优秀但无组织能力的学生，可担任科代表之类的工作，不宜担任班级主要干部。同时班主任要切忌让有暴力倾向的学生担任班干部，以确保班级风气纯正。

（2）不能包办干部的"任免"。在班干部的产生过程中，有的班主任喜欢包办代替，自己决定几个人选，然后为之分配任务。这样一来，一些班干部往往会失去一定的群众基础，给以后的工作带来一定的困难。在班干部初选时，一般通过毛遂自荐、相互推荐等方式物色干部人选，暂不定职务，经过两周试用期后，经全体学生民主投票决定具体职务。这样的班委班子，有较强的威信，能更好地开展工作。

（3）干部的选拔不能搞"一刀切"。万物都在不断地发展变化之中。学生干部选拔应贯穿于整个学习期间，对胜任的班干部要予以重用；对能力较弱，不能胜任的干部要进行调整；对表现特别上进的学生，应吸引到干部队伍中来，这样才能使班干部队伍充满生机和活力。中职学校的很多学生在义务教育阶段没有学生干部经历，但经过几个月的职高生活，班主任发现有的优秀学生奋发上进，有组织才能，积极向学生干部靠拢，就应当吸收到学生干部队伍之中。

（三）认真做好班干部的使用

学生干部的使用一般经历三个发展阶段，每个阶段班主任都要使用好班干部。

第一、班主任主导管理阶段（即班主任接手新班或中途接班的时候）。此阶段的工作主要是确立班主任在学生中的威望、影响力，使松散的班级群体在此阶段逐步形成以班主任为核心的整体，因此班主任的工作一定要到位，应每天坚持到现场督促指导。如大课间活动、卫生保洁、午休值勤等，指导班干部开展工作，直到习惯养成为止。

第二、师生共同管理阶段。这个阶段的工作是有目的、有计划地建立以班长为核心的管理机构。班主任除个别重要问题决策外，一般性的日常事务，应交由班长和其他学生干部承担。在班级中，凡是班级干部能说的话、能做的事都让班干部去说、去做，班主任不能包办代替。此时诸如出黑板报、排放桌椅等班级日常工作，都是班干部带领同学完成。一般班主任不在场，班主任对班级工作做不定期的督促检查即可，这样做，既培养了班干部独立工作的能力，也在同学中树立了班干部的威信。

第三、学生自主管理阶段。这个阶段一般是在班级领导核心已经巩固、集体健康舆论已经形成的时候。此时班级管理要大胆放手让学生干部开展工作。事实上，让学生自己管理自己，学生更乐意接受。班级每周的班会课上可由学生干部根据每周的情况组织学生自主安排班会内容，建立班级发言人制度，对班级工作的得与失进行表扬与批评。这种表扬比起老师的称赞更能让学生感动，因为这是经过全体同学认可的；而这样的批评比起师长的指责更能让学生接受，因为同学的批语口吻更像是对他提出的期望。这样做，充分显示了班级干部的领导和组织才能，也充分体现了同学们对班级的关心和参加集体活动的热情。班主任则在课末做总结，肯定成绩，批评不足，提出新的期望。

（四）好的班集体需要一支良好班干部队伍

班主任不仅要使用好这支队伍，更应着重对他们进行培养和提高，帮助他们健康发展，更好地为班级服务。

（1）要引导学生干部树立正确的思想观念，认识推选学生干部的目的意义，明确他们在班集体中的地位、作用和任务。教育班干部要有全心全意为同学服务的思想，要有无私奉献的精神，不允许班级干部消极怠工，向集体讨价还价，争名夺利。

（2）要充分信任，放手让学生干部大胆工作，正确对待他们工作中的成绩和失误，采取各种有效方法和途径，培养他们独立工作的能力。由于班干部属于未成年人，工作中难免会出现失误。班主任应定期对班干部的工作能力进行培训指导，给他们讲解各部分工作的要点。组织他们学会制定计划及具体措施，定期召开班干部会议，检查落实情况，总结得失，并予以纠正。

（3）要培养学生干部树立正确的工作作风，采取合适式修正班干部在班级中的不良行为，鼓励他们以身作则，总结优点，纠正错误，使自己成为同学学习的好榜样。

（4）要增强学生干部的责任感，培养他们明辨是非的能力及阻止不良行为的勇气。由于外部环境的影响,班级中的违规违纪现象偶有发生,此时需要班干部及时阻止。班主任应增强学生干部同违纪现象做斗争的责任感,以形成良好的班风。

(5)要塑造学生干部健康的心理,增强抗挫折力。教育他们正确对待学习压力及学业上遇到的挫折。学生干部成绩大多较优秀,彼此竞争激烈,压力较大,一旦考试失常,有些就会心灰意冷,一蹶不振,从而影响学业和工作。班主任需及时发现异常,及时进行心理疏导,教会他们对付压力,教育他们直面挫折,笑对人生,豁达从容,充满热情和自信地对待生活。

【拓展链接】

某职业学校班团干部分工表

职位	姓名	工作职责	备注
班长		代表班级参加学校事务;全面负责班级日常纪律和事务;协调和督促班干部开展工作;组织班干部商讨解决班级发展中的问题;必要时组织、主持班会;班费管理,积极联系并协助班主任,是临时班主任,第一责任人	
副班长 (纪律委员)		协助班长管好班级纪律,包括课堂纪律,午休、晚自习纪律,卫生纪律和出操纪律;积极主动联系班主任,反映纪律方面的各种问题,特别是严重事件以及班级外发生的不良行为;每周核验班史,查缺补漏,并签字。必要时在班会通报;参加年级卫生检查评比,了解汇报每天班级检查得分情况;关注学校新通知,及时通告大家;在班级日志上记录迟到、早退的同学	
学习委员		组织科代表和小组长积极开展"比学赶帮超"活动,创建积极向上的班风和学风;督促各科代表和组长及时收缴作业并在班史上记录缺交和抄袭者;注意收集班级勤奋好学的典型,并在班会课上通报;每周汇报班级学习整体情况	

（续表）

职位	姓名	工作职责	备注
劳动（卫生）委员		协助做好校医务室安排的工作；安排卫生值日表，每日督促卫生值日并和副班长、值日班干检查卫生；组织卫生大扫除；每天了解班级卫生评分情况，在班级日志上记录扣分人员及原因；卫生工具的购置、保管和摆放	
体育委员		负责出操、体育课和集会的整队、领队；组织体育比赛，组织参加校运会；体育用品管理；在班史上记载各项活动考勤的迟到、未到人员	
生活委员		负责班级财产的保护及报修；督促相关同学落实财产报赔；班级公共用品的购置，如垃圾袋、醋或治疗感冒药物。若天气突变，预告大家准备	
文娱委员		协调班级的活动积极性，组织班级、学校的文艺活动；其他场合的文艺组织	
团支书		完成或协调学校团委分配的工作；配合宣传委员做好班级思想宣传；每周周末组织5名同学（可按学号，如带"1"的）评价一周值日班干部的工作，并记入班级日志；保管班级日志；督促相关班干做好班级日志记载；并在班史上记录班级大事（好人好事、获奖等）	
组织委员		协助团支书开展团支部工作；负责组织各类团员活动；负责每周一节活动课的组织（可形式多样，开展比赛）及纪律，可邀请班长、学习委员协助	
宣传委员		负责学校德育处、团委分配的宣传工作；负责黑板报的主办和报箱、报架的管理；教室、宿舍的美化工作；组织同学参加大型活动的征文撰稿；组织同学向校刊、广播室投稿	
科代表		联系科任教师，完成科任教师交办的任务；主动联系假日作业；收集并检查作业；辅导相关同学	

三、工作案例

"先一步""等一等"

——加强班干部队伍建设的两大武器

营造一个团结和谐、有集体荣誉感、积极向上的集体,班干部的领导和带头作用至关重要。如何培养一支优秀的班干部队伍,并能引导其有效地开展班集体工作,从而促进班集体的发展与巩固,这是班级建设中一个常说常新的主题。

去年9月,我迎来了现在的2014级9班。初次见面,同学们的眼里充满着憧憬又闪烁着茫然。面对入学纷繁复杂的班务,许多学生想的都只是单纯的"当干部",却眼高手低根本都不上忙。如何让这些模糊的憧憬变得具体,让好高骛远的浮躁变成脚踏实地的行动,我主要从以下两方面做了一些努力。

一、方法上,班主任引导先一步,助推班干部成长

第一,对全班学生进行培训,学习班干部各个岗位的工作范畴,即班干部具体是管些什么? 又做些什么? 让每一位学生都明白其理,既为班干部的选拔做好思想上的准备工作,又为班干部的执行力起到监督的作用。进而通过公开竞选、答辩,民主投票等形式选拔班干部。

第二,对班干部的培训,教会班干部一些管理的方法,怎样去认真履行好自己的管理职责。首次班委例会,除了从宏观上统一思想,针对每一个初次上任的班干部,布置上任后的第一个工作任务,并且共同商讨工作开展的方法,明确而具体,让初出茅庐的班干部不至对自己的工作茫然无措。进而,通过每次专题性的班干部例会,对阶段的具体工作加以明确,让班干部的工作能够真正有的放矢。

第三,树立班干部威信要靠扶持而非包庇。班干部也是学生,做事难免会有疏漏,老师的评价必须公正、公平、公开,及时肯定班干部工作中的进步和亮点,激励他们的工作积极性。对于一些非原则性的小错误,应多给予工作方法的指导性评价,尤其任职初期,学生经验不足,威信有限,班主任如果能实现与其研讨、指导,并在操作时从旁暗暗协助,一定比"事后诸葛亮"或者被动收拾残局效果来的好,同时也逐渐树立了班干部工作的信心和他们在班级中的威信。在任职期限时间内尽量不更换,便于管理,促进班集体的稳定发展。

二、执行上,班主任干涉等一等,留给班干部成长的空间

第一,敢于放权放手。班主任若要事事亲力亲为,班干部自然难有用武之地。久而久之,能力得不到培养,价值感逐渐丧失,积极性也会越来越差。因此,

除了必要的思想上引领和方法指导，班干部能做好的事情，就尽量不要插手。

第二，无须一步到位，教师变"使用"为"发展"。只会挑得力的使用而不花心思培养是急功近利的方法。班干部岗位设置分层次，将最得力的班干部推荐到学校层面进一步发展，并作为班委会的"军师"，随着班干部能力的提升，逐级向上递补，这是我在班干部培养方面一个比较见效的尝试。至今，班级许多默默无闻的学生成为学习小组、值日小组的组长，也有不少组长因为能力和自信心得到提升成了课代表、班委会、团委会成员，班长也已轮换至第三任，并推荐了多名学生进入校学生会。

第三，等一等，或许就是意外的惊喜。长期"被动服从"的态度和习惯自然会让班干部对工作从向往到失望到淡漠而安于现状，消磨了自信心与自主性。今年"12.9"大合唱比赛，习惯亲力亲为的我早早选定了一首革命主题曲目并设计好表演方式，原准备直接上场训练，但是学生好多希望能选一首流行歌曲。斟酌再三决定给文艺委员一天时间让他收集同学的意见方案，还撂下话如果没有更好的建议就维持原来决定。结果一天后，文艺委员给我拿出来一个革命歌曲、流行音乐串烧的"年代秀"，又加入了领唱、朗诵、道具和舞蹈，让我眼前一亮，得到肯定的文艺委员工作更有干劲，顺应了民意，同学们练歌也更加积极。

有人说，班干部培养的好，将会一劳永逸。但我觉得班干部的培养过程应贯彻班级建设的始终，智慧的班主任"有所为有所不为"，但无论"为"与"不为"，都是为了班干部"为"的有方向、有空间、有干劲、有成效——不"劳力"者其实更"劳心"啊。

（青岛交通职业学校　李雁）

第三章　做班级文化的培育者

一个秩序良好的班级,既要严格遵循管理制度,规范每一位师生的言行,又必须有正面表彰激励措施,宣传和弘扬人性善的一面。同时,更要有人文关怀、情感和谐的内力驱动,通过使学生形成共同的价值观、共同的行为规范,共同的精神追求来实现有效的组织管理。在中职学校,还可以把班级专业所对应的未来岗位需求作为学生共同的职业理想,这就需要班主任着力培养好的班级文化。

班级文化就是指一个班集体内部全部或部分成员的价值观、思想、作风与行为相协调的总和。它是以班集体为平台,以教师、学生为主体,以班级物质环境、思想观念、精神文化氛围为主要内容的一种集体文化,能体现一个班集体特有的风气。在中职学校加强班级文化建设对于积极构建和谐的班集体有着重要的意义,具体表现在:教育和激励功能;凝聚和导向功能;监督和规范功能。

第一节　营造温馨的家园——物质文化

一、工作情景

苏霍姆林斯基说:"无论是种植花草树木,还是悬挂图片标语,或是利用墙报,我们都将从审美的高度深入规划,以便挖掘其潜移默化的育人功能,并最终连学校的墙壁也在说话"。班级物质文化主要指营造良好的教室环境,如卫生干净、桌椅整齐、墙壁布置美观、文化氛围浓厚等,这不仅使学生学有其所,乐有其所,更能培养学生正确的审美观念。整洁、高雅、生动、形象的物质文化,是净化学生心灵和激发热情的前提,它对学生具有潜移默化的教育影响力和感染力。

二、工作项目

【工作目标】

教室是学生学习和生活的主要场所,是老师授业、育人的阵地,是师生思想和情感交流的地方,教室内的所有物品既要满足教育教学的功能性需求,同时又是班级文化的载体,通过教室设计布置,营造和展示班级精神氛围,使学生从踏进教室的那一刻起,就产生一种愉悦感,逐渐形成班级文化的认同感,以无声的力量教育和影响学生的思想和行为。

【操作程序】

(一)保障和爱护教室必备设施,让物品说话

相信多数教师都能认同:教室的整洁卫生不仅关系学生的身体健康,更能体现学生积极向上的精神面貌。但对于教室里的其他物品,个别教师会认为"那是学校总务或后勤的责任"。教室的门窗、课桌椅、黑板、粉笔、多媒体教学设施等是教育教学活动开展的必备工具,虽是由学校统一配备,这些物品在每个班级的命运却大不相同。有的班级三天两头桌子摇晃,椅子断腿;有的班级任课教师要板书了,才发现讲桌上只有一堆粉笔头;有的班级电脑经常故障,影响多媒体教学课件的展示。这些看似正常的"意外",不仅是教室设施没能满足教学需求,同时也是一个班级物质文化建设不力的表现。

在班级管理中也会出现"破窗效应",比如,班级环境比较杂乱,很多同学就会无意识地随地乱扔东西,如果班级环境非常干净、整洁,就会出现相反的效果。我们经常感受到的一种现象是在非常干净的星级宾馆内,我们很难发现随地吐痰的现象,这就是"破窗效应"发挥了作用。"破窗效应"不仅表现为环境方面的功能,班级同学的行为习惯等也会受到"破窗效应"的影响,所以,班主任在班级管理中,一定要防患于未然,警惕"破窗效应"的发生。

避免出现上述情况,要教育学生爱护教室内设施,并安排值日生或专人负责每样设备的卫生、维护、报修,这不仅是为了保障教学秩序和效率,对班级文化也有很大的影响。如果一间教室里物物有人管,黑板干净、地面整洁、窗明几净、桌椅整齐,学生们身在其中也会自觉端正自己的行为,比如用完卫生工具会自觉放回原位、擦黑板也会格外认真,甚至教室里胡打乱闹的行为都会大大减少,因为他们知道把桌椅碰的不整齐了还要一张一张摆好对齐。再比如班级电脑几乎是每个任课教师上课都会使用的必需品,同学们也经常用来上传电子作业等,如果出现问题,直接影响课堂教学,某班级电教管理员同学不够积极负责,班级电脑染了病毒也不及时处理,上课时经常会有异常信息弹窗,这些异常信息惹得学生哄堂大笑,很快就有学生私自用U盘拷贝小游戏到班级电脑上,利用课间和午休时间玩游戏。而另一个班级有严格的班级电脑使用管理规定,电教管理员同学严格执行U盘先杀毒再使用的规定,每天中午都关机,同学们

养成了习惯,知道教室的电脑是学习使用,从不会想拷贝无关程序到班级电脑上。可见,保障和爱护教室必备设施也是良好班级文化的一部分。

（二）优化和美化教室环境,让阵地说话

教室环境的各因素与班级文化建设之间密切相关。一间优秀的教室是教师授业和育人的阵地主场,要具有蓬勃朝气和文静儒雅的氛围,弥漫健康向上的气息,给人以美的愉悦、德的熏陶和智的启迪,这与设备先进与否,装饰豪华与否没有关系。幽雅的班级环境有着春风化雨,润物无声的作用,让学生触景生情,因美生爱,提高班级凝聚力。建议可采取以下主要措施:

(1)班级教室卫生整洁,地面、墙壁、窗台、黑板等无垃圾无杂物,清理及时,可以在卫生角张贴环保类标语。

(2)用好"班级事务公开栏",用于张贴学生守则、课程表、值日安排表及班内各项工作安排表等内容,还可以对本班同学的优秀作业、优秀作品进行展示,提供榜样的力量。

(3)整理学生课桌,注意相邻桌椅高矮一致,尽量做到横成行、竖成列,统一、整齐、整洁。

(4)教室前黑板上方张贴(悬挂)国旗,彰显"为中华之崛起而读书"的远大志向,两侧贴班训,使班级精神深入人心,时刻督促学生的言行。

(5)后墙黑板,分两个大板块,黑板报按学校的布置实施,定期更换主题黑板报,开展专题教育;黑板上方悬挂奖状,黑板的左边(靠窗一侧)设置荣誉墙,悬挂流动红旗。

(6)教室后黑板的右边设置"班级文化特色角",内容由各班自行安排。要求突出班级特色、专业特色,内容注意每月更新,并保持整洁美观。

(7)窗户一侧的墙壁上悬挂文明修身宣传画,张贴名人字画、大国工匠、名言警句,启迪和督促学生见贤思齐,还可以给学生留有个性创作空间。

(8)有条件的教室设置图书角,或在工具橱的物架上放置《中学生报》《实习月报》等报纸、杂志。来源可以自订、班订、教师提供、学生捐献等方式。

(9)班级门口设置班牌:可体现班级所学专业、班级口号,班主任寄语,班委会名单等。

在优化和美化教室环境方面,需要注意以下四个原则:

(1)教室环境美化需要有整体规划,布局合理,实用适用,班主任可以带领学生进行整体设计,从色调、主题的预设,到物品的取舍都要有章可循,减少随意性;

（2）教室环境美化需要精心巧妙，切忌粗制滥造，杜绝为迎检而张贴假大空的口号，不仅不能滋润学生心田，还会适得其反；教室环境美化要贴近学生，适合学生身心发展特点，贴近生活，体现时代气息；

（3）教室环境美化要调动学生积极参与，不是班主任布置好一间教室来育人，而是邀请学生群策群力，共同参与，越是学生自己创意和动手进行的美化，学生们越会喜爱和珍惜，越能够起到环境育人的作用；

（三）体现专业特色，让岗位说话

中职学校的教室还应该有班级的专业特色，在社会的大环境下，在市场供需变化这一价值规律为准绳的条件下，作为职业学校，应该顺应时代发展的趋势，理清班级专业的特色。运用于中等职业学校校园文化建设上，就是准确定位学校的培养目标，招进来的学生送出去的就是符合市场需求的实用型人才，因此在教室环境优化方面可以多体现一些专业特色、职业理想、岗位需求等。

例如，商务日语班的教室内可以展示部分同学赴日留学研修期间的照片，一方面没能参与到活动中的同学也可以分享研修旅程，另一方面激发学生们留学深造的意愿；在班级的图书角，张贴世界地图，摆放大量日本风土民情、节日传统等的报纸杂志，让学生在日语语言学习的同时，了解日本的民情和习俗。航空专业班级内的照片墙，更多是学校礼仪队参加的礼仪活动，与学校合作的航空企业的工作和宣传照片，学校优秀毕业生在岗位的工作照，这些优雅美丽的礼仪活动照片，端庄大方的制服照，对每一个梦想翱翔蓝天的学生都是一种激励。

【拓展链接】

1.《青岛市教育局关于加强中等职业学校校园文化建设的意见》（青教通字〔2011〕079 号）

2.《教育部人力资源社会保障部关于加强中等职业学校校园文化建设的意见》（教职成〔2010〕8 号）

3.《理想的教室》（洪耀伟，华东师范大学出版社 2017 年版）

三、工作案例

专业特色教室环境布置
——选自江苏省金陵职教中心开展的职业特色教室评比活动

18 个班级，走进去都是窗明几净、桌椅整齐，物品摆放有序，布置美观大方，即使一个开关、一个回收箱也有温馨的提示语。不同的是一个专业一个风格，一间教室一个风格。汽车专业部里,汽车是学生的心爱之物,各种车型介绍便成为主要内容;信息专业部里,更多展现的是学生们设计绘制的能力;现代服务部里,女生占多数,侧重于精工细作。学生们在班主任带领下规划未来,制定班风,学习行业规范和制度,他们紧紧扣住了打好专业基础的理念,从专业技能入手,鼓励技能之星的不断涌现,有"珠算之星",有"英文打字之星",有"五笔打字之星"。面对将来他们信心满怀,他们"种下"了希望树,"编成"了心愿结,"攀登"猴子目标,他们希望在职业学校这一方天空施展——"我的奋斗目标是高级营销师""对于我,人生没有失败,只有努力与不努力""要尽自己力量完成一生事业"。金陵职业教育中心职业特色风采处处四溢、时时更新,涌动着时代浪潮,焕发着青春活力。

第二节　提炼适用的规则——班训、班规

一、工作情景

严格可行的班级制度文化是物质文化和精神文化的保障,具有规范和巩固良好班级文化作用。班训和班规是班级制度文化的集中体现,是班级良好秩序的保证,对于学生养成良好的行为习惯、培养主人翁精神和民主意识,都有很大的促进作用。

建班之初,班级还是一个松散的群体,此时秩序最为重要,尤其是纪律制度、卫生制度。随着班级同学慢慢熟悉起来,正式班委会建立,此时可以逐渐建立班级的各项奖惩制度、监督评价制度,除了这些基本制度外,还会有一些对应某些特殊情景的特殊制度和规范。班级各项制度和规定之间应保持一致,班规应相对稳定,制定过程要民主,执行起来应是全班同学无条件共同遵守。而班训则更应是民主讨论的基础上形成的共识和信念,能够深深植入学生心灵,才能内化为个人行为的动力。

二、工作项目

【工作目标】

建立科学有执行力的班规,凝练深入人心有指导性的班训。

【操作程序】

班规和班训都应符合《中等职业学校学生公约》《中小学生日常行为规范》

等法规和条文,作为校规校纪的补充和细化,绝对不能与国家的教育政策、法律法规相冲突。提炼适用的规则是一个系统工程,班规也要经历"由简到繁、由少到多、相对稳定、调整完善"的过程,而班训则要更加凝练和深刻。

(一)班训和班规应尊重学生,遵循学生身心发展规律

班规的主要内容都是贴近学生活动、学习等校园生活,符合学生身心发展规律的班规才能督促学生高标准严要求的执行。班主任们往往能想到在奖惩制度中,绝不可以用罚款的制度,但是有些个别的惩罚也会让青春期格外敏感的孩子感到难以接受,比如让班级其他同学给犯错误的同学贴负面小标签,比如罚作业出错多的学生在公开场合展示自己的作业等,这些侮辱人格尊严的班规万万不可取。在这方面,魏书生老师做得非常好,在他的班规中,那些罚写"说明书"、罚"唱歌"、罚"为班级做一件好事"等做法,既有警示作用,又特别人性化,值得老师们借鉴。

(二)把学生的民主与班主任的主导统一起来,制定班规

要让学生明确制定班规是为了"秩序、公平、好习惯、高效率",从学生的需要出发,让学生认识到,制定各种规范的目的不是"管住"他们,而是为了保证班集体全体成员的共同利益。这种利益就是"秩序、公平、好习惯、高效率"带来的收获。有了这四个标准把关,在制度的具体内容上,不管是班主任提出来的,还是学生提出来的,我们都可以让学生认真地讨论,尽情地讨论,讨论中学生自然会得出正确的结论,做出正确的决定。例如,关于自习课能不能说话,能不能小声说话的问题,魏书生老师就让学生从上述四个方面进行讨论,很快,学生就能讨论出自习时说话弊大于利的结论,于是,班规中"自习课不准说话"的条款就会得到大家的认同。有了明确的目的,学生的民主越深入和广泛,越有利于班主任主导作用的发挥,越有利于培养学生的主人翁精神。

(三)班规应对班级每一名成员一视同仁,连班主任也不能游离在外

班规是集体共同意志的决定,那么每一名学生都应该严格遵守,决不允许有人搞特殊,钻空子,那样只会降低班规的威信。班主任既不能游离于制度之外,也不能凌驾于制度之上,应该是班级的普通一员。优秀的班主任在制定班级规章制度时,总是把自己也当作班级的一员,置于学生之中,接受班规的约束和管理。比如优秀班主任孙维刚老师,凡是要求学生做的,他本人都要做到更好。有一次,在上班途中他因为做好事而迟到,但是面对全班同学,他没有做任何解释,而是在黑板上写下"今天我迟到了"之后,罚自己在严寒中站了一个小时。魏书生老师则在班级里定下了"制怒的规矩",并严格接受学生一起监督。

他们这样的行为,不仅维护了班规的严肃性,引导学生严格遵守,而且还为学生树立了高尚的人格榜样。

（四）班训要言简意赅,内涵丰富,体现至真、至善、至美的境界

只有能够深深植入学生心里的班训,才能帮助学生确立共同的信念和信心,内化为行为的动力,使学生真正的行动自觉化,意识化。班训不能太随意,决不能将设计好的班训强加给学生,班训要由学生做主,然后每个学生都参与班训的讨论和制定,这样的班训才具有说服力与影响力。班训可以是历史典故、民间谚语、歌曲名称、名人名言,也可以是学生自创。不管是什么形式,最终要落实到学生个体的发展,发挥它的激励、评价、引导等教育功能,成为学生自我发展的内驱力。例如,面对全级部入学成绩最低的专业,班级同学学习基础普遍较差,进入职业学校后很多同学更是对学习有了畏难放弃的想法,还有的同学想要改变初中时的落后状态,却仍然无法跟上现在的学习节奏,面对这样的一个群体,如果把"学海无涯苦作舟"作为班训就很难起到多少鼓舞作用,因为在这些学生看来学习已经够苦了,如果讲吃苦,他们肯定不会感兴趣。而学生们那种一点一滴的进步都希望被认可的愿望,更适合用陈毅元帅的"应知学问难,在乎点滴勤"表达出来,这样的班训也是在提醒学生,他们一点一滴的努力都是有意义的,日积月累也是珍贵的进步。

（五）班训和班规应该结合专业特色、职业精神、企业文化,为中职生的职业生涯奠定良好的思想基础和更好的适应能力

《国务院关于大力发展职业教育的决定》明确指出:"职业教育改革发展的目标是进一步建立和完善适应社会主义市场经济体制,满足人民群众终身学习需要,与市场需求和劳动就业紧密结合,校企合作、工学结合、结构合理、形式多样、灵活开放、自主发展,有中国特色的现代职业教育体系。要逐步建立有别于普通教育的,具有职业教育特点的人才培养、选拔与评价的标准和制度。"这就明确了中职学校的任务是为生产、服务第一线培养高素质的劳动者和技术技能人才,因此,中职学校可以尝试建设融合了企业管理制度的班级特色班规来培养学生职业素质,让学生不仅学会职业技术技能,更培养一定的职业理念、职业行为规范和职业道德,也将企业文化融入班训,使得职业精神扎根发芽。

企业精神是企业员工所应具有的共同心态、思想境界和理想追求,是企业经营管理的指导思想。例如,石家庄铁路职业技工学校机电专业班级在制定班训时,让学生通过网络充分了解本地区相关企业的精神口号,通过全班同学的分析、讨论和修改,投票选出最适合自己的班级班训:"节约、团结、求实、创新"。

然后把它做成红色字体,粘贴在班级黑板上方,这几个字时刻提醒同学们处处养成节约的职业习惯,团结一致形成良好的班级凝聚力,为人要诚信务实,并且不断创新超越自我,这样学生们在潜移默化中形成一个共同班级精神文化。

中职学校是以就业为导向的,是学生从学员向"职业人"过渡的平台,担负着为社会输送高素质的劳动者和技术技能人才的职责。职业学校的班级文化对于在其中进行学习的学生们的综合素质的培养有着关键性的影响,若能将企业文化与班级文化有机结合,融进学生们的日常学习生活,让学生在企业文化造就的氛围中进行学习,在进入企业之前就了解一定的企业文化,获得一定的职业方面的知识,可以为将来到企业工作打下一个良好的基础。

【拓展链接】

1. 青岛市交通职业学校汽修三班师生共同制定的班规、班歌

【班规】

荣辱与共同呼吸,责任先行要牢记。团体意识放在前,携手共进情义添。
关注他人好素养,课上课下纪律强。课堂关注精力足,夯实学习根基固。
言语举止讲文明,习惯养成点滴行。自觉值日勤锻炼,环境舒适体康健。
活动比赛多参与,展我才华争荣誉。我爱我班是方向,驰骋梦想铸辉煌。

【班歌】

2.《中等职业学校学生公约之歌》(青岛外事学校版)

三、工作案例

青岛外事服务学校2012级导游1班班规

为了进一步对接岗位需求,完善班级管理,增强学生主人翁意识,提高学生自身素质,展现新时期中职生的文明风采,特制定以下班规:

(一)学习方面

1.严格遵守学校出勤时间、不迟到、不早退、不旷课,请假需事先提前申请。

2.上课时认真听讲,不乱讲话,不睡觉,不做与上课无关的事情。

3.按时完成作业,不会做课下主动请教同学或老师。

4. 考试认真独立完成,不舞弊。

5. 外出实践课听从指导老师安排,遵从机房管理制度。

(二)纪律方面

1. 周一升旗仪式自觉排列整齐。

2. 不在教室吃饭,吃零食。

3. 课间不在教室追逐打闹、不大声喧哗。

4. 自习课安静阅读、做作业、不讲话,不下位,有问题课下讨论。

5. 文明沟通,不吵架,不打架斗殴,主动使用文明用语、礼貌待人、和睦相处、团结友爱。

6. 不赌博,不与社会不良人员交往。

7. 遵守宿舍管理制度,按时起床,晚上及时熄灯就寝。

8. 不玩电子游戏,不进"三室一厅"。

9. 请假应经批准同意方可离校,病假应有校医务室或地方医院证明并办理请假手续。

10. 自尊自爱,男女同学文明交往。

(三)生活卫生方面

1. 不染发,不烫发,不做怪异发型,不化妆,不佩戴首饰。

2. 不随地吐痰,不乱扔赃物,及时处理个人垃圾,不践踏草坪,不破坏花草树木。

3. 积极参加劳动,爱护公物,负责值日的同学做好当天值日。

4. 生活节俭,注意自身财产安全。

6. 教室值日生当天必须保持教室走廊清洁,无垃圾,桌椅保持横竖一条线,黑板、讲台干净清洁,如检查不干净扫地一周。

(四)宿舍管理方面

1. 每位宿舍长应积极主动承担责任。

2. 床铺整洁,按要求摆放物品。

3. 班委要起到带头作用,主动示范并帮助同学。

4. 宿舍值日生当天要保持宿舍的清洁卫生,每天早读前,课外活动要打扫好宿舍,垃圾及时倒掉,督促大家搞好宿舍的内务,如不认真负责或不按时完成扫地一周。

5. 包干区的打扫必须在早自习前进行,如不按时打扫或打扫不干净的该组重扫一天,无故不去打扫的值日一周。

第三节　设计精神的标识——班徽、班旗

一、工作情景

班徽即代表班级的徽章、纹章，是以图案形式表达的班级精神，应该能起到班级标识作用。将班徽或者再加上班级名称、班训等简明美观的内容印制在旗帜上即班旗，班徽和班旗通常来源于班级的口号、班号。在很多校内外活动时，穿戴印有班徽的服装，或者高举班旗，会使学生有一种班级归属感和自豪感。

班旗和班徽是班级的精神标识，表达着班级同学共同认可的价值和信念，象征了同学们共同的追求和向往，是班规、班训等班级文化的外显标志，将班徽、班旗设计好，使用好，也是班级文化重要的组成部分。

二、工作项目

【工作目标】

班徽和班旗是班级精神文化的物质载体，在设计上要考虑班级文化建设的基本原则，同时又要控制好内容表达形式和要素创意。再漂亮的班徽和班旗也要用起来才能发挥精神标识的作用，因此全方位、常态化、创造性地使用班徽和班旗也是我们要研究的问题。

【操作程序】

（一）师生共创、巧妙构思、适时适当设计班徽和班旗

1. 班徽、班旗的设计时间

什么时候为班级设计一个班徽，看似简单，实则关乎班级文化建设的基本模式。在工作中，我们可以将班级文化建设的基本模式分为演绎模式和归纳模式两种。以班级精神的形成作为参考，按照班级文化建设中实体行为与符号行为的先后关系，即班级文化建设中"做"和"说"的关系，演绎模式可以概括为"先说后做"，而归纳模式则是"先做后说"。演绎模式是班主任在深入了解班级特点的基础上，引导学生提出希望的班级精神，经过学生讨论后形成共识，并使其在践行中逐渐发展成熟。演绎模式背景下，在班级文化建设之初就通过班徽班旗设计来确定班级精神的基本概念，然后践行落实。归纳模式的"先做后说"，是在班级文化建设的实践中，班级优势和特色通过长期积淀，逐渐形成班级精

神,由班主任引导学生对班级已有的精神、气质、价值观进行概括以后定型。归纳模式背景下的班徽设计,其实质是在班级精神形成以后,再设计一个班徽将其定格和升华。班徽、班旗设计依托班级文化建设的何种模式,可以依据班级文化建设的实际情况决定,并非一定要采取当前主流的演绎模式。

2. 班徽班旗的设计内容

班级精神、班规、班训都是班级文化的核心内容,而体现在班徽、班旗上却不能面面俱到,选取哪些要素即设计内容的问题。我们以下面这些班徽设计为例来探讨这个问题。

班徽样式	设计说明
17动漫班	以动漫的"漫"字为设计元素,结合展翅高飞的雄鹰形状,象征2017级动漫班的同学始终保持饱满旺盛的干劲,不屈不挠的拼劲,锲而不舍的韧劲,不达目的誓不罢休的恒劲,颜色以浅黄到橙色渐变,像一个出生的太阳,表达出全班同学心中充满阳光,积极向上
	红色代表热情,龙凤图案代表传统情结,生命延续,谷物代表丰收和民以食为天,中间的一口锅代表班级同学力攀烹饪技艺高峰,既继承传统美食的精髓,cook又代表学习和融合舶来技艺之长
	整个班徽采用红色为主体颜色,寓意热情阳光积极;图形以两只围绕的狼为主体,如同《狼图腾》中的狼代表团结、勇敢;字母"e"采自电子商务的首个英文字母,其下是燃烧的同心火炬;2017级电商3班41位同学就是一个团结、阳光、健康积极的大家庭

可以看到上面的班徽都包括班级或专业名称,我们把称之为常规要素,还包括班级精神、象征等我们称之为核心要素,还有图案、颜色、花纹等辅助要素。

核心要素是直接体现班级精神文化的信息,包括班级价值观、班级个性、班级目标、班级精神、专业特色等；常规要素是代表班徽归属的信息，主要包括班级名称和班级称号，前者是班级在学校的编号，后者是班级成员的自我命名；辅助要素是用来支撑核心要素的信息，主要包括班级特色、校园文化、校园环境以及对班徽设计的评价等。经验表明，优秀的班徽设计在选取班徽要素时应注意两点：第一要抓住班徽的核心要素，第二要注意控制班徽要素的数量规模。

（二）班徽班旗怎样设计

班旗班徽应当是师生共创的，在中小学班级文化建设的实践中，班徽的产生形式多种多样，可以由班主任提出设计任务和要求，在班级内开展设计比赛，由全体同学推选出获奖作品作为班级班徽使用；也可以是由某门课程开展班徽班旗设计的教学活动成果得来。班主任要改变观念，善于乐于放手让学生参与班徽设计，激发蕴藏在学生内心的创造潜力。

通常，班徽班旗的设计可以经由以下步骤：

1. 调查研究

搜集相关专业特点，查找专业代表元素，调查同学们对班徽班旗的喜好，参考类似专业班徽，既激发灵感，又避免雷同。

2. 构思讨论

师生共同探讨，形成班徽班旗的初步设计想法，通过头脑风暴，集思广益，通过调动同学们绘制设计草图，以及在草图或设计思路的基础上碰撞灵感和发散思维。设计切入点可以是专业名称，首字母，或者班级名称数字的艺术化，或者行业的显著特征等。

3. 可视化精细设计

在草图和讨论的基础上，选择合适的电子制图软件，从几个创意点出发，将设计思路体现在具体的班徽班旗制作中。注意图形的清晰度、造型精细、色彩、元素组合效果、字体推敲、构图比例等。

4. 对班徽班旗创意的解释和升华

构思时的想法对照最终设计图稿逐一整理解释，并将寓意升华成更凝练和深邃的内涵。

（三）常态化、全方位、有创意的使用班徽和班旗

设计制作班徽班旗的活动在很多学校都有开展，但实际使用次数却不多，往往制作以比赛形式进行，比赛时候很热闹，做好了就束之高阁了，实际上班徽和班旗作为班级精神的"图腾"，应该处处用、时时用才能体现它们的价值。

1. 常态化、全方位的使用

班徽的印制张贴和佩戴方面：把班徽设计进教室门口的班级名片、把班徽印到班旗上、将班徽印在校服上、将班徽登在班级文化墙上、将班徽画到班刊之中、将班徽制作成徽章让学生随身佩戴。

班徽的标志象征方面：将班徽作为代币制评价的符号使用、将班徽作为班级"公章"使用；将班徽作为校园文化的纪念物保存，比如：学校将每班的班徽嵌入"班徽广场"，学生毕业多年后，回到母校还能看到当初的班级梦想。

班旗的使用方面：学校以班级为单位的文体活动现场，例如仪式感强烈的运动会入场式、成人典礼等，都可以让班旗高高飞扬，增强班级的可辨识度，同时也增强班级归属感和集体荣誉感。社会实践活动，也应高举班旗，让学生体会到我们走出去代表的是一个优秀的集体。

2. 有创意的使用班徽班旗

一方面可以设计制作班徽班旗图案的衍生产品，将班徽班旗图案进行艺术化再设计，缩减或变形，进行延伸使用；另一方面也可以将班徽班旗的用途再扩展，比如印制在同学们的作业本上作为班级标识，或者为取得优秀奖励的同学颁发的奖品上印制班徽班旗，将班级微信公众号的头像定为班徽，或 QQ 空间的背景图片定为班旗等。只要全班同学心里时刻想着班级精神，时刻追求班级梦想，就会有更多的创意使用。当然，班徽和班旗也不必刻意地去铺天盖地的使用，它们作为班级的精神图腾、集体的权威和荣誉要被珍惜和仰望。

【拓展链接】

1. 推荐书目：《写给大家看的设计书》（〔美〕威廉姆斯，苏金国、刘亮译，人民邮电出版社 2016 年版）

2.《设计基本功！解读 Logo 设计的构成要素》（http://www.sohu.com/a/298986871_759541）

三、工作案例

江苏淮北工业学校星火 11 班——班级文化创新建设例谈

第一步，解读班名。班名本是随机分配的数字，但是如果我们鼓励学生创新思维，也可赋予它独特的意义，让它成为一个班级简介的文化表征，成为班级文化重要的代表符号。我们的班级是"11"班，开学初，我们召开班会解读班名，刚入学的同学们为它赋予了新奇的含义，如：它像两条平行线，像我们的两条腿，像火箭的助燃剂，"double NO.1"。然后让学生根据解读为自己的班级命名,我们最后确定了"星火 11 班"的名字,班名解读无形中提升了集体的感召力,培养了学生积极健康的群体观,价值观,同时点燃了班级文化建设的星星之火。

第二步,创意班徽。为了从形象上代表班级意志,同学们纷纷参与蕴含深意的几何图形、字母或汉字组成的图案创意制作,为了更充分的体现民主和全员参与性,我们从众多的设计作品中选出 3 个具有代表性和典型性的作品,再由全班集体投票,选出了简单明了又极具活力的一幅作品作为班徽。

第三步,制作班旗。一个班集体参加大型的校内外活动时,必须有一个统一的信号标识,来展示集体的精神形象,这就是班旗。我们的班旗也是由同学们自主创新设计制作。同学们在班徽图案的基础上,予以新的解读并赋予更深刻的寓意,最后制作成班旗。

寓意为:这是一个奔跑的人,火炬为首,中间一个莹黄的星,是我们的燃烧的动力源,这个人的身体用"7"和两条腿"11"组成。整个图案寓意班主任带领强大的班集体奔向未来。事实证明,在体育节等重要场合使用班旗,有助于学生对班集体产生认同感和自豪感。

第四步,话说班服。校运会的入场式,同学们都想把班徽印到统一穿着的服装上,最后由班委统计大家意见,大家决定订制印有班徽的卫衣(要提前征得家长同意,本着自愿原则)。大家觉得校服是学校风格和自律意识的体现,而班服是一个班级张扬个性、培养创新精神的体现。最终设计了由姓名昵称和班徽图案相结合的 T 恤作为班服。想要穿着班服,是学生们热爱集体的一种表达,也彰显着缤纷的班级活力。

总而言之,班级文化建设要重视人、尊重人、依靠人、激励人、发展人。要从感召学生热爱集体出发,更要以促进学生健康成长为目标,还要融入时代气息和青春活力,将班级文化创新建设成绚丽的舞台,而学生可以在这个舞台上翩翩起舞,同时在这个文化大观园中接受一次次心灵的洗礼。

(时常荣《睢,我们的星火八班》,《中小学德育》2015 年第 7 期)

第四节 拓展虚拟的空间——网络德育

一、工作情景

根据《中国互联网发展状况和统计调查报告 2018》，截至 2018 年 6 月我国网民规模达到 8.02 亿，互联网普及率达 57.7％，其中学生占网民数量的 25.4％。在较发达地区和城市，这个比例还要更高。这样数量庞大的学生群体早早成了网民大军的组成部分，一方面可以享用到信息技术带给学习的革命性成效，另一方面也带来了拓展德育空间的重大难题。虚拟的网络空间，却是功能强大的德育阵地，如果学校和教师不去占领，就会失去这个育人新空间，还会失去信息技术时代与学生沟通、交流，共同成长的好机会。

网络传播的特点增加了德育工作的管理难度，由于网络时代信息来源的多元化，内容十分丰富且获取容易，这从根本上改变了人们的认知方式，使人们不自觉地接受网络信息影响。搞好网络德育工作有其复杂性和重要性，涉及网络资源识别和分辨、网络空间构建与即时互动、网络传播权限的控制等各个环节，我们应把握机遇，拓展渠道，迎难而上，拓展网络德育空间。

德育工作者只有不断更新自己的知识体系，学网用网，主动建设网络空间，使德育内容、形式都能紧跟时代脚步，才能适应新时代德育工作的要求。

二、工作项目

【工作目标】

适应时代脚步，将网络利用好，管理好，让网络为德育提供更多资源、渠道、方法和阵地，使网络虚拟空间真正成为班级文化的新阵地。

【操作程序】

（一）发掘网络信息，丰富德育资源

由于网络信息的开放性和丰富易得，成为人们获取信息的重要来源，人们借助网络可以迅速且全面的了解社会热点、时事新闻等，因此德育工作者也可以发掘网络资源，从中提取丰富、即时且紧贴时代生活的德育资源，这种新鲜的资源有着独特的吸引力，如果把它们作为德育案例能够实现更好的育人效果。

学生对于网络手段的使用可能比非信息技术方面的教师还要熟悉和频繁，

因为正值青春期的他们对新鲜事物充满好奇,例如大量网络游戏,社交软件,生活软件都是从年轻人群体开始推广。因此引导学生辨识网络资源利弊,远离游戏沉迷,主动抵制网络不良信息,以"疏"代"堵",开展网络德育势在必行。

中职班主任在班级文化建设中,可以采用虚实结合的方式,合理引导学生。一方面向学生强调在网络上的言行也受现实中校纪班规的约束,在虚拟空间的所作所为,也要承担对应的责任,也体现每个人的道德修养和精神面貌;另一方面,将校园生活中的活动借助网络力量更好地完成,例如为艺术节的舞蹈搜索教学视频,为课前演讲搜集制作 PPT 的素材,为合唱比赛的曲目下载背景音乐,为运动会的入场式采购服装等等,学生们可以在网络空间把这些班级事务更高效的完成。调动学生真正将网络作为工具而非玩具使用,让学生有目的、有计划、有内容、有节制的使用网络,而非沉迷网络无所事事。

中职班主任只有不断加强学习,提高自身的素质水平,提高网络知识技能,树立现代科技意识,充分借助网络技术的支持,采用声、文、图并茂的综合表现方式来表达教育内容,增加教育信息容量,增强教育的感染力和吸引力,才能提高德育教育工作的效率,使德育教育工作游刃有余地开展。

（二）建设网络空间，开辟互动阵地

截至 2018 年 6 月,微信朋友圈、QQ 空间的使用率分别为 86.9%、64.7%,基本保持平稳增长,随着自媒体尤其是短视频的兴盛,微博在粉丝互动和内容分发等方面的价值进一步强化,用户使用率达 42.1%。因此,"互联网＋"的时代,建设网络空间,可以将网络作为德育内容的传播手段,作为班级文化建设的强劲支撑。

班主任可以在建班之初通过联系方式统计,调查本班学生使用哪类网络社区空间较多,然后做出计划在该社交软件上注册班级账号,建立班级网络家园。比如在较发达地区中职生几乎人人都使用 QQ 和微信,所以利用 QQ 群、微信群、QQ 空间和微信公众号作为班级联络、通知、记录、互动的空间就是很好的选择。还有一些年轻时尚的班主任,和学生一样爱刷抖音,调动学生一起来为班级活动记录短视频,为不同的视角评论点赞也是深受同学喜欢。

相对于博客,学生对 QQ 空间的操作和功能更熟悉;QQ 空间提供的互动范围可以是本班级同学,也可以拓展更广;它可集文本、图片、音乐、视频于一体,且可根据需要分成不同栏目;学生参与便捷,手机、电脑都可以,只要在线,就可及时收到空间动态更新,保证学生及时了解和积极互动。在创建班级 QQ 空间时可将班徽、班旗的元素应用到背景图片中,围绕班规及时更新每天对学生奖优罚劣的记录;拍摄班级活动的照片、发布重大事件的新闻稿、展示同学的优秀作品和事迹等也是 QQ 空间重要的功能。这些都为班级文化的建设、弘扬起到良好的辅助作用,同时浓厚的班级网络文化,对学生来说也是良好的精神家园。

微信公众号也可以做成很好的班级自媒体,借助秀米、96 微信编辑器等辅助平台,可以为班级公众号的文章进行图文并茂的排版,利用很多简洁美观的模板将班级生活记录或者班级大事发布做成时代感、信息感很强的样式,既吸引学生关注,又有很强的即时互动。将这些事交给学生去做,让他们体会网络带给信息传播的影响力,感受班级文化在自己手中汇聚、传播的愉悦,既锻炼学生的文字组织能力,又培养学生的审美情趣,同时还开辟了网络空间的德育新阵地。

充分发挥网络空间强大的互动功能,比如有学生获得了作文竞赛的一等奖,可以把他的作品放到班级空间,让同学阅读和学习;有的同学默默无闻地为班级清洗了窗帘,要把这一事迹及时报道和发布,并转发给家长群,让家长们也看到孩子的优秀表现;班级所学专业有哪些技能实践,行业发展有哪些新变化,发布在空间让同学们及时了解,同时也可以开展技能每日一练的空间打卡,让学生督促学生积极参与。调动学生为班级空间发布的优秀事迹留言评论,为班级遇到的难题集思广益,其实就是在调动学生关心班级、参与集体活动,也是在凝聚整个班级的力量进行网络空间建设,培育良好的网络文化氛围。

（三）完善法规制度,警惕安全隐患

人们常说网络是一把双刃剑,在给我们提供了巨大便利的同时,也带来很多的隐患,近些年因为网络而产生的青少年伤害事故频发。尤其是对于正值青春期、分辨能力较差的中职生,如果不能管好用好网络,后果更是可怕。阿项,系南方某市中学生,因过分沉迷网络游戏,不到半个学期就患上了精神分裂症,其父母不得不为他办理休学手续,带着他四处求医。晓林,生长在东北某城市的一个阳光男孩,进入职校后就长期沉迷网络色情、暴力内容,出现精神怪异症状,经常对女邻居做下流动作,最后持刀伤人而进入少管所……网上交友所导致的失财丢命的案件频频见诸报端,新的案件、新的骗术仍然层出不穷。各类犯罪分子针对未成年人辨别力较弱和自我保护意识差的特点,通过上网聊天、交友等机会寻找目标实施诈骗、抢劫等犯罪活动。

在十九大报告中"加强互联网内容建设,建立网络综合治理体系,营造清朗的网络空间"的要求提出后,针对中职学校特点进行互联网应用发展和网络综合治理也是亟须解决的问题,其中建立网络综合治理体系的方向和重点在哪里也值得思索和探讨。

　　一方面,对中职生加大教育和保护的力度。《网络安全法》,第十三条规定"国家支持研究开发有利于未成年人健康成长的网络产品和服务,依法惩治利用网络从事危害未成年人身心健康的活动,为未成年人提供安全、健康的网络环境。"专门强调了保护青少年的网络安全。

　　我们对网络乱象提高警惕的同时,也需深刻挖掘现象的本质,推进网络安全理论和实践教育,加强对青少年的健康上网教育和网络安全知识普及,同时通过媒体大力宣传与电脑网络行为相关的法律法规,增强青少年的法制观念和自我保护意识,主动推动"正能量"网站建设和健康网络文化活动开展,多方面满足青少年的上网需求,改变目前我国青少年网络稀少、单调的尴尬局面,并以校园网络为平台,加强校园文化建设。教育青少年自觉遵守互联网道德规范,自觉抵制不良网络信息的侵蚀。另外,必须以理想信念教育为重点,全面加强对青少年的素质教育,尤其要加强对青少年的思想政治教育,使他们树立起正确的人生观、世界观和价值观,强化爱国主义意识和弘扬民族精神,建立自觉抵制不良思潮和外来腐朽文化的思想防线,提高对信息的识别能力和政治敏锐力。还要认识到中职生网络安全问题的复杂性。在家庭与学校等教育领域提高青少年网络安全意识,并通过相关法律法规的完善,相关政府部门对互联网络监管、网络犯罪打击和青少年网络安全保护的加强,安全技术和产品的创新等层面的有效举措,着眼于青少年健康上网和网络安全防护,探索在新的时代形式下帮助青少年提高网络安全意识、保护青少年健康安全上网的有效途径。

　　另一方面,警戒和阻止中职生参与到网络犯罪中去。除了对青少年进行传统的思想道德教育,还可以把青少年网络犯罪的问题回归到互联网本体上来。告诉学生:通过 IP 地址辨识可以找到很多信息来源的位置,国家已经在通过各种措施督促门户网站,社交网站进行实名注册,或手机验证注册。因此网名、域名都可以倒追到持有人,信息发布、转发的责任越来越明确和规范。根据《关于办理利用信息网络实施诽谤等刑事案件适用法律若干问题的解释》,网络空间被定性为公共空间,严重扰乱网络秩序将涉嫌寻衅滋事罪。而网上诽谤的信息被浏览 5000 次或转发 500 次以上,将涉嫌诽谤罪。诽谤多人、造成恶劣社会影响等七种情况,公安机关可以直接介入。

　　很多网上犯罪行为引导大量青少年竞相模仿,利用网络从事犯罪活动,结果走向犯罪的邪路。5 月 9 日,山东烟台一职业学院官方网站服务器被黑客攻击,网站服务器上的自有数据被黑客全部删除,官方网站被彻底篡改,黑客还在主页上留下了恶性语言。民警侦查发现,这些黑客竟是年龄不大的"毛孩子",

甚至还有未成年人和残疾人。他们曾入侵大量企事业单位网站,从被入侵的人才网站上大量窃取考生信息,一条最高卖到一块钱。我们感慨这些"毛孩子"天赋异禀的同时,也为网络不良信息对青少年荼毒之深而扼腕叹息。关注青少年身心健康,为他们提供绿色健康的网络环境,我们每个人都重任在肩,责无旁贷。

【拓展链接】

1. 推荐书目:《青少年网络伤害研究报告》(陈晨,中国人民公安大学出版社2010 年版)

2.《中国互联网发展状况和统计调查报告 2018》(CNNIC:中国互联网络信息中心,2019 年 3 月发布)

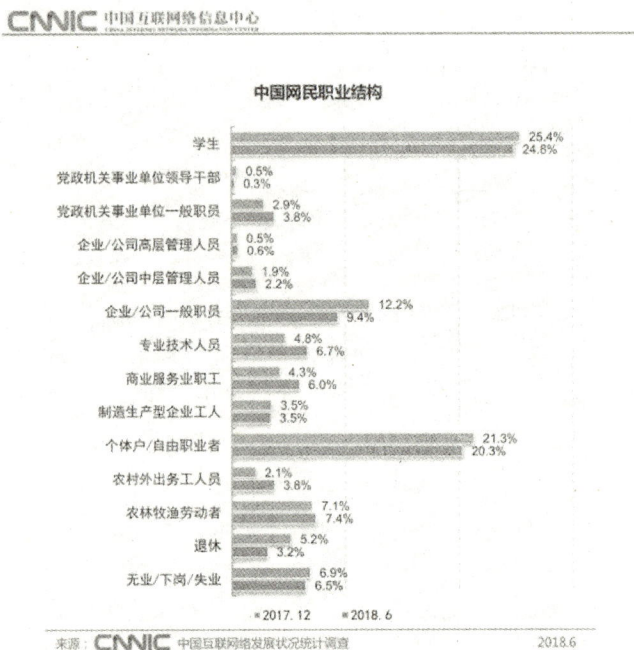

来源:CNNIC 中国互联网络发展状况统计调查   2018.6

3.《最高人民法院、最高人民检察院关于办理利用信息网络实施诽谤等刑事案件适用法律若干问题的解释》〔2013〕

三、工作案例

师生共建 QQ 空间,开辟班级网络新家园

QQ 空间(Qzone)是中国最大的社交网络,是 QQ 用户的网上家园,班主任可以调动学生一起,建设班级 QQ 空间。下面分享一下我带领学生共同建设班

级 QQ 空间,以此增强班级学生的归属感和凝聚力的一些做法和感悟。

　　首先我对班级学生进行了摸底调查,发现学生 100% 有 QQ,并且经常使用,很多同学的 QQ 空间里记录着自己的生活,并经常到同学的空间互访和留言,因此我决定为班级创建 QQ 空间。

　　班级 QQ 空间建立后,经学生讨论,确立了空间栏目,包括:班级文化、班级新闻、班级日记、班级风采、一周播报、青春导师、文件制度等,之后,又根据专业特色添加了"飞向蓝天"栏目,展示班级同学参加专业相关的社会实践活动内容,以及特色礼仪培训的内容。

　　接着通过个人申报和学生投票,确定了 QQ 空间的总负责人及各个栏目负责人,并明确了各栏目负责人职责,制定了相关管理办法及更新互动条例。借用大家都有账号的 QQ 空间平台,鼓励各栏目负责人精心设计,细心包装班级空间,通过将班徽、班旗等图片添加到空间背景模板,弘扬班级文化。

　　QQ 空间运行正常后,平时管理、更新多靠学生自己。比如,每天上传班级日志,及时将班级活动写成新闻稿,上传同学的投稿作品到"展我风采"栏目等等。作为班主任,我会经常进入空间,浏览学生作品,提出一些意见,做出评论,也会按照学校相关宣传要求,督促一下各栏目的工作,监督学生文明参与评论等。并将班级 QQ 空间推荐给家长,一方面让家长了解班级的大事小情,另一方面也邀请家长参与互动,给教师、学生、家长一个全新的透明的交流空间。

　　QQ 空间的建立,带来了一系列的教育效果。学生的每一次活动、每一个作品(新闻、日记或者学生的各种作品)都会如实记录,精彩展现,给大家提供了反思和交流的机会,同学评、老师评、家长评,在互评中,大家既交流了思想,又总结了经验教训,促进了正能量的传递,扩大了教育的效果;学生取得的一点一滴的进步,借助 QQ 空间这个平台展示出来,更好地激励了学生;QQ 空间生动新鲜的资讯,让原本无所适从的网络浏览有了目标;即时充分的互动为学生个性发展与展示特长提供了平台;同时,也给学生一个学习榜样与审视自己的平台,让学生看到了自己的差距,记录自己的成长过程,学会反思总结推动进步。

(青岛交通职业学校　李玉霞)

第四章 做班会阵地的指挥者

在当今"育人为本、德育为先"的教育大背景下,作为学校德育活动的重要方式——主题班会无疑成为学校"立德树人"的主要形式。同时,主题班会的开展对丰富学生的学习生活、预防纠正不良行为习惯、培养良好思想道德品质、创造文明和谐的班集体起着重要的作用。

所谓主题班会,就是围绕一个主题,在班主任的组织和指导下,根据学生的兴趣和身心发展的特点,以学生为主体,经过一系列精心设计、策划的教育活动。

第一节 建构主题班会体系

一、工作情景

主题班会不是一次次单一孤立的班会活动,而是一种分类别、有系统、成体系的系列活动,需要放在社会环境与学校德育的整体背景下作长期有序的规划设计。职业中学班会的主题确立,既要根据学校的工作要求,又要服从于班级的专业发展和学生的个性需求,一切从实际出发,针对不同专业和不同年级的学生设计不同的主题内容,使主题班会工作具有前瞻性和科学性。

主题班会体系的确定可以保证学生受教育的系统性与连续性,内容没有了简单的重复且德育的深度与广度不断提升,同时系统合理的班会体系能够帮助中职班主任在开展德育活动时明确方向,德育工作更加具有计划性和针对性,从而使班主任更加从容地面对班级管理工作。

二、工作项目

【工作目标】

为适应中职生思想多样化、层次化的需要,中职班主任在开展主题班会时应结合学生在学校不同时期不同阶段的情况,对主题班会进行系统的规划。

班主任首先要根据不同阶段中职学生的身心发展特点,结合学校工作要求和学生专业特点,确定学生培养目标和实施计划,根据不同年级、不同学期,分阶段、有重点、有针对性地对主题班会进行模块化设计、系统化设计、时间序列化设计,从而避免主题的随意性和盲目性。使得主题班会主题育人目标更加明确,实施起来更加高效。

【操作程序】

总体来说,中职主题班会体系可以根据三个年级分为三个阶段:

第一阶段:中职一年级

(一)学生身心发展特点

大部分学生由于中考的失败,自卑感强,易敏感。他们面临由初中生向中职生转变的适应性问题,包括角色、环境、学习、人际关系等各方面的适应,他们虽然对未来有一定的期待,但又对所学专业不甚了解、对学校生活不熟悉,甚至会产生不适应的状况;这个年龄段的学生厌烦过多的说教与管束,初入新学校,他们普遍期望得到师长的认可与理解。

(二)主题班会教育目标与内容

一年级的主要教育目标是适应职业教育,重点是引导学生适应学习生活由普通教育转变为职业教育、发展方向由升学为主转变为就业为主的现状,对他们的思想、人生目标等方面进行重新定位,包括学习方法的适应、集体生活的适应、文明礼仪的养成、法制观念和职业观念的养成等。

第一学期,学生刚入学,对学校、专业等都不甚了解,因此这一阶段主题班会的重点是:日常行为规范教育、适应中职校园生活、专业介绍和学习方法、班级凝聚力的培养、班干部培养和威信的建立、职业生涯自我设计等。

第二学期,经过第一学期的中职生活,学生已经适应了中职校园生活,已了解本专业的学习情况,所以第二学期的重点可以是行为习惯养成教育:如文明礼貌、健康教育、安全教育等。

第二阶段:中职二年级

(一)学生身心发展特点

中职二年级的学生已经基本适应了中职生活,并且对自己的中职生活有了一定的规划,学习上以专业课为主。他们渴望参与丰富的活动,希望得到别人的尊重和社会的接纳,较多考虑友谊、交往和对真、善、美的追求;部分学生会出现对人生价值和未来充满困惑,同时也面临着人际关系和情感方面的矛盾,自我控制能力、自我保护意识、权利和义务意识较差,缺乏一定的是非辨别能力,容易出现情绪问题。

（二）主题班会教育目标与内容

二年级是以成才为目标的全面发展阶段,也是中职生专业学习的关键期,应通过主题班会引导学生将主要精力用到专业技能的拓展上。同时这一时期也是培养他们健全人格、责任意识、忧患意识的关键阶段。因此,本阶段的教育重点是引导学生逐步增强责任意识,引导学生自觉培养创新意识与方法,了解职业道德规范,使他们树立正确的人生观和价值观。

第三学期班主任应帮助学生通过体验生命的意义和价值,树立正确的价值观和人生目标。主题班会的重点可是:感恩教育、爱情教育、法制教育、专业特长等。

第四学期是学生准备走入社会,所以这学期的主题班会的重点是:强化责任心、创新创业教育、实习前思想工作等。

第三阶段:中职三年级

（一）学生身心发展特点

中职三年级的学生大部分进入实习阶段,在社会生活的锻炼下,他们的认识能力趋向成熟,思想品质、道德观念、人生目标等诸方面由感性向理性升华;他们的生活经验不断丰富,解决问题的方式方法逐渐成熟;性格趋于成熟,善于思考,对人生、社会现实等有自己的独立见解,人生观、世界观正在逐步形成。同时,由于面临毕业,初入社会,又是择业观、创业观和职业道德观形成与发展的重要阶段。

（二）主题班会教育目标与内容

三年级是以发展为目标的阶段,本阶段是中职生重要的人生转折点。由于即将毕业,就业还是继续升学成为他们最关注的焦点,因此,本阶段的教育重点是结合当前的就业形势及社会需求,加强就业、择业、创业的指导,对当前中职生的就业状况进行比较分析,使学生能够更好地把握和衡量,从而提高就业能力,激发创业精神,以良好的个性心理状态迎接现实生活。

第五学期,学生初入社会,此时主题班会的重点是以报效祖国、服务社会为主要内容的爱国主义教育、择业教育,以及学生自信心的建立、社会适应能力的培养等。

第六学期,主题班会的重点职业道德教育,以爱岗敬业、诚实守信为主要内容,培养学生的职业行为规范,使他们成为遵纪守法的社会人,自觉履行职业道德规范。

除此之外,班主任在开展主题班会时要还要考虑到以下几个因素:

一是本学期学校教育任务的重心;二是本学期班集体建设目标的需要;三是当前的政治形势和国内外的重大事件;四是重大的革命纪念日和传统节日;五是学生在学习、生活、思想上带倾向性的问题或学生共同感兴趣的问题等等。

三、工作案例

拥抱友善

活动目标

1. 让学生们意识到友善在人际交往中的重要性。

2. 让学生们知道该如何践行友善。

活动准备

1. 制作微视频《283,友善在传递……》

2. 每人准备一张友善卡。

活动过程

班主任:有位哲人说,"友善是道德中最大的秘密。"友善,是社会主义核心价值观在个人层面的基本规范和要求。今天,就让我们一起来探讨这个话题。

一、初识友善

活动1:情景表演

主持人(男):首先我们来做一个小活动,现将全班分成了四个小组和一个大众评审团。

活动规则:

1. 以小组为单位,根据提供的四个情境分别编写一分钟的剧本。

2. 剧本内容尽可能多地用激怒别人的话语、表情、动作描写,由小组成员表演出来。

镜头一:小毅和小望在课堂上讲小话。小毅被老师点名批评……

镜头二:小美和小丽是室友。小美因为考试成绩不理想心情不好,小丽因为丢了钱包而闷闷不乐。她们因为小矛盾吵起来了……

镜头三:一向和气的爸爸下班回家,脸色极为难看,看见小强正坐在沙发上看电视……

镜头四:在回家的路上,走在前面的一个老爷爷忽然摔倒在地上……

(几分钟的准备时间后,开始分组表演。)

组一

"小毅,上次才批评你的,怎么又讲话?"

"我哪里讲了话。"小毅一副无所谓的样子。

"你还不承认,明明和小望在讲话! 岂有此理。"老师气得咬牙切齿。

"得,是吧! 你既然说了小望在和我说话,可你为什么只批评我? 从来没有见过这样的老师,偏心! 你是不是针对我来的?"

"你给我滚!"老师气得发抖。

"凭什么要我滚,要滚你滚!"小毅把书一摔。

"好,你不走,我走!"老师也把书一摔,夺门而出。

组二

小美对着小丽吼道:"你能不能不在床上摇来摇去? 我要做题呢!"

小丽白了她一眼,继续在床上做着仰卧起坐。

小美:"你长了耳朵没有? 长了耳朵没有?"

小丽:"你做不出题,别怪我。考得不好,别拿我出气! 我还心情不好呢!"

小美气得发抖:"你心情不好关我什么事情。你考得差试试,看你怎么回家交代。我每天这么认认真真搞学习,成绩就是上不去。"

"那你掉钱包试试? 没有钱看你怎么吃饭,怎么生活! 真是不可理喻!"小丽也吼了起来。

"钱没有了,还可以问爸爸妈妈要回来的! 成绩呢,我的成绩呢? 被同学歧视,被老师批评,考大学无望,我都不要活了!"小美号啕大哭了起来。

组三

几个小伙伴放学了,开开心心地结伴回家。

"看,那个老人怎么啦! 有点站不稳的样子。"何翔紧张地说。

"是啊,脸色苍白,是不是有什么病?"

"晕,他摔倒了!"

"我们去扶一下吧!"何翔拔腿就跑。

"爷爷,爷爷! 你怎么啦?"何翔不停地询问爷爷。爷爷呼吸有点困难,想说什么却说不出来。

"小朋友,赶快走开吧! 等下别惹事上身!"路人劝告道。

"是的,何翔,快走。等下还以为是我们碰倒老人的!"张明也催促道。

纠结了很久,何翔放下了爷爷和同学赶快离开了。

组四

一向和气的爸爸下班回家,脸色极为难看,看见小强正坐在沙发上看电视……

"段考本身就考得差,你还有脸看电视啊!"

"不看就不看,有什么了不起啊!"

"啪——"小强关了电视机,摔了遥控,"砰"地关了门。

"你还敢摔门啊,你给我出来!"留着爸爸在客厅骂骂咧咧。

小强在自己房间也根本没办法静下心学习。

3. 表演完毕,大众评审团根据各小组综合表现(激怒性词语的多少和表演的激怒程度)评出心目中的优胜组。

主持人(女):第二组表演得不错,我们给他们颁发"火上浇油奖",并颁发奖品。

活动2:分享讨论

班主任:看了这些小品,你有什么感悟? 这些是什么样的行为? 如果我们是小品中的当事人,你觉得自己过分吗? 说这些话的时候有没有想过会伤害别人?

生1:这些场景常常真实地发生在我们的周围,例如学校、家里、社会上。我感觉这样的人际关系非常紧张,好像一座火山,随时被点燃,所以,感觉很辛苦。

生2:这些行为都是不友善的行为,伤害了自己,也伤害了别人。我觉得是不可取的。

生3:小美、小丽之所以吵起来,那是因为心情都不好,无法控制自己的情绪。老爷爷倒在地上不敢扶,这是一个很可怕的社会现象。不扶起老人,确实是我们不应该,尤其还说一些难听的话,更是不妥。

生4:上课讲小话被点名,还不接受批评,师生语言冲突使得事情朝更糟糕的方向发展。老师和同学的处理都欠妥当。在家里和爸爸妈妈斗嘴也是常事,正因为他们是我们最亲近的人,所以,我们口不择言,甚至做出一些不理智的举动。

主持人(女):生活中有点摩擦是正常的事情,但是,不友善的言语和表情,甚至动作会让这些小小矛盾火上浇油。

主持人(男):刚才情景剧中表现的是在学校、家里、社会上的不友善行为,那么什么是友善呢?

请大家谈谈你的理解。

生5:友善就是友好,不伤害别人。友善是做好自己的事情,不给别人添麻烦。

生6:友善是友好、善良,对任何人都好,不看他的家庭和背景。

生7:友善就是不去计较一些小事情,心胸宽广;友善就是要善良要提高自己的个人修养。

生8:友善从交心开始;友善就是做事不要欺骗别人;友善就是要乐于助人;友善还应该包括国家对个人的友善,不能强拆等。

生9:对朋友、家人友善,也要对陌生人友善,对校园友善,对社会友善,对自然友善等。

主持人(女):大家谈得非常深刻。"友善"这个词,应该拆分成两部分来看:"友"是友好,表现友好,这是行为要求,是表面现象;而"善"是善良,心怀善意,这是心理要求,是内心态度。

主持人(男):对。我想问问大家,生活中有这样的情况:迫于老师的威严,有些同学假装对老师好,其实心里对老师挺有意见的,你们认为这是友善吗?

学生集体回答:不是。

主持人(女):的确,如果只强调表层的友好而不顾内心的真情实感,就容易沦为伪善。

主持人(男):还有另外一种情况,我们同学都很爱爸爸妈妈但是却常常和爸爸妈妈发生争吵,有时候还夺门而出。你们觉得这是友善吗?

生10:这当然不是。

主持人(女):的确,如果只强调内部的善心而不谈如何外化于行动,就容易产生隔阂误解。也许一句"我爱你",或者一个轻轻的拥抱,就能化解与爸爸妈妈之间的误会。

主持人(男):所以,我们既要心地善良,又要将其表达出来,让人感受到你的友好,这也才是真正的友善。

二、践行友善

活动1:体验友善

班主任:下面请大家跟着我的指令来做

1. 请同学们伸出你的手,与你旁边的同学来一次温暖的握手。

2. 请张开双臂,给你旁边的同学来一次温暖的拥抱。

3. 小组围成一个圈,请将双手搭在你右边同学的肩膀上,并为他(她)按摩。可问问:"你舒服吗?""要不要我轻点或重一点?"掉转方向,再来一次尝试。

活动2:分享收获

生11:平时几乎没有和同学拥抱过,刚才抱了一下旁边的同学,感觉很奇妙,觉得距离也拉近了很多,心情很不错。

生12:刚才同学为我按摩的时候,最开始是不习惯的,但是,后来觉得是一种很好的享受,感觉很舒服。所以,我想谢谢她。

生13:我觉得为别人按摩的感觉也很不错呀。看到同学很高兴,我就更高兴了。

主持人(女):一个微笑,一次握手,一个拥抱,拉近的是人和人之间的距离,带给别人的是温暖是幸福。

主持人（男）：那么，回到前面四个情景剧。情景剧中的人该如何做，才是友善的呢？

生14：当我们碰到别人脾气不好、说话难听的时候，我们可以试着对自己说：也许是他今天碰到了不如意的事情，我多理解一下他多宽容一下他。因为，我们也时常因为自己心情不好而说一些难听的话，因此伤害了别人。

生15：之所以不敢扶老人，是因为我们怕了，怕被老人讹，怕被误会，所以选择躲开。但是，如果我们看到老人不扶起的话，那太不友善了。"老吾老以及人之老"而且，今后我们也会有老的一天。不过，我们在帮助别人的时候，要选择合适的方式来保护自己。如可以选择打110，或者拍照，或者叫路人一起帮忙。

生16：学生对老师出言不逊，是对老师相当不礼貌的，我觉得，我们应该谦敬有礼。不管老师怎么批评我们，我们最起码应该尊敬老师。如果老师批评错了，我们可以好好和老师解释。

主持人（男）：换一个角度，换一个处理问题的方式，我们就会看到一个温暖和谐、充满爱意的世界。我们也采访一下余老师，看看她给我们一些什么好的建议。

班主任：首先，让我为同学们的回答点个赞。你们懂得谦敬有礼推己及人、乐于助人、宽以待人。

这也是我们对待任何事情的友善之道。学会尊重长辈，尊敬老师，不妨从语言上、行动上展示自己的真诚之心、恭敬之礼。子曰："己所不欲，勿施于人。"推己及人，少点计较，看淡得失，这样，我们就会心中有他人，接受并理解别人的感受，在别人需要帮助的时候伸出我们温暖的双手，会在别人犯错误的时候用我们宽广的胸怀去包容别人，原谅别人。大家想想，如果我们都这样做了，还愁这个世界不是一个美好的世界，不是一个友善的世界吗？

三、传递友善

主持人（男）：友善，是一种能量，是可以在你我之间传递的。下面我们一起欣赏由同学们自编自演的微视频。

活动1：观看微视频《283，友善在传递……》

视频文本镜头：周家榕体育课上在操场踢球，不小心摔倒在地，赵梓景赶忙上前扶起；在回教室的路上，赵威的班徽不小心掉在地上，周家榕帮他捡起，并帮他戴好，两人拥抱；胡伶杰在走廊拖地，赵威连忙拿起拖把帮忙；传达室爷爷在清理花坛，胡伶杰赶忙帮忙；传达室爷爷对走进校门的宋明微笑着打招呼；宋明为张毅倒水；张毅送花给余老师；余老师在呵护班上的花花草草后，为段格辅导语文；段格在晚自习前为同学们补习化学；何丹为同学热饭；楚思航和张望明在教室一起分享晚餐；张望明在教室前的小黑板写上：友善是魔法棒，它带给我们幸福…全班齐声朗读这句话。

生17:看了这个视频,我感觉特别温暖。这都是发生在我们身边的真实情景,这就是有爱的283,我为在这个班集体而感到自豪骄傲。

活动2:制作友善卡

班主任:同学们,我们很幸运地来到了这个世界,幸运地遇到了很多人,如同学、老师、校长、家长、宿管阿姨等等,甚至还有很多的陌生人,是他们带给我们温暖、鼓励、力量;当然,在相处的过程中,也可能因为我们的年轻、任性而做过不友善的事情,伤害过别人。那么,现在,请同学精心制作一张友善卡,写上自己想说的话,可以向别人表达感谢,也可以向别人表示歉意。

学生们现场写友善卡,并送达。

分享学生们制作的友善卡。

生18:我收到了来自周家榕的一张道歉卡:"戴治家,上次,是我恶搞了你的照片。我的玩笑之举给你带来了伤害,请让我说声对不起。"

生19:爸,对不起,我从来没有真正体谅过你。你一直用双手撑起我们的家,而我却不懂事地与您发生了不少矛盾。今天回想起来我是多么后悔呀。爸,我爱你。

生20:余大大,走过许多的路经过许多的桥,看过许多美丽的风景,感谢在我人生最美好的时刻遇见了你。请允许我给您一个大大的拥抱。

班主任:我为大家的友善而感动。春天没有花,人生没有爱,那还成什么世界。让我们把友善传递下去,我相信,不断地循环往复,就会成为一种力量。我们的283班一定是相亲相爱的一家人。

活动3:全班合唱《相亲相爱的一家人》

班会在歌声中结束。

（余利、肖俏莲《拥抱友善》,《班主任之友》2015年第4期）

第二节　占领主题班会阵地

一、工作情景

目前中职班主任对主题班会的重视程度不高,主题班会的开展存在着很大的随意性、零散性和无计划性。主题班会活动内容枯燥乏味,形式单调重复,学生参与度不高,导致主题班会没有发挥出应有的效果。

实际上,主题班会是学校实施德育的重要平台之一,也是班主任管理班级工作的常用手段,更是学生自我成长和提升自我管理能力的训练场。班主任长期坚持有计划地组织主题班会,是对学生进行思想品德教育的一种有效教育形式,是对学生进行自我教育的有效方式,因此有效的组织开展好主题班会是班主任搞好德育工作的关键举措之一。主题班会既是班主任专业素养的综合反映,也是促进班主任专业发展的重要途径,更是班主任展现教育智慧的重要舞台。班主任只有设计、开展好主题班会,才能占领德育工作的主阵地。

二、工作项目

【工作目标】

主题班会不仅是实现学生自主教育的重要载体,更是集体力量、同伴教育的重要阵地,对学生思想的转化和良好的班风的形成有不可低估的作用。因此,每个班主任必须掌握并熟练运用这一教育形式,只有设计主题班会时将教育性、参与性、趣味性融于一体,学生才能在积极参与与体验的过程中,潜移默化地提高自身的思想品德和综合素质,在轻松愉快的氛围中实现自我教育。

【操作程序】

班主任在设计主题班会时,既要根据时代的变化、知识的进步、学生心理与思想的日趋成熟与时俱进地选择主题,通过主题达到教育和管理的成效,同时又要选择恰当的形式让学生在接受系统教育的同时获得美感、体验快乐、享受愉悦,全心参与并且自觉内化为信念之后提高自我。具体说来应做到以下几点:

(一)贴近实际,贴近生活,贴近中职生

一堂好的主题班会课必须要贴近学生实际,与学生生活紧密相连,适应中职生的身心特点,即满足他们渴求新知、增长才干、关心时事、抒发情感、走向社会等多方面的诉求,从而充分调动他们的积极性,使他们在活动中受到教育、得到锻炼。因此,中职班主任在设计主题班会时应遵循"贴近实际、贴近生活、贴近中职生"原则,把社会要求的思想观念、道德规范与学生的生活经验密切结合起来,使学生在活动中产生教育的新鲜感。这就要求班主任应全面了解学生的心理特点、思想动态,明确学生的心理和思想。既具有一般的发展特点,又具有鲜明的时代特点,要根据中职学生身心发展的实际,科学地设计、制订主题班会的内容。如,班主任可以针对"抖音""快手""网红"等现象,开展文明上网的主题班会,与学生共同探讨如何合理使用互联网及文明上网、网络安全等相关问题,这种与时俱进、贴近学生生活的主题班会更能引起学生的共鸣,激发学生的兴趣,从而对其产生积极正面的影响。同时还要认识到,主题班会不是抽象的德育课,而是生动的、具体的,是生活中的点点滴滴,是师生之间的心灵交流和碰撞,班主任要研究探讨有效教育的途径和方法,从而达到科学育人的目的。

（二）合理安排,形式多样

1. 小组成员安排合理

主题班会不是班主任的独角戏,也不是班级某几个学生的演出,要想让主题班会开得热烈,有实效,必须让更多的学生们参与到班会活动的各个环节中,从主题班会活动的准备开始,如内容形式的设计、素材的收集、课件制作等,再到班会的实施过程,都要倡导人人参与,各尽所能,各展其才。

在主题班会的准备环节,班主任首先应尽量动员组织大多数学生参与,并合理安排小组。安排学生分组时,要注意从学生的性别、性格、学习能力、组织能力、特长等方面综合考虑分组和分工。在班会的实施环节,班主任更要努力营造自主的氛围,善于抓住能引起学生兴趣的切入点,让学生参与进来,同时要尊重不同学生的情感、思维、兴趣,允许学生对问题有不同的看法,让学生身心自由,畅所欲言,只有这样才能激发学生的参与兴趣,实现良好的教育效果。

案例:某班在"创建和谐班级,共建美好校园"的主题班会过程中,把全班分成四个小组,每个小组任命一个小组长,给每个小组分配一个任务,由小组成员通过合作来完成。分别针对"我班存在着哪些不和谐现象""个人身上存在哪些不和谐的行为与习惯""如何改变这些不和谐现象""如何确定班级以后的目标"进行调查和分析,班级的每位同学都参与到班会的组织与实施过程中来,调动了学生的积极性。

2. 班会形式丰富多样

中职班主任要改变原有的千篇一律的"传达式"和"说教式"的班会课,努力探索设计新颖别致的班会形式,可采用讨论、朗诵、表演、知识竞赛、辩论、问卷调查等形式对学生进行教育,激发学生的创造性火花。班主任也可以采用"劳模进校园""青春导师进课堂"、德育活动基地观摩等形式,或者采用体验式班会——让学生通过亲身体验和感受,形成积极健康的情感,实现道德成长。班主任应该根据不同的主题选用合适的形式,也可以将几种形式结合起来。

案例1:在开展有关"青少年校园暴力的危害"主题班会时,班主任设计了"校园小记者"活动和到监狱参观青少年犯罪人员的生活,让学生走出课堂,从不同的角度去调查收集关于校园暴力的事例,让学生认识到青春只有一次,校园暴力带来的危害会使青春之花凋谢甚至死亡,珍爱自己和他人的生命,收到良好效果。

案例2:在高三时,针对学生马上面临就业实习问题,班主任组织"职场新人大挑战"的主题班会,班会通过邀请往届毕业生小王来现场教授经验,请学校就业指导老师讲学生案例,以及请学生家长模拟面试场景等方式,教会学生面试礼仪、着装搭配、沟通技巧,班会结束后学生反馈,这节班会起到了帮助学生树立面试的信心的效果,达到了预期的教育目的。

3. 巩固成果,知行合一

主题班会结束后不应该只是班主任简单总结,或是要求学生写写感想,要抓住学生思想情感方面的变化,继续加以引导,促其升华,最终促使学生将主题班会的教育成果内化于心、外化于行。也就是在班会后要进行"追踪教育"。主题班会活动之后,班主任要及时掌握来自学生中的信息反馈,然后进行总结分析、反思升华。如有必要还需进一步对某些延伸的问题再次深入开展主题班会。例如在班会结束后,班主任可通过班级文化宣传、实践活动等多种形式强化教育,让学生真正做到知行合一。只有这样,主题班会的成果才能发挥出它的效用。

总之,中职班主任必须重视主题班会的教育作用,设法调动学生积极性,结合行之有效的方法,在实际操作时再灵活运用,一定能将中职班会主题活动组织开展好。

【拓展链接】

1. 推荐书目:《班主任工作创新》(周明星,中国人事出版社 1999 年版)
2. 推荐书目:《体验式创新班会》(曹春梅,中国海洋大学出版社 2019 年版)

三、工作案例

主题班会课例:职高生活应这样起航
——新生入学教育:如何做一名合格的中职生

设计背景:

在中等职业学校里,刚入学的新生素质参差不齐,培养学生健康向上的学习状态和人格追求,养成良好的学习生活习惯,是本学期德育工作的重点。大多数中职生是普通高中的落榜生,大多贪玩,学习习惯差,自制能力不强,对学校的学习生活缺乏自信。不过,重新升入新一级的学校,对他们来说,是一个新的起点。我想,大多数人心目中都有重新开始、力求上进的想法。因此,这是进行入学教育的最好切入点。

教育目标：

1. 教育新生勤奋刻苦，百折不挠，在任何情况下都不放弃人生追求，树立积极向上的精神；

2. 抓好专业思想教育，激励新生珍惜学习机会，树立正确的就业观念，认识到人生的价值并不取决于学历的高低和从事何种社会职业，而在于不断开拓进取，为社会做贡献。

3. 对新生进行校规、校纪、日常行为规范教育。使新生认识到：不遵守校纪校规，会影响班级形象建设，影响个人的学习及生活，严重的会走向违法犯罪。

课前准备：

1. 联系学校优秀毕业生，让他们准备发言稿。

2. 准备学校的规章制度等一系列纪律教育材料。

3. 让新生谈对新学校的憧憬，事先准备发言稿。

教育过程：

(一)心理适应教育，重塑自信

1. 请优秀毕业生回校现身说法，介绍创业的具体事例，重塑学习的信心；

2. 教育学生正确认识当前国家的改革形势，特别是国家的教育、人事、用工制度等等，如：大中专毕业生实行双向选择，不包分配，职校毕业生与大中专毕业生享有同样的竞争、就业机会，甚至在通过人才市场择业时更具有适应性和灵活性；

3. 介绍一些成功人士虽然没上过大学，但对社会同样能做出杰出贡献的事迹；

4. 让学生谈谈听后的感受。

(二)专业思想教育，专业入心

1. 专业老师介绍新生所学专业特点及就业服务方向；教育学生要树立热爱专业的思想，正确处理专业与择业的关系，懂得学习专业是择业的基础。向学生介绍所学专业的教学大纲对理论和技能的基本要求、应达到的目标，介绍学校师资的结构，介绍学校的专业设置，介绍实训实习设备和就业指导机构等，为学好专业知识做好思想准备；

2. 要求新生写出今后的打算和奋斗目标，写好后，学生之间进行交流；

3. 向学生讲明职业教育在科教兴国、振兴经济、提高全民素质中的重要性，使学生走出认识上的误区，懂得读职高一样有前途的道理。

(三)常规教育，目标解读

1. 讨论制订班级奋斗目标，并进行解读；

2. 阐明中职生行为规范、校纪校规的主要内容；

3. 组织学生学习《中等职业学校学生公约》、文明班级评比规定、宿舍管理制度、宿舍评比规定、评优评奖规定等；

4. 让新生发言，讲遵守校纪校规的益处和必要性，违反校纪校规的危害；

5. 让新生表态，大家互相监督，人人严格要求自己。

（四）职高学习生活教育，校园憧憬

1. 请新生代表谈谈对学习和生活的憧憬和向往；

2. 指导学生如何适应职校的学习生活。教育新生勤奋刻苦，百折不挠，在任何情况下都不放弃人生追求，同时不好高骛远，从实际出发，选准适合自己的目标，为之不懈努力。

教后记：职高生大多是初中时期学习中下等的学生，在进入职业学校后，要重新给学生定位，帮助他们找到人生新的坐标，树立生活的信心。开学初的这次主题班会是非常有意义的，从心理、生活、纪律、理想等方面对学生加以引导，使学生尽快进入新的角色。通过这次班会，大部分学生振奋了精神，找到了自己人生的新起点。但此次班会的形式还有些死板，学生说得少，动的不够充分。

（东城教研，http://www.bjdcfy.com/qita/zzxsrxjyjh/2015-12/434980.html）

第三节　优化主题班会过程

一、工作情景

主题鲜明、生动活泼、形式多样的班会课不仅在良好班风形成、学生健康人格培养、学生综合素质提升等方面起到重要作用，也是对学生进行自我教育的有效方式，对增强班级凝聚力，促进良好班风的形成，增进师生情感的交流，促进学生全面发展具有十分重要的作用。

二、工作项目

【工作目标】

主题班会的设计组织和实施，是班主任的一项日常工作内容，中职班主任要设定科学的班会主题，完善主题班会的形式，优化主题班会的内容，并做好组织工作，充分调动学生的参与热情，利用这一形式提高学生的道德水平和综合素养,将中职学生培养成能适应社会发展需求的新时代复合型技术人才。

【操作程序】

主题班会的设计和实施一般要经过前期准备、组织实施和总结提升三个阶段。

（一）前期准备阶段

1. 做好学情分析,明确教育目标

实现班会的教育目标,是开展班会的首要问题,因为一切活动的开展,都是为教育目标服务的,教育目标的设计,应突出准确、具体、适宜的特点。中职班主任在确定主题班会教育目标时,要以国家对中职学校人才培养目标为依据,认真分析学生的现有发展水平及所面临的问题,依据学生所学专业的培养目标,结合学生的思想实际及身心发展特点,突出学生发展和所学专业实际,从而科学的定位教育目标,进而组织开展主题班会活动,帮助学生更好地成长。

案例:1502 班是报关与国际贸易专业,进入高二年级时,经过班主任的调查和了解,发现商务英语听说和报关实务两门专业课是许多同学的弱点。经过前期了解,班主任知道这个班的大部分学生虽然经历了中考的挫折,却希望通过参加对口单招高考,进入高等教育的殿堂实现自己的成才梦。同时,他们又存在着自制力弱,时间概念差等问题,常常沉溺于网络手机游戏中,导致成绩不佳。因此,班主任开展了"奋斗的青春最美丽"主题班会,并制定了如下的认知、情感与观念运用三维目标——

认知目标:让学生认识到时间的宝贵、珍惜时间的意义。

情感目标:珍惜时间,奋发图强。

观念运用目标:培养学生时间管理的意识和能力,帮助学生养成良好的学习习惯。

2. 确定班会题目,引起学生共鸣

主题班会的题目如同文章的标题,表达要寓意深刻,有时代感,符合中职生的话语方式,拉近中职生的距离,引起学生的共鸣,同时还要容易理解,能够引发中职生思考,也可以适当加副标题,阐明具体的教育内容和要表达的教育目标。

透过题目能够折射出班会活动的教育目标及核心内容。一个好的班会题目,应紧扣主题,具体、简洁、新颖。班会题目要符合"近、小、亲、实"的原则,即接近主题,贴近学生;具体明确,避免空洞;贴近生活,拉近距离;准确真实,贴近实际。

3. 做好物质准备，营造主题氛围

中职班主任在组织班会前应根据主题班会的形式，布置好教室，准备好在实施过程中需要的器材，如电脑、投影仪、视频、相关资料等，并要仔细检查器材的完好情况。班主任在主题班会召开前，还应努力营造能烘托活动主题的教育氛围以创设有教育意义的情境来陶冶学生的情操，从而增强主题班会的感染力和教育效果。

案例：在开展以爱为主题"感恩父母"教育的主题班会时，可以制作宣传板牌、横幅，书写"知行合一，让我们在体验中学会感恩""常怀感动之情，常为感恩之行"等宣传语在教室宣传栏中张贴；利用教室黑板报出一期有关感恩父母的专题黑板报；搜集我国古代文明尊老孝亲具有教育意义的事例，宣传中华民族文明的传统美德等，为主题班会的顺利召开营造较为理想的主题氛围。

4. 理清设计思路，撰写班会教案

班主任应对班会的时间和各环节预设有准确的把握，因此班会教案的撰写就显得尤为重要。班会教案的内容可分为"总体设计"和"实施过程"两大部分，"总体设计"里包括班会题目、教育目标、班情分析、设计思路、活动准备五个环节，"实施过程"与课程教案的格式相似，包括了教育方法、内容安排、实施步骤、总结反思四个方面。

班会方案设计要体现认知、情感、观念运用的有机结合，结合中职生身心发展特点及所学专业的培养目标，采用生动活泼的教育形式，突出新颖性和创新性，让班主任在开设班会前做到"心中有数、胸有成竹"。

（二）组织实施阶段

1. 教育方法——手段灵活多样

德育中常见的教育方法主要有说服教育法、榜样示范法、情感陶冶法、自我教育法、实践锻炼法等。然而教无定法，任何教育方法和组织形式都要根据一定的教育内容和教育对象而变化，主题班会活动过程是师生之间相互作用的复杂的动态过程，在这一过程中，教师采用一定的教育组织形式，运用有效的教育方法，来完成特定的教育目标。面对新时代的中职学生，中职班主任必须认识到任何一种教育方法都有其适应性和局限性，在选择教育方法时必须根据活动主题、教育目标、教育内容和教育对象合理的运用，并注意与其他教育方法的有机结合才能真正发挥其应有的功能。

2. 班会过程——注重师生互动

主题班会是班主任老师和全班学生共同参与、交流与合作的活动过程，它能加深老师与学生之间的彼此了解,成为密切师生关系的一条纽带。在主题班会的过程中要突出以学生为主体,以班主任为主导的原则,通过师生、生生之间,以及学生与毕业学生、企业劳模、行业专家之间的多元互动,使学生在积极的活动体验中,思想受到冲击和感化,不断增强辨别是非的能力。突出学生的主体地位,就要加大学生的参与度,让学生成为整个活动的主角,这不仅可以多方面锻炼学生的能力,学生的自我完善、自我要求等精神也会不断增强,继而达到提高学生自我教育能力的作用。同时班主任应发挥好引领作用,体现主导地位,帮助学生营造一个人人皆可成才,人人尽展其才的良好环境,努力让每个人都有人生出彩的机会。

3. 内容安排——做到环环相扣

人的认识过程是从感性到理性,再从理性到实践的过程,学生在主题班会活动中,其认知、情感态度及观念运用是逐步发展变化的,中职班主任应依据中职学生的学习特点和身心发展规律,围绕主题逐层展开班会内容,凸显层级性和递进性,做到环环相扣,依次深入。

(1)主题导入。要做到既生动又有启发性,引发学生深入思考。可以采用故事导入、视频资料导入、趣味活动导入、问题情境导入等方法。

(2)主题展开与深化。主题导入后要采取有效的活动形式,如体验型活动、讨论型活动、表演型活动、叙事型活动、综合型活动等,引导中职生积极体验。

案例:如工匠精神为主题,班主任将主题班会设计为"认识工匠精神,感受工匠精神,学习工匠精神,践行工匠精神"四个步骤,循序渐进,层层深入。

(3)活动形式突出新颖丰富。主题班会活动蕴含着深刻的教育意义,新颖多样的班会形式能够激发学生的参与热情,使其在活动体验中感受合作与交流的乐趣,分享成功的喜悦。班主任要不断更新自身的教育理念,创新班会活动的形式,例如:目前很多中职生喜欢收看综艺娱乐类节目,因此,班主任可以在班会课引进综艺节目中轻松搞笑又不缺乏教育意义的内容,以获得学生的欢迎,实现主题班会的目标。通过游戏式、讨论式、演讲式、表演式、案例式、辩论式、交流式、团体辅导式、亲身体验式等多种班会活动形式,引导学生勤于学习、善于思考、乐于总结,并在亲身体验中受到感染、启迪,培养学生的协调能力、组织能力和应变能力等。同时,组织现场模拟招聘会、记者模拟招待会、新闻发布会等,引导学生深入观察、体验、分析。此外,还可以组织学生走出校园参加公益活动、社会实践、素质拓展训练等,培养学生的集体观念、感恩意识和团队精神。中职班主任在设计活动时,要强化思想性、知识性、趣味性、娱乐性、职业性的有机结合,突出主题班会的教育价值,体现职业教育特色。

（三）总结提升阶段

在班会的最后环节,都需要班主任画龙点睛地总结发言,使学生从中受到新的启发,发现新的境界,帮助学生回顾过去,思考今天,展望未来,帮助学生深化和升华成长体验。因此,班主任的总结要结合本次班会学生的活动参与情况,进一步深化主题班会的教育内涵,凸显主题班会的教育意义。

案例:"未雨绸缪话高三"动员会面向高三学生召开,在班会的最后,班主任送给学生一首原创诗,鼓励学生以健康的心态面对高三生活。

一节班会课结束,并不意味着这节班会到此终止。后续和活动延伸是班会内容的补充、巩固和强化。班会课结束后,班主任要根据这节班会的内容写出活动反思,这不仅利于班会目标的最后落实和解决,同时也为今后班会成功开展提供经验或借鉴。

【拓展链接】

1. 中等职业学校主题班会活动评价表(青岛外事服务职业学校)

评价项目	评价要点	赋值	评分
方案设计 （15）	活动主题鲜明,教育性强	5	
	活动目标明确,科学合理	5	
	方案格式规范,思路清晰	5	
活动准备 （15）	活动准备充分,精心策划,资源运用合理	5	
	活动分工明确,组织有序,学生参与度高	5	
	场景布置合理,安全可靠,烘托活动主题	5	
活动实施 （40）	主持人主导作用突出,环节紧凑流畅自然	10	
	活动的内容重点突出,紧扣活动目标设定	10	
	活动的方法运用得当,符合学生认知规律	10	
	活动的形式灵活多样,活动过程生动活泼	10	
	活动的评价方法多元,激发学生主动体验	10	
活动效果 （20）	学生参与积极性较高,活动育人氛围浓厚	10	
	活动目标达成效果好,学生受教育面广泛	10	
	合计	100	
简要分析			

2.《中等职业学校主题班会课程化设计与研究》(李玉明,《青岛职业技术学院学报》2016年第3期)

3. 推荐慕课:中国mooc——"魅力德育"

4. 主题班会的12种形式

模拟扮演式,咨询答疑式,专题报告式,节日纪念式,现场体验式,经验交流式,成果汇报式,才能展示式,专题辩论式,实话实说式,娱乐表演式,总结归纳式。

(张锐《主题班会形式综述》,《教学与管理》2005年第10期)

三、工作案例

点燃青春

一、总体设计

【教育目标】

1. 知识目标:了解志愿者活动内容,感悟互助的精神内涵

2. 能力目标:通过开展志愿者的教育以及"奉献、友爱、互助、进步"的志愿者服务精神教育,培养学生的关爱他人、奉献社会和主动担当的责任感。

3. 情感与价值观目标:帮助学生树立起正确的世界观、人生观、价值观,增强对社会和人民的朴素感情,深化助人为乐和奉献社会的意识。

【活动准备】

1. 教师准备:所需视频、音乐、PPT等素材

2. 学生准备:氛围营造、黑板报设计、诗歌朗诵、小品

二、实施过程

【教育方法】:讨论法、品德修养指导法、情感体验法

【内容安排】

环节名称	环节内容	活动时间
导入:公约之歌	视频展示,引出主题	6分钟
环节一:图片展示	秀出自我,蓝精灵在行动	3分钟
环节二:宣传海报展示	志愿者路上你我他	3分钟
环节三:畅谈当代青年责任	讨论发言,明确责任	13分钟
环节四:抒发互助友爱情感	共宣志愿者誓词	3分钟
总结延伸	教育总结,升华主题	2分钟

【实施步骤】

导入：

1. 播放公约之歌

2. 共同朗诵《中等职业学校学生公约》

● 设计意图：营造氛围，引入主题

环节一：观看照片

1. 教师引导：

拆台的朋友和互助的友人图片展示

助人等于助己

从付出当中获得成就感

2. 观看"蓝精灵"职教义工照片：栈桥活地图

● 设计意图：通过视频展示取得了直观富有感染力的效果，烘托了气氛，在过程中学生们积累了对志愿者的兴趣。

环节二：邀请学生会宣传委员为大家讲讲蓝精灵志愿者活动中发生的故事（可以录制）

1. 给外国人指路服务，既可以锻炼英语又为我的城市添彩。

2. 为外地游客讲解青岛景点，树立大青岛形象。

3. 为老人和小孩发放手绘地图，你的方向，我的心。

● 设计意图：通过学生会讲故事，让志愿者活动变得生动，变得不再只有高高在上的光环。

环节三：畅谈当代青年责任和担当，展示教师青青义教

1. 讨论：处于和平年代的我们，该如何发扬民族精神呢？

问题预设：

你在外国或者外地迷路了怎么办？

当你旅游在外需要帮助的时候，你会找谁？

你更喜欢做无声的志愿者行动，还是有声的志愿者传颂讲解？

你知道那些中国历史上助人为乐的经典故事？从中得到怎样的启示？

● 设计意图：通过讨论明确为什么要弘扬志愿者精神

环节四：抒发助人为乐情感

全班同学共同朗诵《中等职业学校学生公约》

再听一遍《中等职业学校学生公约之歌》

● 设计意图：让学生从歌曲中汲取精神力量，受到感化和教育。

拓展延伸：

(1)述说身边的"活雷锋""志愿达人";

(2)对于小品《扶不扶》所揭示的社会现实,谈谈你的看法。

教师总结:

奉献是用爱心铸成的一道彩虹,五颜六色,清新飘逸,带给人们温馨与快乐。有这样一群人,他们热情无私,他们阳光开朗,他们真诚善良,他们奉献着自己的青春,他们有一个共同的名字:志愿者。每个志愿者都是一朵花,他们盛开在学校,在街道,在公园,在敬老院,在每个需要帮助的地方。微笑是他们娇艳的容颜,真诚是他们瑰丽的色彩,奉献是他们摇曳的身姿,爱心是他们迷人的芬芳,他们盛开在每个需要帮助的人心里。不论盛典还是灾难,不论是大事件还是小场合,每个需要帮助的地方都能看到志愿者奔跑着的身影。没有掌声,没有鲜花,没有报酬,他们用一颗跃动着爱的心,完成着爱的传递,将汗水融化成满脸笑容,快乐他人同时也快乐自己。

延伸活动:

一个月的时间,找任意一个周末,组织策划并且实施一次志愿者活动。

主题:尊老、爱幼、助残、服务街道、美化城市

（青岛外事服务学校　刁媛）

第四节　体现中职班会特色

一、工作情景

中职学校的主题班会课除了要培养学生的基本道德素养之外,还应加强对职业素养的教育。但目前中职学校的主题班会设计中职业素养的教育内容和教育方式与学生实际存在脱节,教育的目的性、指向性不强,没有把握好有效的教育途径,使得职业素养的教育效果不佳。

二、工作项目

【工作目标】

中职班主任在开展主题班会活动时应该彰显职教特色,切实提高主题班会在中职学校德育工作中的重要作用,培养德才兼备的技术技能人才。同时作为从事一线职业教育的工作者,在设计主题班会时更需要把握时代脉搏,积极探

索改革、创新工作,用专业知识、智慧与能力让主题班会课出彩、富有成效。

【操作程序】

（一）突出专业，彰显职教特色

《中等职业学校德育大纲（2014年修订）》中规定,中等职业学校的基本任务是把学生培养成为热爱祖国、遵纪守法,具有社会公德和文明行为习惯的公民,进而成为报效祖国、积极进取、诚实守信、敬业乐群,具有社会责任感和创业精神的高素质劳动者。因此一节彰显职教特色、符合中职生身心发展需要的主题班会,很大程度上会为提升中职生职业素养和能力起到事半功倍的效果。

中职班主任借助班会课对学生开展职业思想教育,是培养中职学生职业素养的重要途径。班主任在设计班会时应从本班学生的专业兴趣出发,兼顾学生的职业需要、情感意志和职业理想,在主题班会中为学生提供发展个性、进行独立思考和选择的机会,为学生践行班会课上提出的职业道德规范和行为要求提供理论基础和指导方向。

（二）创新形式，把握时代脉搏

随着信息技术的发展与课程改革的推进,电子白板、微课、教学App、电子教材等新型教学辅助工具逐渐走进学校、走进课堂,成为教师的新帮手,学生的好伙伴。在德育工作中,同样可以借助"互联网＋"这个平台,把枯燥烦闷的说教式班会,变成活泼有趣的体验式班会,让学生打心眼里接受。同时,作为中职班主任,面对着2000年后出生的这一群互联网"原住民",他们已经养成了"互联网＋"的生活模式,生活、学习、娱乐在互联网上一应俱全。班主任要认识到QQ、微信、微博、抖音等不仅是学生学习娱乐的工具,也可以成为班主任全面了解学生思想动态,及时联系学生的重要途径。

案例:入学初,某班开展"认识自我"主题班会活动,班会开始前,通过QQ群组织学生参加网络平台的MBTI职业性格测试,让学生评估个人的职业人格;班会中,利用蓝墨云班会App之头脑风暴模块,组织学生线上作答,进行同伴5个"W"探讨,让学生明确我是谁,我想干什么,我能干什么,我要如何做,我的终极职业目标是什么。通过网上职业性格测试与手机App的帮助,丰富了班会的形式,调动了学生的积极性,从而优化了德育效果。

在互联网时代,随着信息技术的快速发展,为主题班会的形式提供了全新的思路与渠道,网络媒体的介入,不仅拉近了班主任与学生的距离,更提升了德育管理的效率。作为中职班主任,要抓住教育的发展机遇,善于利用网络平台,充分挖掘教学资源,把学生听得厌烦的"陈词滥调"变得新鲜有趣,创新德育形式,让学生真正的接受德育熏陶。

【拓展链接】

1. 常用的信息化设施和手段

电子白板、多媒体计算机、实物展示仪、微课、思维导图

2. 常用的信息化工具

微信、QQ、问卷星、蓝墨云班课、雨课堂、班级优化大师

3. 常用的网络平台

微信公众号、微博、抖音、快手

三、工作案例

高擎工匠精神火炬,照亮专业发展之路

一、总体构想

【教育目标】

1. 认知:了解工匠精神的内涵,明确工匠精神与自身专业发展的关系。

2. 情感:认同工匠精神,以工匠精神打磨专业技能的意识,激发学习动力。

3. 行为:自我剖析,查找不足,自觉践行工匠精神,付诸行动。

【教育方法】

陶冶法,讨论法,榜样示范法,评价法

二、活动准备

1. 教师准备:所需视频、卡片、评价表、荣誉证书等素材

2. 学生准备:氛围营造,黑板报设计;情景剧编排;技能展示准备。

三、实施过程

● 导入

1. 国礼"鲁班锁"

2. 教师引导:李克强总理强调要"弘扬工匠精神,勇攀质量高峰,让追求卓越、崇尚质量成为全社会、全民族的价值导向和时代精神",探讨工匠精神的学习与我们专业发展的密切关系。

【设计意图】营造氛围,引入主题

环节一:敬是专业学习的基础

1. 人物访谈

内容:视频采访参加学校"大国工匠经典动作解析"活动,展示汽车营销技

能专业技能的学生,了解他们艰苦训练的过程及个人对工匠精神及其自身专业发展的感悟。

2. 讨论明确

(1)学生分组讨论交流:工匠精神的内涵,工匠精神与专业发展的关系。

预设回答:工匠精神的内涵包括敬业、认真、追求完美、专注……

工匠精神对专业发展具有促进作用,积极作用……

(2)明确:很多同学都提到了"敬业",确实是,工匠精神的内涵首先指的是的敬业,然后还包括了一丝不苟、精益求精、专注坚持等,"敬"也是我们开展专业学习之旅的基础,学习工匠精神对我们专业的发展有引领,促进作用

【设计意图】通过学校活动视频的启发和与同伴的交流讨论,修正补充自己的认知,了解工匠精神的内涵,明确工匠精神对专业发展的积极意义。

环节二:严是专业立足的态度

1. 反面教材

情景剧表演《差不多先生》内容——一位实习生在汽车销售岗位上,凡事秉持差不多就行了的原则,对待工作随性马虎,毫无规范可言,最终因自己的差不多精神和不专业的表现惹恼了顾客,丢了订单,被实习单位退回学校。

2. 讨论后明确

产品是匠人的信誉,而服务是我们的名片。服务岗位中,一样需要工匠精神,容不得马虎将就。服务中的工匠精神体现在:秉承"严苛"的态度,对服务规范和工作细节做到一丝不苟、精雕细琢,这也是我们专业立足的态度。

【设计意图】通过正面引导和反面震慑,让学生明确工匠精神对今后从事的服务行业的重要性,认同工匠精神。

环节三:专是专业成长的标签

1. 话题思考:我们已经掌握了一定的专业技能,但如何让我们的技能水平达到工匠精神的要求呢?

2. 榜样示范:金牌销售顾问——学姐马思凡现身说法

展示——"展厅接待"标准动作:迎客、鞠躬、递名片。

讲述——在技能锤炼过程中自己像个偏执狂:追求1厘米、1角度都不能相差,通过千百次专注练习,最终达到了高标准的服务水平。

3. 讨论后明确:我们要潜下心来,拒绝浮躁,专注坚持,要有咬住目标不放的信念,一条道走到黑的坚定,把事情做到极致的认真。"专"是我们专业成长的标签。

【设计意图】通过榜样示范帮助学生树立以工匠精神打磨专业技能的意识,

激发学习热情。

环节四：精是专业发展的目标

1. 技能 pk

(1)各小组代表展示"展厅接待"技能动作，其他组学生，教师共同打分，学姐评价，明确自身不足与差距。

(2)统计分数并选出前五名，分别颁发"技士""匠士""高级匠士"荣誉证书

2. 填写卡片

填写表格，明确今后努力的方向(课后张贴)

工匠精神，促我成长	
存在的不足	改进的计划
签名	

以工匠精神引领专业学习，技能锤炼，"精"是我们专业发展的目标，也是企业、社会对我们的要求。

【设计意图】践行主题，将学生内心意识转化为实际行动。

四、总结拓展

1. 教师总结

我们要弘扬"劳动光荣，技能宝贵，创造伟大"的时代风尚，关注细节，追求极致。我们要秉承工匠精神，把细节、耐心、专注、坚持融入每一堂课，每一项服务规范，做到"品必为之精，业必为之勤"，用工匠精神打造不可替代的服务和自己，在专业发展的道路上稳步前行！

2. 拓展延伸

"看"，组织观看《大国工匠》系列片，把观后感发布于班级微信公众号。

"读"，自己阅读《工匠精神读本》《古今中外工匠精神故事汇》，定期开展交流活动。

"比"，定期举行技能练兵活动，将每一期的"技士""匠士""高级匠士"照片张贴于班级"技能之星"宣传栏里，形成良好文化氛围。

(2017 年全国中职班主任基本功大赛班会设计比赛一等奖，南京交通中专王薇)

第五章　做家庭教育的引导者

教育家苏霍姆林斯基说过："有许多力量参与人的教育过程，其中第一是家庭""最完备的教育是学校教育与家庭教育的结合"。基于此，构建德育网络，形成家校合力，增强责任意识，互不推诿埋怨，真情实意沟通，是提升中职学生思想道德素质的有效途径。因此，中职班主任在关注学校对孩子的教育同时，更不能忽视学生的家庭教育。班主任必须深入了解学习关于家庭教育的知识，以便指导家长做好家庭教育。

第一节　在合适的时机，走进学生家庭

一、工作情景

众所周知，中职学生综合素质普遍不高，对于他们的管理是个很有难度的问题。要想让每个学生都得到发展，仅仅依靠班主任一个人的力量是远远不够的，必须得到家长的支持。父母是孩子的第一任老师，家庭教育对孩子的成长具有举足轻重的作用，中职班主任更需要家长的信任和支持。在教育过程中若能取得家长们的积极配合，对中职学生教育可起到事半功倍的作用。而家访是取得家长信任和支持的重要路径，是沟通家庭与学校的桥梁。通过家访，与家长交流情况，交换意见，共同研究教育学生的方法，进一步增进师生情感，对中职学生成长具有十分重要的作用。

二、工作项目

【工作目标】

中职班主任应全面了解所教学生和家庭的基本情况，促进家校双方的沟通交流，掌握家访的原则和注意事项，针对特殊学生的特殊问题，指导家长做好个别学生的教育，引导家庭教育的健康发展。

【操作程序】

中职班主任如何让家访取得实效，收到良好的教育效果，可以重点做好以下几方面。

（一）选定好家访的对象

家访首先要有针对性。班主任要根据学生实际和发展状况，适时确定家访对象。家访前，要充分了解学生思想状况、行为习惯、性格特点，找出学生的优点，分析出学生的不足及努力方向。同时还要了解学生家庭的状况，生活条件，人际关系等。

中职学生正处于青春期，心智尚未完全成熟。在班级中，哪些学生需要家访，班主任必须胸有成竹。学生都希望得到老师的赏识，但是并不是所有的学生都愿意老师去家访。尤其是家庭特殊的学生，不愿有更多的人知道他的家庭情况。例如：单亲家庭、亲人有残疾或其他病症的家庭。这些特殊家庭的学生，往往存在自卑心理，不愿让同学、老师知道他的家庭情况，他们把家庭情况当成自己的隐私。如果班主任不了解情况，贸然去家访，就会造成学生排斥的心理，难以实现家访目标。这种情况，最好与家长单独联系，或者将家长约到学校，与学生一起交流沟通。有些学生行为习惯较差，是由于家长对孩子的教育方法不得当，在孩子犯错误时，非打即骂；有的家长则对孩子听之任之，对孩子的表现感到束手无策。对此类学生家访是非常有必要的，与家长交流教育方式方法，让家长明确自己的职责与义务，为孩子做出表率，以自己良好的言行影响孩子成长。

（二）确定好家访的目的

在选定好受访学生后，就要设定家访的目的，围绕这一目的做好家访前的准备工作，以确保家访的实效性。

家访的目的是促进学生的发展，充分挖掘学生的潜力，通过家庭教育与学校教育相结合，共同促进学生的健康成长。

由于学生的家庭背景各不相同，在学校的表现也存在较大差异，单纯依靠学校的教育，往往难以从根本上改变学生。例如：某单亲家庭的学生，与父亲一起生活，由于父亲经常酗酒，生活上不会照顾孩子，平时和孩子也没有交流，疏于教育孩子，导致孩子在社会上结交了不良青年。父亲对此很生气，但与孩子的交流，除了埋怨就是谩骂。这非但没有改变现状，反而导致父子关系紧张。可见仅仅依靠学校教育，学生是难以改变的，因为孩子回到家中依然生活在紧张环境中。因此班主任就要加强与家长的沟通，提醒或指导家长改变教育方式。

通过家访可以促进家长与班主任、学生之间的沟通,通过沟通拉近三者之间的距离。通过情感交流,班主任要充分肯定学生的成绩,引导学生愿意、主动认识到自己的不足,明确该努力的方向,向家长提出如何教育孩子、该采用怎样的沟通方式等建议。班主任切忌带着告状的目的去家访,不仅解决不了问题,相反使矛盾激化,问题更加突出。最终导致家长不领情,学生憎恨老师,加剧三者之间的关系恶化。

（三）选择好沟通的方式

家访的成败,与家长和学生的沟通方式密切相关。通常班主任在家访前,首先要通过学生或家长确定家访时间,告诉学生将与家长交流的内容,肯定学生在本段时间的进步,让学生消除排斥的心理。根据学生的情况,班主任可以单独家访,也可以带其他学生(如班干部)去一同家访。例如:在假期中的走访,带几个学生干部一同走访,可以缓和气氛,增加学生之间的友谊。走访特殊家庭的学生,需要班主任单独走访,以保护学生的家庭隐私。如:在走访班级的一名学生时,由于他的母亲患有精神病,父亲的身体也有残疾,家庭生活非常困难,主要依靠生活补助金和残疾补助。对这位学生的家访,班主任应主要从心理上进行引导,帮助他树立生活的信心,从亲情上引导学生学会感恩,主动承担家庭的重任。在学校里班主任多给予帮助和指导,生活上给予关心。班主任与家长的交流要给予安慰,表扬孩子在学校中的点滴进步,提出对孩子的期望。

（四）尊重家长,真诚地与家长学生交流

家访是一种情感的沟通,需要建立在彼此尊重的基础上进行。班主任在家访中,必须要做到尊重家长,赢得家长和学生的尊重,这也是家访的前提。

没有尊重,就没有信任,没有情感,没有交流;班主任在与家长交流沟通时,须做好换位思考,了解家长的心境和学生的感受。尊重家长的意愿,同时告诉家长老师的意愿。教育的目标应是一致的,取得家长的理解与信任,真诚的交流取得家长的支持与配合。让家长明确:老师和家长一样,都是为了孩子和家庭着想!

（五）选择好恰当的时机

家访没有固定的时间,要根据实情选择好适当的时机。有这样一个事例:学生小刘跟随在青岛打工的父亲,来到某职校学习。一次小刘的母亲来看望他们时,意外受伤,得知这一消息,班主任当天中午购买水果,到医院看望了小刘的妈妈,询问了她的病情,并进行了安慰,告诉她孩子在学校的良好表现。虽然与家长沟通的时间较短,但其效果显著。小刘在学校的表现更加积极了,学习更加主动,原本一个不是很思维敏捷的孩子,学习成绩却明显上升,小刘代表学校在全国职业院校技能大赛获奖,被评为市级"三好学生"。

关爱学生,能够真诚地为家长提出建议,是班主任家访成败的前提。班主任应以良好的人格魅力,给家长、学生留下深刻的印象,这是家访成败的关键。做一个智慧的班主任,重视家访工作,架起家校沟通的重要桥梁,使学校和家庭做到双赢。

家访必须把握时机,掌握"火候",才能取得最佳的教育效果。家访的最佳时机有:

(1)当家长对子女的教育方法出现危机,或在处理孩子某些问题感到棘手时。这正是家校配合共同教育的良好时机,班主任上门家访犹如"雪中送炭",班主任的建议家长不但听得进,甚至十分感激老师,既增强了教育孩子的信心,也增进了与班主任的情感,使家访取得较好的效果。

(2)当学生初入学、升入新的年级、进入毕业班或临近毕业的时候。这时家访,双方很容易沟通思想,商讨共同关心的问题,最后达成共识。

(3)考试后家长了解孩子学习成绩的时候。这时家访,如果孩子取得好成绩或成绩有了进步,家长自然高兴。在此基础上与其研究如何进一步提高孩子的成绩,同时提出较高的要求;或指出不足,提出需要配合教育的问题,都能取得较好的效果。

(4)当中职学生在学校出现偶发事故或者出现较大错误的时候。这时候家访一定能得到家长更好的配合,同时也加深了与家长的紧密感情,有利于共同做好对发生错误的学生后续教育工作,起到更好的教育效果。

(六)班主任家访中应注意的问题

要使家访顺利进行并取得实效,班主任除了明确目的、善于调控自己的情绪、坦诚对待家长、讲究方法和把握交谈的语言外,还要注意以下几个方面:

(1)忌不讲究仪表。班主任去家访切不可不修边幅,衣冠不整,大大咧咧随意穿拖鞋、背心;也不可浓妆艳抹打扮入时。否则家长一看你的衣着打扮就"倒胃口"产生厌恶情绪,何以谈得上沟通协商?因此,班主任去家访特别是第一次与家长见面,一定要显得仪容仪表端庄大方,这样既符合教师的身份也是对家长的尊重,给家长留下良好的印象,也为以后的沟通交流打下好基础。

(2)忌讽刺挖苦伤害家长的自尊心。家访中,班主任要尊重家长,不要讲过头话,不要以教育者的口气和命令的语言,否则有的家长忍受不了,对班主任反感,严重的还可能发生口角,这样不但达不到家访的目的,反而降低了班主任的威信,削弱了教育的力量。

（3）忌告状出气。中职学生在学校偶尔犯了错误或出现问题是很正常的现象,这时班主任不能急于找家长。班主任应及时对学生进行教育和帮助,让学生认识到自己所犯的错误。这样既保护了学生的自尊心,也给他们认识和改正错误的机会,有助于在学生中树立班主任的威信。特别是中职学生与任课老师发生矛盾,和同学打架,班主任不要一气之下就打电话或告状式家访,那样学生往往遭到家长的"惩罚",加剧师生间的矛盾,从而严重影响和抵消了教育效果。

（4）忌为己徇私和敷衍应付家长的嘱咐。班主任家访一定要目的明确,严肃认真,不要动机不纯。为了教育好学生,班主任与家长关系应是紧密的,但如果家访是为了拉"关系"（特别对有特殊地位的家长）,借学生家长之权谋自己之私,把家访当成自己托学生家长办事的机会。这样的家访,会把重心转向家长,往往为了讨好家长,片面地、夸大其词地吹捧学生,甚至一味地迁就学生的缺点、错误、偏袒学生。这样既不利于学生健康成长,也有损班主任在家长和学生心目中的形象,己身不正何以教育学生?

（5）忌家访时回避学生。在家访中要让学生参与班主任和家长的谈话,尤其对有问题的学生,即可以消除他们厌恶老师"上门告状"的反感情绪,也可以让学生在参与中感受班主任和家长真诚的爱,增长见识,加强人生观、价值观教育,还可以利用学生送行时,趁热打铁勉励几句,促其奋发向上。

（6）忌访后了事。班主任切不可抱着应付差事,完成任务的态度访后了事,把教育的责任推给家长,而后自己一推了之,获得一种如释重负的轻松,那样由于缺乏教育合力,常常会使班主任大量辛苦的教育工作前功尽弃。因此,班主任一定要有事业心和责任感,巩固和延伸家访的教育效果。

【拓展链接】

1.某职业学校教师家访记录表

学校：　　家访教师：　　　　　　　　　　　　家访日期：　　年　　月　　日

学生姓名		家庭住址		所在班级		性别	
家长或监护人姓名		家　长供职地		联系方式			

（续表）

家访主要内容	
家长对学校或教育部门的意见建议	
访后分析（备注特殊事项）	

2. 推荐书目:《教师家访需要讲技巧》(金甫,《青年教师》2016 年第 12 期)

3. 推荐书目:《与学生家长过招——班主任的家长工作艺术和技巧》(郑学志,中国轻工业出版社 2010 年版)

三、工作案例

走过青春期的泥潭

春节过后的一天,我打电话约好到我班张泽浩家里去家访。

这是一个高大、帅气的男生,但是性格却有点羞涩内向,家住得比较远,在崂山区张村河附近。每天早上 5 点多钟就起床了,洗刷完毕,6 点多一点出门坐车,中间倒车一次,到学校的时候大约在 7 点半左右,每天如此,风雨无阻。上个学期整整一学期,我的印象里只有一次,因为天不好,堵车迟到了,而那唯一的一次,我又怎么忍心责备他呢? 这实在是一个很自觉的好孩子。但是这个孩子,在学习上的自觉性却很差,没有学习动力和目标,上课的时候心不在焉,学习成绩从入学时候的中等,落到期中和期末考试时的倒数,家长着急,老师责备,记得放假之前的家长会上,他的父母双双出席,看着面前的考试成绩,禁不住唉声叹气,看出来家长的重视和无奈。因此,在放假之前,我就跟他和他父母约定好,假期里到他家去家访。

开着车,沿着辽阳东路一直向东,在深圳路左拐,过了一座桥,右拐,又开了半天,终于到了目的地。学生站在路口向我招手,下了车,打量一下周围的环境，尽管已经知道学生的家远，但是实地考察一下，我还是被这种"遥远"的距离给镇住了！只见不远处就是青黄高速路，车水马龙，一辆接一辆的车呼啸而过，看着学生脸上淳朴的笑容，我的心里竟泛上了一丝丝的怜惜——这孩子，也真是不容易啊！这么遥远的上学路，就是大人，又有多少能如此坚持的呢？

在学生的带领下，我来到了他的家里。家里的条件很好，父母都做建材生意，他的妈妈早就准备好糖果茶水等候着了，在家长的热情招呼下，我坐上了家里的电炕，热热暖暖的，一下子就驱散了冬日的寒意。喝着茶水，跟家长聊一聊孩子假期里的表现，村子里春节的习俗。看到桌子上摆着一个镜框，拿过来一看，是学生小学时跟妈妈的合影，看看那时一脸稚气的样子，矮矮的个子，和现在的高大壮实真是形成了鲜明的对比。看着看着，不禁莞尔一笑，看到我笑，学生紧张的神经渐渐松弛了下来，虽然还是话不多，但是那抿嘴一笑的神情上，写满了轻松与愉悦。

家长告诉我，孩子小学时成绩一直非常好，一直到初二上学期都不错，初中在崂山四中能考到级部前50名。当时的老师和家长对这个孩子的定位是青岛二中的，没想到在初二下学期的时候，学生接触了一些不爱学习的朋友，在他们的影响下，渐渐地他对学习失去了兴趣，成绩一落千丈，没考上高中，来到了职业学校。没想到在职业学校里还是不见起色，成绩一再下降，成了现在的状态。家长说这话的时候，我不时拿眼瞟一下学生，似乎是因为被妈妈揭了老底，学生脸色有点尴尬，有点歉意。我知道，其实，这个孩子的内心里还是向好的，他只是在学习的关键时期迷失了自己而已。此刻，面对着满腹牢骚抱怨的家长，满脸愧色内疚的学生，我觉得再一味地指责批评，效果不会更好。我安慰家长说："别这样打击孩子，张泽浩是个好孩子，我喜欢他。"又对学生说："你知道今后该怎么做了吗？"他轻轻地点头。

家访结束，从学生家里出来，家长和学生一直送我到路口，招手送别，我的车缓缓启动，看着他们的身影，我不禁心中感慨：一个孩子的身上，承载了家里几代人的期待啊！虽然我们的学生没有考上高中，是世人眼中的失败者，但是，在家里人看来，也仍然对他们寄予着希望和期待。想到此，我们做班主任工作的老师，该怎样承载起教育学生的重任呢？我们不是更加应该摒弃掉那些工作中不时会有的懈怠、厌倦、疲乏、慵懒吗？即使这些负面情绪每个人都会有，但是，对于教师来说，最重要的是及时调整自己的心态，努力把最好的一面呈现给学生，做学生心灵的工程师，精神的抚慰者、引领者。带领、扶持学生走过跌跌撞撞的青春期的泥潭，哪怕泥泞，哪怕摔倒，只要我们都不放弃！

（青岛交通职业学校 任颐）

第二节　以合适的方式,开好家长会

一、工作情景

家长会是家校沟通联系的重要形式,是家长了解学校、班级整体状况和学生个体在学校成长过程的重要途径,也是学校调动家长积极性,参与班级管理的形式。通过家长会,达到家校密切配合、共同管理好、教育好学生的目的。一次家长会组织得好不好,能不能达到目的,这不仅直接影响学生的教育效果,而且从另一个层面说,也反映了一个班主任的组织能力和工作能力,其成功与否将直接影响到班主任在家长和学生心目中的形象。

二、工作项目

【工作目标】

中职班主任要掌握召开家长会的基本步骤,定期向家长通报学校教育情况和孩子发展情况;了解并掌握召开家长会的注意事项,调动家长的积极性和能动性,取得教育上的合作互补。

【操作程序】

（一）组织家长会的基本步骤

一次成功的家长会,不仅能促进班主任与家长良好沟通,而且形成的"家校合力",将对班主任日常教育教学工作起到"四两拨千斤"的作用,其重要性不言而喻。

1. 主题明确、任务清楚

开家长会要有明确的主题,结合年级、班级的具体情况,做出具体安排,如既要表彰成绩好的同学,让成绩较差的同学家长配合督促子女的学习;又要介绍班里同学的先进事迹,以促使家长更加注重子女日常道德规范的养成,还要剖析学生学习困难的原因,力求取得家长的配合和矫正……切忌胡子眉毛一把抓,从集体到学习,从文娱到劳动,看似面面俱到,家长听了,如过耳之风,什么也没明确。在实际工作中,全班通报性质的家长会要少开,可以多开一些目标更为具体的家长会,如:学生干部家长会(指导学生学习与社会工作两不误,进一步提高全面素质),学习优异生家长会(指导学生树立较高目标,提高心理素质,达到最优绩效),学习困难学生家长会(指导学生改进学习方法、提高心理素质、不畏困难),进步趋势明显的学生家长会(鼓舞干劲,指导学法,注重能力培养,从题海中走出来),纪律较差的学生家长会(注重对意志、情感、兴趣、性格等心理素质的培养,完善道德人格),住读生家长会(养成较好的独立生活习惯,解决住读生的纪律、卫生、与人相处)等等。每次家长会都主题明确,那么家长就会得到明确的信息和有效的方法,必定会以极大的热情配合学校对孩子进行教育。所以,家长会主题明确了,效果就会更加明显。

2. 充分准备、运筹帷幄

家长会前,要对学生和家庭情况全面了解。

(1)对学生的思想动态,日常表现以及各科成绩要有一个全面的了解,从而针对不同的问题,制定不同的对策。

比如某同学语文成绩好而数学成绩差,便可要求家长与老师配合,改进学生的数学学习方法并稍多些时间,力求提高成绩。当然语文成绩也要保持,不能顾此失彼;又如某同学学习成绩有提高,但关心集体不够,则要求家长与校方配合,加强对该生的理想教育、道德情操教育,使之全面发展。

(2)对学生家长及家庭情况的了解。家庭对学生的影响至关重要。学生的许多品质是在家庭的熏陶中形成的。因此,我们在决定对学生如何进行教育之前,必须首先了解学生的家庭情况。比如家庭的成员及经济状况、家庭的氛围(如家庭和睦与否、家风情况等)、家教状况(如对孩子是溺爱放任、粗暴严厉还是不问不闻,教育内容与方式是否恰当等)、家长的文化水平、职业、性格、处世态度等。

(3)家长会会场的布置,主要包括以下内容:班级最近一段时间的学生学习、生活、活动的照片做成视频,加上老师的语言,时间长短为20分钟左右;制作家长会课件,把家长会的过程以幻灯片形式呈现,让家长感受学习的氛围;任课老师的简介及介绍;教室黑板的准备,前黑板写班主任的寄语,后黑板主要张贴或写出要表扬的事项及学生;教室座位的准备,让家长能够及时找到座位,并准备好一次性的杯子、水,找学生给家长领座位、倒水,让家长有亲切的感觉;为家长准备好笔和纸,以便家长做笔记和与学生交流之用,建议可以用学生的周记本。

3. 重点突出、亮点闪耀

(1)介绍班级整体情况,主要包括以下内容。班主任自我简介:介绍自己精彩的一面;学生情况介绍:学生人数、男女比例、学生入校成绩、学生总体习惯介绍;任课教师情况:介绍本班老师精彩一面,可以配上图片和文字,介绍老师平时对学生的关心、帮助、辅导等,特别对班级个别较弱学科教师,要特别强调其努力工作,要让家长感觉所有老师都努力工作,学生成绩的优劣也要决定于家长和学生。

(2)班级工作介绍,主要包括以下内容。介绍班主任的班级管理思路,班级的总体发展目标,包括学生的成长目标、学习目标;学生行为习惯、学习习惯的培养,学生心理健康辅导,介绍班主任是如何做的工作。

(3)班级管理成效,主要包括以下内容。一是优良班风、学风的形成,一段时间后本班达到的效果,不要求完美,关键在于班级的整体进步在哪些方面,取得怎样的效果;二是活动的开展,班级、年级、学校开展的活动,本班参与情况、活动效果如何,学生通过活动获得的提升,集体凝聚力建设等;三是学习成绩,本次考试形式、试题难度等介绍,班级总分及单科前10名表扬,用列表形式,如果是期末及以后的考试,可以表扬总分及单科进步较大的学生。

(4)存在问题,主要包括以下内容。介绍班级现在存在的主要问题,择其重点说明。如学生个人修养方面,部分学生不尊重老师、同学,学生对家长逆反心理严重。学习态度和学习习惯方面,存在部分迟到、课堂精神状态较差、课堂回答问题不积极、对自己不是高标准严要求、学习华而不实、部分学生信心不足等问题。学习方法方面,时间安排问题,特别是自习课部分学生不知该做什么;不预习,课后缺乏及时复习,知识遗忘快;不善于总结、反思;学习积极主动性不够,等、靠、要思想严重;部分学生不懂不问;答题不规范等。

(5)后期改进措施,主要包括以下内容。一是意识问题,与任课教师交换意见;二是习惯问题,生活习惯、学习习惯、加强纪律监督;三是方法问题,找准属于自己的方法,重教材,重基础,理线索;四是充分利用好教材和教辅资料;五是教师加强对尖子生的培养并不忽视每一个学生。

(6)家长的配合,主要包括以下内容。一是告诉家长学校的作息时间、学校的各项管理制度,以便对学生督促;二是告诉家长班级的各项管理制度;三是与家长交流如何配合学校进行班级管理,并参与到管理中来;四是与家长交流教育学生的方式、方法,可以到网上收集相关资料,也可以座谈会的形式进行交流。

(二)组织家长会的注意事项

现代教育学理论认为,教育教学过程是师生共同参与互动的过程,教育教学活动要从以教育者为中心转向以学习者为中心,变过去的接受教育观为自主教育观。要想这一目标得以实现,离不开广大家长的理解与支持,而家长会这一活动形式正是学校、教师与家长进行近距离交流、沟通,达成共识的最有效的形式之一。如何才能开好家长会,这是仁者见仁、智者见智的问题。最主要的是能根据各班的实际情况,采用恰当的方法讲清学生在学习、生活等方面的情况及采取的相应措施,以及给家长们的建议等,并从家长那里获取学生在家里及在社会上的信息,达到双方对学生教育的无缝衔接。同时,如果要想开好家长会,还必须要注意以下几个方面。

1. 树立民主、平等的思想观念

教师与学生家长虽然角色不同,但教育目标相同,教育责任相同,两者在人格与尊严上是平等的,没有高低、贵贱之分。因此,在开家长会时,班主任教师要有民主、平等的思想意识,以真诚的态度来同各位家长进行交流、沟通,倾心听取他们的意见及建议等,帮助他们分析学生的现状、问题,寻找最佳的教育途径,共同来做好学生的思想教育工作,切忌以居高临下、盛气凌人的态度来对待学习或纪律方面存在问题的学生家长,这样不利于形成教育合力,只会造成教师与家长间的隔阂与矛盾。

2. 确定主题,做好充分准备

确定主题对开好家长会至关重要,因为主题关系到能否调动教师、学生和家长的积极性以及能否让家长积极参与的问题。而准备充分则是高质量开好家长会的基本条件。一般来说,家长会多在期中考试后进行,因而确定主题要从帮助家长了解学生在校的学习、生活、纪律等方面来考虑,要有积极向上的含义及引导家长参与教育的意识,根据各班的不同情况,主题要有针对性与侧重点,不能让家长会变成诉苦会或批斗会。为了使家长会开得成功、圆满,在开家长会之前,班主任可把家长会的主题告诉家长,让他们有个心理准备,同时可邀请几位家长(包括教育有方和教育不怎么成功的家长)在家长会上做交流发言,共同探讨教育心得与体会。与此同时,教师要充分准备能反映学生真实情况的第一手材料(如成绩单、作业、获奖证书等等)。另外,要布置好会场,安排几名学生做好服务等等。只有准备充分了,家长会开得才能流畅、自如,才能获得成功。

3. 公开表扬,含蓄批评

家长会是为了帮助学生家长了解情况,解决问题而召开的,其间少不了要表扬一部分学生,批评另一部分学生,这就要求班主任要处理好表扬与批评之间的关系,基本原则是"公开表扬,含蓄批评"。这样才能既解决了问题,又维护了家长和学生的尊严。如遇个别学生问题比较突出,需要与家长进行交流也应个别接触,进行真诚的交流、沟通,以期取得相互谅解与支持,切忌在公开场合进行点名批评。

4. 留足时间,给予交流、沟通的时间与机会

召开家长会的时间有限,在这有限的时间里班主任要留出足够的时间供教师与家长进行交流与沟通,尽量避免班主任"一言堂"。因为一些问题的解决单靠教师或家长是无法解决的,或通过这样特别的聚会就能加以预防、加以解决的,必须在相互了解、信任的基础上形成共识之后,经双方的共同努力才能得到比较圆满的解决。

【拓展链接】

1. 教育部《关于加强家庭教育工作的指导意见》(教基一〔2015〕10 号)

2. 教育部 中宣部 中央文明办 人力资源社会保障部 共青团中央 全国妇联《关于加强和改进中等职业学校学生思想道德教育的意见》(教职成〔2009〕11 号)

三、工作案例

班主任如何开好第一次家长会

(一)提前通知。在距离家长会召开的前几天,采用邀请函等方式,通知学生家长。若某名家长因有事有病不能出席家长会,你则应记下姓名,在家长会结束后,送给其家长会记录一份。

(二)布置教室。主要内容有板书,标语,墙报等等,在课桌上贴上写有学生姓名的标签,以便家长可以顺利地对号入座。

(三)安排助手。通常情况下,留下二至三名学生做助手就足够了。一名学生在教室门口做好家长签到工作,一名学生在讲台一侧做好记录工作,一名学生做些协调工作,例如帮助家长找到自己孩子的课桌,对走进教室的家长进行礼貌性的问候等等。

(四)设计程序。时间一到,你便走上讲台,依次进行下面的活动:

客套性的寒暄。例如:"家长们,你们好! 欢迎你们从百忙中抽出时间来出席家长会。"

自我介绍。例如,你叫什么名字,多大年纪,毕业于何所学校,教的是什么课目,还可以介绍一下各科的任课老师。

告知家长你的治班理念,这个学期的教学计划。

告知家长你希望家长如何配合你的教学计划,在以后做哪些准备。

要求家长发言。例如,"您希望这个班级未来变成什么样(时间有限,请简略一点)""您对班级的未来建设有什么建议(时间有限,请简略一点)"。

（五）注意措辞。在家长会当中，不宜当众谈论某名家长和他的孩子过于个体化的问题。例如，"王同学的成绩近来大幅下滑""李同学上星期将班级玻璃砸碎"。相应的，在墙报上贴出全班学生成绩排名表，也是不妥当的。如果你感到有必要与某名家长单独交流，可以在家长会结束后将其请到你的办公室，或是将想说的话写在信纸上，之后装进信封中，在家长会上交给此名家长，嘱咐他没外人时再打开看。

（六）及时反馈。在家长会结束时，发给每名家长一张反馈表。在反馈表中，你可以向家长提出一些问题：

①您希望这个班级未来变成什么样（越详细越好）？

②您对班级的未来建设有什么建议（越详细越好）？

③您是否愿意加入家长委员会？

④您的家教方式是怎样的？

⑤您的孩子近来有什么问题，需要我单独加以关照？

⑥您希望我在下次家长会时回答什么问题？

……

几天后，将反馈表收上来，为下次家长会做准备。

（天涯社区—教师—教育教学，http://bbs.tianya.cn/post-140-591097-1.shtml，有删改）

第三节　用合适的渠道，加强家校沟通

一、工作情景

班主任是学生、学校、家长三者沟通的桥梁，是沟通的纽带。在家校沟通中，班主任起着关键性的作用。班主任最了解学生在校表现，家长最关心是学生的纪律、学习等情况，班主任要及时把学生在校的表现告诉家长，取得家长的主动配合，做到家校联合，给学生的学习生活成长创造一个健康向上的环境。

二、工作项目

【工作目标】

作为中职班主任，应该深入思考如何应对这种挑战，重新认识"家校沟通"

的意义、方式,善于利用现代化通讯、互联网技术,开拓多种与学生和家长的联系渠道,提高家校沟通的针对性和实效性。

【操作程序】

（一）建立班级通信网络

中职班主任要有全班学生及其父母或监护人的详细联系方式,包括姓名、出生年月、户口地址、联系地址、监护人关系、联系电话、工作电话、职务等,以备第一时间联系之需。当然班主任需要注意的是千万不要用这些信息资料来代替家访,更不要在学生一有风吹草动时只凭一个电话把家长叫到学校来,这样会引起学生和家长的反感。

当遇到某些突发事件需要及时通知到全体学生或家长时,班主任需要利用事先建立的应急联系网络（比如班主任—班干部—组长—组员）,保证以最快的速度向全班同学或全体家长发布信息。值得提醒的是,紧急电话联系渠道一定要强调信息的反馈。接收信息的一方必须向发布信息的人回复确认接收到了信息。当身边没有可以利用的电脑网络时,事先建立的应急电话联系网络沟通渠道是最好的联络方式。

（二）适时邀请家长面对面交流

当有些问题电话联系等方式不能进行有效沟通而又不方便家访时,可以酌情邀请家长来校面谈。一般情况下,家长如果接到校方要求来校面谈的电话,在信息不明的情况下,都会表现出紧张和不安的情绪,所以邀请家长来校的频率不可以过高,一般是在重要或紧急的情况下才进行。

在交谈的过程中,家长讲的往往只是自己知道并且愿意告诉班主任的事情。所以除了倾听,班主任还必须注意察言观色,揣摩语言之后的信息。

中职班主任要掌握和家长进行沟通的一些基本原则:

（1）态度一定要热情、真诚。对于班主任的意见,学生和家长是否能接受,取决于学生和家长对班主任的认可。班主任要保持对解决问题的热情,一定要杜绝以告状、发泄怨气、推泄责任为目的的联系。

（2）一定要充分肯定学生。要努力挖掘学生身上的优点,在鼓励和肯定的前提下进行沟通。优秀班主任懂得表扬学生的行为比直接表扬学生个人更有鼓励性,比如说"他很好",不如说"他从来不迟到早退""他热爱劳动"等。

（3）一定要向家长提供正面的修正建议。谈及学生的问题时,班主任不要讳莫如深,而要正面提出问题和改进意见,这样一来可以让班主任的意见更有说服力,二来可以让学生和家长看到努力的方向。

（4）通过家长表扬学生，比直接表扬学生本人更让被表扬者多一分成就感和惊喜感。但如果要批评学生，最好不要通过第三者告诉学生，可以以暗示的方式对家长进行引导，或委婉地告知。

（5）在向家长及学生提要求时，要注重说话的技巧，不要引起听者的情绪反应，以免激化矛盾和问题。切忌说"我是老师，听我的没错"。事实上，有些家长在某些专业领域可能比班主任更具有权威性。比较合适的说法是："这种方法有家长用过，而且很有效，你要不要试试看？"

（三）构建高效实用的信息化沟通平台

家校通网络互动平台使学校、家庭和老师之间能够快捷、实时沟通。通过家校通服务平台，家、校双方能够及时、方便地传递信息。对班主任而言，学生在校的各种表现、校园动态、教育信息等，能在第一时间群发给家长，大大减轻自己的工作负担；对家长而言，随时随地接收到班主任的短信，随时掌握学生的在校表现，并做出相应的反应，采取相应的措施。

下面介绍一些信息化沟通平台：

1. 基于数字校园网设立的家校通服务平台

现在的中职学校都有条件建立数字校园网。家校通校园网以解决学校的管理信息化为基础，使家校通成为学校日常管理的一部分，可以为班主任和家长提供一种全新的交流方式。例如学生进出校园刷卡时自动给监护人发短信通知，班主任通过学校的信息化办公平台把学生在校表现、学校通知等信息及时发送给家长等。目前有中国移动等电讯服务商提供相应的服务。

2. 基于腾讯推出的通信服务平台——微信

作为一种便捷化的通讯形式，微信融合了语音、信息、图片等多种通信方式，实现互联网和移动网间的无缝通信服务。班主任只需建立家长微信群，就可随时随地与学生及其家长保持畅快有效的沟通，工作效率高，安全、方便、费用低。

3. 创建班级博客

有的班主任愿意写博客，开设班级博客，是家校联系的一种生动活泼的、全新的交互方式。班级博客是以班级为主的网络空间，班主任可以将跟班级有关的活动照片、文字学生作品、家长育子心得、教师教育心得等各种信息上传发表。也可以选择有针对性的家庭教育理论知识，在网络上对家长进行指导，探讨教育困惑，及时为家长排忧解难。另外，也可发表自己的个人生活感悟和教育心得，让学生看到课堂以外的自己。

　　家长也可以在班级博客上发表自己的个人生活感悟、指导孩子的教育方法和一些育子经验，与其他家长进行深度交流，互相拓展思路、取长补短。

　　除此之外，还可以利用 QQ 聊天、直播等互联网技术与家长交流。

　　随着信息化时代的到来，其增值业务已给人们的生活、工作带来了新的变化。作为一名优秀的中职班主任，需要及时了解并掌握这些新的信息技术，开辟多渠道的家校通方式。

【拓展链接】

　　1. 积极配合型家长的沟通技巧

　　(1)平时注重与家长沟通，既有利于及时了解和解决孩子的情况又有利于向家长展示我们对孩子的关心；

　　(2)让家长成为副班主任，提高家长积极性。开设班级管理智囊团，让他们为班级管理建言献策；开设家长大讲坛，丰富教育资源，拉近家校关系；开设活动策划小组，家长成为活动主持人。

　　2. 冷漠不配合型家长的沟通技巧

　　(1)首先要让家长明确家校沟通的重要性，甚至可以将积极配合型家长的一些做法转发给家长；

　　(2)在言语上，尽量以平和为主；

　　(3)在行动上，采取多种方式与家长沟通，向他展示我们是如何关心、爱护和教育他孩子的，从而采用平和的心态和家长沟通，用多种方式跟家长进行沟通，让他感受到我们对孩子的关注，用孩子去融化家长这块冰；

　　(4)开展家长会时，尽量亲自打电话邀请，体现出对其的重视。

　　3. 放弃型家长的沟通技巧

　　(1)先让家长看到孩子的亮点，开始建立家长对孩子的信心；

　　(2)提供一些舞台让孩子发挥自己的特长，让家长对孩子树立希望；

　　(3)协助家长找到属于孩子的独特成长之路；

　　(4)平时与家长在沟通之中，尽量采用一些鼓励式赞赏式的语气，增强家长的信心。

　　4. 溺爱型家长的沟通技巧

　　(1)平时有意识的分享一些溺爱孩子的教训给家长，但一定要做到让他们没有感觉到是老师特意发的，让他们意识到溺爱的严重性；

　　(2)在班级开展一些抗挫折教育，邀请家长参加，让他们看到孩子就算没有他们的过度保护依然可以成长；

（3）沟通孩子违纪问题时，尽量以肯定其优点为切入口，再引导家长认识到孩子的不足；

（4）孩子违纪家长依然护短，可以适当采取严肃的语气，震慑家长，引发家长对问题的重视；

（5）沟通孩子违纪问题时，一定要注意语言运用的分寸，避免被家长抓到把柄；

（6）平时注意将这类孩子的违纪问题进行登记，在家长不配合时才能自证教师不是针对孩子。

（《家长类型及沟通技巧》，韩庆芳 hqf 的博客，http://blog.sina.com.cn/s/blog_ecd48d230102x523.html，有删改）

三、工作案例

教育，首先从沟通开始

苏霍姆林斯基说过："生活向学校提出的任务是如此的复杂，以致如果没有整个社会首先是家庭的高度的教育学素养，那么不管教师付出多大的努力，都收不到完满的效果。"学校教育要实现促进学生"和谐的全面的发展"，离不开"两个教育者"——学校和家庭的密切联系和协调一致的配合。"学校和家庭，不仅要一致行动，要向儿童提出同样的要求，而且要志同道合，抱着一致的信念。"（选自《苏霍姆林斯基教育名言》）

然而，在中职学校里，我们时常会遇到这些情况：

"孩子交给学校了，一切责任在老师，与我无关；""我根本管不了孩子，没有任何办法，老师你看着办吧；""我对孩子管教很严，可是孩子就是不争气，最后只能上职业学校，无奈。"

在这些挑战中，班主任如何有效地与家长沟通，从而形成家庭与学校的教育合力呢？我从教育工作的实际出发，谈谈我在家校沟通中的具体做法。

一、开学伊始，赢得家长的初步信任

开学伊始，家长和学生一样对学校都不熟悉，会提出很多问题，例如："我的孩子第一次在外住宿，安全吗？""我的孩子中午吃饭怎么办？"所以我的做法是：如果不能在开学前召开家长会，就给家长写一封《致新生家长信》，内容包括：

（1）祝贺孩子顺利考入学校自己理想的专业；

（2）班主任自我介绍，重点介绍班主任工作经验和教学能力上；

（3）学校作息时间安排，重点强调放学时间，并提醒家长关注孩子路上的安全；

（4）学校对学生仪表和礼仪的要求，包括穿校服、戴胸卡等。

最后郑重提示：无论在学校还是在家中，安全是第一位的！

一封《致新生家长信》，通过QQ或微信发送，让每位家长对学校的严格管理有一个初步印象。

开学第一天，从开学典礼到课堂，从课间到午饭，从教室到宿舍，我都会拍照发到群里，让每位家长了解孩子学习的环境和状态。最后，特别提到住校学生，告诉家长们学校已经安排好统一就餐，统一自习，统一休息，让家长们放心。

开学第一天和家长的沟通信息相对较多，看似琐碎的事情，让家长对学校严格细致的管理留下进一步的印象，赢得家长的初步信任。这一点，很重要！

二、用好家长会，积极正面，全面赢得家长的信任

家长会是家校沟通最重要、最关键的时机，要充分利用好这个机会，最大限度地争取家长的信任，才能在以后的教育工作中争取到家长的理解和支持。

通常的家长会，多是分析学生的成绩、对家长提出要求等。针对职业学校的具体情况，我的家长会稍有不同。

（1）让家长重拾信心。很多家庭认为孩子没有上普通高中，不得已才来到了职业学校，颜面无光。我第一次家长会，要让家长们相信：职业教育一样可以有高学历；职业教育更加注重能力培养；职业教育更加尊重学生的个性发展……职业教育是一种更好的选择。

其次，我会肯定孩子身上所有的优秀品格，都离不开家长的教育和榜样作用。学校会和每位家长同心协力，共同为孩子们提供全人的教育，孩子们不再是刷题的机器，家长们不必再为成绩焦虑。教育是生命的相互影响，师生之间，学生之间，孩子和父母之间的相互影响，所以作为家长、作为老师，要先活出生命的精彩，孩子们的生命才会更加精彩。肯定家长，肯定孩子，肯定职业教育，让家长重拾信心。

（2）让家长掌握具体的、正确的管教方式。只有信心是不够的，就好像一碗心灵鸡汤，得有勺子才能品尝到汤的鲜美。因此，每次家长会，我都会设计几个正面管教的话题，让家长通过模拟情景表演，感受到孩子的真正需要，对孩子采取有效的、积极的管教。

通过正面管教的家长活动，家长会的气氛非常活跃，当爸爸妈妈扮演孩子的角色，换位倾听来自父母的批评和鼓励时，才深刻地体会到孩子的感受。一位男孩的母亲在家长会后和我单独在QQ中说，她之前只会在孩子犯错时，一味地批评、吼叫、甚至谩骂，虽然初衷都是为了孩子好，但是并没有考虑孩子的

感受；家长会上的情景剧让她突然意识到，其实，这种管教只是家长情绪的宣泄，所以孩子的性格才会冷淡内向，把自己封闭起来，不愿与人沟通。这次家长会后，她会努力改变教育方式，希望还来得及。我说，来得及，任何时候都不晚。因为孩子的心永远是柔软的、包容的，只要父母放下焦虑，敞开怀抱，孩子的生命就是积极的、健康的。

用好家长会，积极正面地肯定父母的努力和付出，给家长们具体的方法和支持，全面赢得家长的信任，是我做好家校沟通的第二法宝。

三、遇到问题，及时沟通，得到助力

学生犯错误是难免的，我跟家长说过："学习的事情由老师负责，小问题由我来教育。"但是遇到学生犯了大的错误时，要及时地和家长沟通，目的是得到来自家长的助力。

例如校内吸烟问题。不得不承认，学生校内吸烟的事情是时有发生的，有的学生烟龄还得从初中算起，真是可怜。但即使如此，当我发现学生在校内吸烟时，我还是会第一时间找学生谈话，了解情况，并在学生知道和允许的前提下，和家长沟通。请注意，我说的是沟通，不是告状。

既然是沟通，首先让家长感觉到老师是关心他的孩子，爱他的孩子，只是对孩子的错误行为感到失望、伤心；我从不避讳我的震惊、失望和伤心等负面的感受，因为我是真心地爱他的孩子。然后，我会通过理性的分析，和家长交流孩子在青春期的一些变化，包括困惑、好奇、叛逆等；当有看似失控的行为发生，比如校内吸烟，家长和老师不必过分紧张，依然要信任孩子能够掌控自己的行为，依然要帮助孩子保持在家庭和学校中的归属感，依然要引导孩子自我约束。老师千万不可以发完火，就把所有责任和教育的挑战留给家长自己处理。在问题发生时，教师在与家长的沟通中仍然以孩子的成长为出发点，和家长共同探讨如何协助孩子改正不当行为，让家长依然能够感受到学校的包容和接纳，这样的沟通才是有效的，这样的沟通会增加家长对学校和老师的信任，甚至是感激。

关于家校沟通，我们还可以更深挖掘；关于中职班主任更加有效的家校沟通，我们还可以做得更多。只有教师和家长通过沟通，互相理解、互相信任、互相支持，才能形成教育合力，获得最佳的教育效果，促进学生健康积极地成长。

（青岛外事服务职业学校　徐妍）

第四节　借合适的平台，打造教育合力

一、工作情景

学校是实施教育的专门机构，教师是教育专业的从业者。在学生教育中，学校教育理所当然起主导作用。家庭是未成年人生活的依托和成长的摇篮，父母是孩子的启蒙老师，家庭教育是未成年人教育的基础。社区是学生活动的天地，是学生认识社会的窗口，社区教育是学校教育的拓展和必要补充。

有些家长往往认为把学生送到学校，也就把学生的一切交给了老师，自己只要给学生吃好、穿好、住好就行，对学生的教育处于依赖甚至无奈的心理状态。指导和推进家庭教育是班主任工作的内容之一。通过家长学校、社区教育等形式，中职班主任对家长进行分层分类的教育指导，帮助家长提高家庭教育的意识和能力，树立正确的教育观念，掌握科学的教育方法，发挥家长参与学校教育管理的积极性，最终形成社会、家庭、学校的教育合力。

二、工作项目

【工作目标】

中职班主任要协助学校办好家长学校，积极参与家长学校培训，指导和推进家庭教育，形成家校教育合力；班主任要注意加强与社区、司法部门、公益组织的联系，打造生态化的教育环境，提升教育品质。

【操作程序】

（一）建立家长学校，科学指导家庭教育

1. 家长学校主要功能——家长培训

加强学校德育体系建设，不能不重视学校之外的家庭和社会，不得不正视社会和家庭对学生的多方面影响，特别是消极影响。构建社会—家庭—学校高效德育场，形成全方位、全天候的德育合力，这是学校德育体系建设的第三种含义。加强家长队伍建设，采用"3B1K 模式"（3B：指以班级为主要组织单位，以班主任为主讲教师，以班级学生家长为基本学员的家长学校授课模式；1K：指实行以"教学为主，活动为辅，满足家长不同层次需求"为特点的菜单式课程设置，对家长进行系统的家庭教育知识的培训）运行家长学校，每学期组织家长学校父母学堂讲座和家长讲坛,定期邀请心理、教育专家为家长学员开设主题讲座;学校可开发家长学校校本教材,不断提升家长教育水平。

成立家长学校是学校主动与家长取得联系的重要途径。通过家长学校定期聘请家庭教育、心理学和青少年保护专家,也可以聘请学生家长作不同题材不同类型的辅导报告,如以先进人物为代表的榜样示范型,以政法干警为代表的教育管理型,以部队官兵为代表的习惯训练型,以专家为代表的心理健康辅导型,以家长为代表的生活指导型……普及家庭教育科学知识,促使家长树立正确的教育思想,提高家庭教育水平,增强家长科学教育的理智感、素质发展观和学校的凝聚力,使其协助学校各项教育工作,为学生认识社会、走向社会、了解社会做准备。

家长学校一般每学期可以举办一到两次。考虑到绝大多数家长平常工作原因,时间最好安排在周末或晚上。内容上要具有实效性,让家长感到受益匪浅。班主任要动员家长尽可能地参加家长学校。

2. 家长学校核心力量——家长委员会

家长委员会由每个专业或每个班级各选举或选派一定名额的家长组成,是学校与家长之间相互联系和协调的自发组织,是沟通学生家长与学校关系的桥梁和纽带。家长委员会成员除了由全体家长选举产生外,班主任也可直接指派。家长委员会的成员要有一定的协调和沟通能力,要热心教育。家委会的主要职责包括:参与协助学校的教育工作,参与协助学校的专业教学;通过各种渠道了解家长对学校的教育教学要求,反映广大家长对学校工作的意见和要求;宣传学校教育教学工作成果,传递学校和家长间的信息;努力办好家长学校,带头学习家教知识,组织家长开展家庭教育活动等。

家长委员会与学校的联系方式主要有:建立例会制度,参加学校相关的教育教学活动,不定期的校访等。

3. 优秀家长经验分享——家庭教育论坛

我们的家长都来自各行各业,让各行业的家长代表结合自身经历和学识专长,开设家庭教育论坛,使我们的学生能接触到社会生活的方方面面,增强他们的社会责任感。还可以聘请部分家庭教育比较成功的学生家长,或者是个案比较特殊但家庭教育取得成效的家长担任客座讲师,现身说法,介绍育人的经验,对其他家长会产生极好的感染力。

（二）争取社会教育资源,拓宽家庭教育指导途径

对家庭教育的指导,还需要积极争取社区的支持。社区教育是学校教育的

有益补充,比如社区举办诸如"怎样做受孩子欢迎的家长"等专题的家教讲座,针对性地解决家长的教育困惑,延伸了家校教育指导的内容。社区教育的社会适应性、教育手段的多样性,以及社会各部门的合作性等方面,往往是学校教育所无法比拟的。比如社区定期为居民请来教育专家,帮助家长解决孩子教育过程中遇到的矛盾和问题,面对面进行沟通指导,现场进行解疑释惑、宣讲家教知识等;或通过搜集、制作展板,分类介绍家庭教育的经验与方法。

班主任要关心社区教育,要有意识地参与到社区教育中去,利用社区教育走出去,伸出手,根据所接收到的周边社区的信息反馈,及时规范学生的行为;根据学生家庭教育中存在的问题,指导社区教育;及时反馈社区教育中的利弊,和社区联合起来,加强对学生家庭教育的指导,使学校、家庭、社会三方形成教育合力,最大限度发挥教育的整体效应。

新时代的经济社会发展对教育行为方式和家校互动提出了新的要求。让我们合理地开发、利用教育资源,真正体现以人为本、一切以学生的发展为本的教育新理念。

案例:小李同学是青岛某职业学校学生,是家中唯一的男孩,父母经商,平时与其沟通较少,双方联系的媒介不是票子就是棍子,家长说这是赏罚分明,结果该同学从初中开始便孤僻厌学。进入中专后,也是经常逃课。班主任李老师找他谈心,小李居然说:"老师,你开除我吧,我不想上学。"李老师大为惊诧,表示要与其家长联络,小李仍然无所谓:"你不要通知他们,对我没用。"学校针对小李父母类似的家长进行了专门的家长学校教育,给他们安排了一系列关于如何提高与子女沟通能力的讲座,还特别邀请少年法庭法官分析"徐力杀母"案,使这些家长感触颇深,改变了家教方法。如今小李再也不逃课了,性格开朗了,学习也进步了。

独生子女的家庭模式中,家长大多都是第一次为人父母,如果不坚持学习,很容易产生错误的家教观念。而家庭教育出现偏差的学生,其心理和性格往往容易产生缺陷。班主任在分析学生家庭及家教状况的基础上,有责任利用多种形式的家教专题辅导,引导家长针对子女的各种问题行为特征去剖析、调整自己对孩子的不正确想法和做法。中职阶段正是学生价值观、世界观养成的重要阶段,这个时期的学生心理上渴望民主、平等的家庭氛围。作为家长,只有了解、理解学生,才能用正确的方法与之沟通,学生也才可能心悦诚服地接受教育。

【拓展链接】

1.《中共中央国务院关于进一步加强和改进未成年人思想道德建设的若干

意见》(中发〔2004〕8号)

2.习近平总书记在全国教育大会上的重要讲话

习近平指出,办好教育事业,家庭、学校、政府、社会都有责任。家庭是人生的第一所学校,家长是孩子的第一任老师,要给孩子讲好"人生第一课",帮助扣好人生第一粒扣子。教育、妇联等部门要统筹协调社会资源支持服务家庭教育。全社会要担负起青少年成长成才的责任。各级党委和政府要为学校办学安全托底,解决学校后顾之忧,维护老师和学校应有的尊严,保护学生生命安全。

3.全国网上家长学校(http://www.haomahaoba.com)

三、工作案例

建设校外基地　搭建德育平台

德育是教育的灵魂,对学生的人生观、道德观和价值观具有决定性的影响。我校一直高度重视德育工作,从学生的身心发展特点出发,不断探索学校的德育工作途径,改变德育工作中重教育轻实践的不足之处。

我们的德育工作采用"内""外"一体化策略:所谓"内",即把握校内阵地,优化校内资源,强化校内教育,内强学生基本素质。学校坚持不懈地把升国旗仪式、广播站、宣传橱窗、黑板报及文明岗哨作为学校进行学生德育教育的重要阵地。"外",即努力发掘校外资源,整合校外力量,加强校外教育,通过建设校外德育基地为德育工作提供依托平台,推动德育工作迈向新台阶。

一、工作目标与思路

校外德育基地的设立,建立学校"三自管理"(学生自我认识、自我体验、自我教育)体系,通过决策、计划、组织、指导、协调、控制等,有效地利用社会德育资源的各种要素,以实现培育人的管理活动。

通过校外德育基地建设和实践的探索,打破我校旧的德育框架,将课堂德育、生活德育与实践德育纳入一个体系当中,构建立体德育、全员德育的氛围,消除说教式德育模式对学生思想品德塑造产生的消极影响。

二、实施过程与方法

(一)重点课题支持,调研和理论支撑实践

我校关工委组织设立关于"全覆盖"工作模式的研究课题,通过调查问卷、走访、座谈、讲座、个别谈心、网络查询、电话、组织调查等多种形式,开展为期6个月的调研分析,得到如下结论:从问卷调研内容反映出学生的业余喜好、心理向往、自控能力、人际交往能力、自主发展能力和道德、文明、孝道素养"六大板块"的状况,并发现部分学生思想行为亟须关注和矫正的问题主要有以下几方面:

（1）有感恩、尊师、孝道之心，但没有行动，也不知道怎么做；

（2）同学之间发生矛盾后，都不愿意向教师和家长诉说，一般会选择争吵、打架、报复的方式；

（3）对世界观、人生观、价值观认识模糊，甚至不知何谓世界观、人生观、价值观；社会责任缺乏，国家意识淡漠；

（4）不清楚在校期间的主要任务，学习、兼职、打工之间的关系处理不当；

（5）学习动力不足，不勤奋、对集体活动不感兴趣现象普遍；崇拜"明星""金钱"，追求享乐，幻想巧取、一夜成名致富、享乐一世的秘籍；

（6）对异性学生在校园里过于亲密的行为都不以为然。

针对学生的心理行为特点和存在的问题，我校德育工作尽力进一步迎合学生需求，认为亟须建设和维护校外德育基地。

（二）开辟校外德育基地，提供德育依托平台

（1）爱国主义及党史教育基地。2012年底，我校与中共四大纪念馆签订志愿服务共建协议，拉开了与中共四大纪念馆的合作序幕。2013年4月，学校与中共四大纪念馆签订了党性教育共建协议，为学生校外开展爱国主义教育和革命教育奠定了制度基础。

我校学生经纪念馆工作人员培训后，担任志愿者讲解员工作。这改变了学生以往单纯通过课本和课堂了解我国历史、了解党的发展，现在他们可以通过中共四大纪念馆形象化回顾历史，感受今天的和平幸福生活来之不易，激发学生爱国情怀和学习珍惜生活。

同时，学生通过在纪念馆担任志愿者工作，切实感受无私奉献的快乐，培养乐于助人和不求回报的高尚情怀。此外，我校每年在清明节前组织学生去烈士陵园扫墓，缅怀革命先烈。关工委的老同志现场讲述革命烈士的英勇事迹，先辈们不惜生命，抛头颅、洒热血的英雄事迹使学生深受感动。

（2）国防和法制教育基地。我校与江湾警署和上海武警二支队合作，通过定期举办相关宣传活动和讲座，来强化学生的国防安全意识、提高其法制观念。

组织学生观看武警练兵，倾听武警讲述反恐反暴事迹；邀请老战士介绍抗美援朝、反击自卫战等历史事件，使学生认识到钓鱼岛是中国固有领土，国家每一寸土地都不容侵犯，保卫祖国利益和安全是每个中国公民义不容辞的责任。此外，每年九月最后一周作为"爱我中华周"，开展爱国主义教育和国防教育，将爱国教育、法制教育和国防教育制度化，在长期熏陶中使学生深刻领会"国家兴亡，匹夫有责"精神的内涵。

（3）慈善公益教育。随着社会公益组织在社会上影响力不断深化，我校将

社会慈善公益活动和基地建设纳入德育校外基地建设版图。

我校与工程大高职学院合作共同成为飞扬华夏青年公益事业发展中心的重要成员。飞扬华夏作为我们上海市的慈善公益事业之一，曾组织过许多大型公益活动，例如：淮海公园环保宣传活动、南京路步行街学雷锋活动、徐家汇公园"六一"义卖义诊活动、凌云街道为老人服务等。

（4）敬老助残活动基地。为秉承敬老爱老光荣传统、发扬关爱残疾儿童的良好品质，号召学生们积极投身社会服务，我校承接了爱峰敬老院总院及下属3个敬老院的服务任务，作为每月的常规活动，宣扬"关爱老人，和谐社会"。

本着关爱老人，和谐社会的宗旨，组织学生慰问孤寡老人，给他们带去一份关爱和温暖。每月，我们都会组织班级去敬老院开展2次活动，同学们用实际行动传递浓浓关爱之情：有的帮老人整理衣物，有的帮助打扫卫生，有的为老人梳洗，有的陪老人聊天、下棋，有的为老人修剪指甲、捶背……同学们还精心准备了文艺节目，精彩的表演给老人们带去了欢乐，活动现场充满温情，令人感动。通过这些活动，既让老人们感受到浓浓的情谊，又让学生们体会到敬老爱老文化精神。

（5）生命科普教育基地。我校与上海市禁毒馆合作，将此地作为我校的生命科普教育基地。

每年在新生入学时组织学生赴此地参观，聆听讲座，学习相关科普知识。通过上海市禁毒馆基地教育，提高学生对毒品及其严重危害的认识、增强防范毒品的意识和能力，使学生认识到毒品近在你我身边、毒品是罪恶之源、禁毒关乎民族存亡、戒毒是唯一出路、千万不要吸第一口。使青少年充分认识毒品对个人、家庭、社会乃至民族国家的危害，了解毒品使人成瘾的原理。珍爱生命，拒绝毒品。

三、工作成效与经验

校外德育基地开辟和维护是一个长期而复杂的过程，需要学校、家庭和社会相关部门团体的配合。我校经过长期探索，建设多个校外德育基地，并定期开展丰富的德育活动，将育人形象化、趣味化。同时，校外德育基地建设与校内德育相辅相成，从尊重受教育者的主体地位出发，结合课堂德育、学科德育、生活德育、实践德育等手段，通过德育教师、学科教师、家庭、社会等群体的团队协作，推动学生在德育实践中自我认识、自我体验、自我感悟、自我教育，充分发挥学生的主动性，实现了德育内化。

2013年11月，我校志愿服务队荣获中共四大纪念馆志愿者工作先进集体，优秀带队人1名，优秀志愿者4名（共6名）。此外，2013年已借助中共四大纪念馆的资源举办了 4 次图片展,分别是郭沫若、田汉、顾正红历史人物图片展以及共青团历届代表大会图片展,据统计,4 次巡展参观人数近 8000 人次。

我校 2012 年共有固定的校外德育服务基地 8 个,2013 年新增 4 个,全年参加各类校外活动学生 2475 人次,14089 小时,使学校校外德育实践基地逐步走上良性发展轨道。

（徐伟文,《学生导报·中职周刊》2014 年 12 月 8 日）

第六章　做学生心灵的呵护者

　　班主任在学校教育中与学生接触最频繁,是对学生管理、教育、指导、爱护的主力军,因此班主任在学校心理健康教育中有不可替代的重要作用。心理学是德育工作的重要辅助,帮助教师判断和分析学生问题,指导教师用更科学的方法去解决学生学业和生活的各种难题。让我们积极掌握心理健康相关知识,做学生心灵的呵护者。

第一节　健康,从心灵开始

一、工作情景

　　关于心理健康的标准不同时期不同人群的定义略有差异。一般认为,心理健康是人在成长和发展过程中,智力正常、认知合理、情绪稳定、行为适当、人际和谐、适应变化、基本心理特点符合年龄特征的一种完好状态。对于中职生来说,首先要符合青少年时期的心理发展特点,《中等职业学校德育大纲》中对于学生心理健康方面的目标要求为"养成自尊、自信、自强、乐群的心理品质,提高心理健康水平和职业心理素质,人格健全,乐观向上。"

　　中职生中的很多人来自相对较为弱势的家庭,经历了中考的失败,在青春期面临职业选择和规划,他们中的很多人心理问题内容复杂,程度较为严重,因而很多专家学者和学校教育管理人员开始重视中职生的心理健康状况,通过测评与问卷调查对中职生存在的心理困惑进行梳理,我们能看到大量普遍存在又让人堪忧的数据。

　　（一）当前中职生心理健康现状

　　我国学校心理健康教育兴起于 20 世纪 80 年代中期,2001 年国务院颁发的《关于基础教育改革和发展的决定》十分明确地指出要加强中小学生的心理健康教育。不过,与大学、普通中小学相比,中职生的心理健康问题更为突出,据北京师范大学发展心理研究所《中小学生心理素质建构与培养研究》课题组的问卷调查表明,我国初中生中有异常心理问题倾向的比例是 14.8%,有严重心理行为问题的比例是 2.5%。

2016 年 11 月广州市财经职业学校对 2016 级新生进行了心理健康问卷调查,调查结果简要如下表

发放总数	560 份	有效问卷 461 份
性别	男(共 131 人)	女(共 330 人)
	会计占 157 人	商英占 50 人
	金融占 200 人	电商占 54 人
目前最大苦恼	1. 学习压力大占 51.0%; 2. 就业压力大占 46.9%; 3. 家庭经济压力大占 29.5%; 4. 不喜欢所学专业 16.5%; 5. 人际关系紧张占 45.8%; 6. 个人感情问题占 29.5%; 7. 身体状况欠佳占 16.0%; 8. 对未来感到迷茫占 55.5%	

以上多种数据表明,中职正是人生中的过渡期,这个时期的孩子会出现许多适应性障碍,要经受许多心理震荡,内心既有学习压力,也有交往困难和就业迷惘,严重者还会有羞愧、紧张、社交恐惧、焦虑、负罪感和攻击倾向等。这是个从孩子心态慢慢转变为成人心态的时段,在行为上常常同时存在两个极端:自卑与自尊、痴迷崇拜与藐视权威、道德感锋利、懒惰依赖与独立上进,它们夹杂在一起,形成更多心理矛盾。

(二)中职生心理健康教育迫在眉睫,是学生健康全面发展的需要,应引起高度重视

我们应该清醒地认识到,心理健康教育是发展性的教育,是培养学生追求上进心态、自主意识、健全人格的教育,同时也是幸福的教育,它要带领学生去感知幸福、体验幸福、追求幸福。因此,应该高度重视中职学校的心理健康教育,以科学的方法常抓不懈。中等职业学校学生经历了太多的失败,他们中的很多人因为文化课学习不够优秀,从小学到初中都是受着批评长大的;他们的父母多数都不是有权有势的人,文化水平普遍不高,甚至是社会上的弱势群体;

中职生也对就业或升学有渴望,但懵懂中迈入职校大门似乎更加找不到方向,更难树立信心;有的中职生还经历了人生强烈的心理震撼,身边同学中有来自特殊环境下长大的特殊学生,对中职生群体的影响也会很大。

中职生常见心理问题有:厌学、逆反、易怒、社交恐惧、嫉妒、不良嗜好、焦虑、抑郁等。学生中有的经常会对老师和学习感到厌烦,冲撞长辈等;有的学生莫名其妙的恐惧、紧张和心烦,无法调整情绪,内心紧张程度还会加重;有的甚至做出自我伤害或伤害他人等重大恶劣影响的事件。这不仅对学习产生不良影响,还会直接影响中职生的健康成长。可见,大力开展心理健康教育是帮助中职生养成良好行为习惯的必要措施,能有效减少青少年违法犯罪行为,对于帮助他们快速建立正确的人生观、世界观意义重大。

（三）班主任是学生心理健康教育的主力军

教育部人力资源社会保障部《关于加强中等职业学校班主任工作的意见》中指出,"中等职业学校班主任是中职学生管理工作的主要实施者,是中职学生思想道德教育的骨干力量,是中职学生健康成长的引领者。"目前中职学校一般都有开设心理健康课、道德与法治、职业生涯规划课等课程,课堂教学中会涉及心理健康的知识。学校还会开设心理咨询室,定期组织心理拓展培训活动等,但班主任作为德育工作的直接践行者,有着最贴近学生的天然优势,班主任和家长沟通频繁,更容易形成家校教育的合力,班主任进行心理辅导工作更会有的放矢、行之有效。因此班主任应当保持高度的敏感性和责任感,不断提高自己做学生心理健康工作的能力和水平,做好学生心理健康教育的导师。

二、工作项目

【工作目标】

学校不但是文化教育的场所,还应重视学生身心的健康发展。心理健康教育的主要内容是普及心理健康基本知识,培养心理健康意识,了解和掌握简单的心理调节方法,辨识心理异常现象,以及初步掌握心理保健常识,其重点是学会学习、人际交往、升学择业以及生活和社会适应等方面的常识。班主任可以根据学校规划、结合专业特色,充分深入班级实际开展工作。

【操作程序】

（一）厘清心理健康定义,明确育人成长目标

如同衡量人的生理健康状况有一套指标一样,衡量人的心理健康状况也有

一套指标,称之为心理健康标准。心理健康既有一般标准,又有不同年龄、不同层次、不同职业的特殊标准。由于不同的心理学家有不同的观点和理解,因而提出的标准也不尽相同。《心理咨询大百科全书》将心理健康定义为:个体在内外环境允许的条件下保持最佳的心理状态。就个体的心理状态而言,心理健康指个体在一般适应能力,自我满足能力,人际间各种角色的扮演,智慧能力,对他人的积极态度,创造性,自主性,成熟性,对自己有利的态度、情绪与动机的自我控制等方面达到正常或良好水平。

心理学家马斯洛和米特尔曼在合著的《变态心理学》中提出的心理健康的十条标准,被认为是"最经典的标准":

(1)充分的安全感;

(2)充分了解自己,并对自己的能力做适当的评估;

(3)生活的目标切合实际;

(4)与现实的环境保持接触;

(5)能保持人格的完整与和谐;

(6)具有从经验中学习的能力;

(7)能保持良好的人际关系;

(8)适度的情绪表达与控制;

(9)在不违背社会规范的条件下,对个人的基本需要做恰当的满足;

(10)在不违背社会规范的条件下,能恰当满足个人的基本要求。

我国著名心理学家林崇德在其《关于心理健康的标准》一文中指出:"凡对一切有益于心理健康的事件或活动做出积极反应的人,其心理便是健康的。"他将中小学生心理健康从三个方面加以概括:一是敬业,二是乐群,三是自我修养。

心理健康的标准是一种理想尺度,它一方面是人们衡量心理是否健康的标准,同时也是人们提高心理健康水平的努力方向。如果每个人在自己现有基础上能够积极努力,就都能追求自身心理健康发展的更高层次,从而不断发挥自身的潜能。

【小测试】你的心理健康吗?

下列问题中,请根据你的实际情况选择一个最适合你的答案:A 表示最近一周内出现这种情况的日子不超过一天;B 表示最近一周内曾有 1～2 天出现这种情况;C 表示最近一周内曾有 3～4 天出现这种情况;D 表示最近一周内曾有 5～7 天出现过这种情况。

1. 我因一些事而烦恼。

2. 胃口不好,不大想吃东西。

3. 心里觉得苦闷,难以消除。

4. 总觉得自己不如别人。

5. 做事时无法集中精力。

6. 自觉情绪低沉。

7. 做任何事情都觉得费力。

8. 觉得前途没有希望。

9. 觉得自己的生活是失败的。

10. 经常感到害怕。

11. 睡眠不好。

12. 高兴不起来。

13. 说话比往常少了。

14. 感到孤单。

15. 人们对我不太友好。

16. 觉得生活没有意思。

17. 曾哭泣过。

18. 感到忧愁。

19. 觉得人们不喜欢我。

20. 无法继续日常学习。

评价方法:

每题答 A 记 0 分,答 B 记 1 分,答 C 记 2 分,答 D 记 3 分。各题得分相加。

10 分以下,说明你的心理很健康。

10～30 分,说明你可能有轻度的心理问题,可尝试着进行自我心理咨询;

30 分以上,说明你有较严重的心理问题,这时应考虑到医院进行心理咨询。

敏锐辨识心理问题,科学预防心理疾病。

在班主任工作中,我们会遇到各种各样的"问题学生",切勿仅凭经验简单处理,一定要敏锐辨识学生不合理行为背后的心理因素,及时发现潜在的心理问题。"在班集体的建设中,学生出现问题,往往是因为学生的心理暂时不平衡所致,并不一定是思想品德问题。如果我们都以思想品德有问题来评定学生,教育工作不仅没有实效,还会引起学生的心理反抗,有时会造成学生终生的心理创伤。在学生出现问题时,班主任不要急于给问题定性质,要细心了解情况,站在学生的角度看问题,透过表面现象分析其心理动机,然后施以心理疏导和教育。"例如,一个学生趁放学教室无人时,弄乱班里的桌椅,把同学的书扔了一地,还把垃圾丢满教室。班主任老师并没有简单地指责他"破坏班集体",而是在与之交谈中发现,他是因为没有朋友,内心感到孤独而引起了心理失衡,企图通过这次"破坏"行动,引起同学们对他的注意。如果班主任简单地认为是这个学生没有公德意识,粗暴批评,那这个学生被集体疏远的感觉将会更加加重,长此以往,引起心理问题。

(二)营造健康班级氛围,寓心理健康教育于丰富多彩的活动中,润物无声优化学生心理品质

班主任在班级中创设民主、健康、和谐的心理氛围,有利于学生心理的健康成长。一是用良好的环境熏陶人,如前面班级文化建设章节中提到的:在教室内的墙壁悬挂自信阳光的名人名言条幅、在班级的黑板报上开辟"教育园地""心语园地",来展览学生的作品,在班级里种植花木,这一切无时无刻不净化着学生的心灵。二是要培养学生健康的心理,还要求班主任自身心理必须健康。班主任应该不断完善自身人格,树立平和、善良、正直、民主、敬业、爱生的形象,发挥班主任的人格魅力。要求班主任热爱学生,对所有学生一视同仁,不摆架子,主动与学生交朋友,师生关系民主、和谐、融洽,带动和引导学生之间友好相处。三是营造有利于学生心理健康的舆论氛围。知心姐姐卢勤曾说:"给孩子一个和谐的世界,和谐的环境能塑造出孩子美好的心灵,充分挖掘孩子的潜力。给孩子一个自信的世界,自信的人能走遍天涯海角,自信的根基就是他能够扬起理想的风帆,人生是大树,自信是根。"

班主任要充分利用班会、晨会、科技文体活动和社会实践活动等学生喜闻乐见的形式,开展各种文化、艺术、体育、科技和学习名人的活动。在班会上进行案例分析、心理测验、角色扮演、小组讨论、团体活动、心理分析等,使学生能够充分参与和体验,不仅可以提高对心理健康知识的学习,而且能够加深对内容的理解和应用。创设各种情境,让学生模拟生活中遇到的各种问题,在行动中促使学生自我体验、自我认识、自我教育、自我控制,形成良好的行为习惯,形成一定的心理素质。如现在一些学生自制力差,性情暴躁,逆反心理强。教室里有垃圾箱,他偏把纸屑往窗外丢,看见瓶罐偏要用脚去踩和踢,出入教室不知道随手关门等,我们都可以把这些小事编成小品,拍成微视频作为班会的素材,通过学生讨论、辩论、集思广益,寻找解决办法。

良好的行为习惯受良好心理素质的支配,同时,良好行为习惯又可内化、积淀为健康的心理素质。因此,有了健康良好的心理素质就能表现出最佳的行为

效果。而创设各种情境,通过心理认知暗示,能培养学生健康心理素质,促进学生良好行为习惯的养成。

(三)积极关注个别学生,有针对性地开展心理健康教育

青春期学生碍于情面,往往会掩饰或伪装自己的真实想法,学生具有的烦恼、焦虑、紧张,也因人而异,面对集体时的指导有时难以收到最佳效果,应对个别存在心理问题或出现心理障碍的学生及时地进行认真、耐心的交流和辅导,对症下药。班主任可以通过以朋友式的谈心,有针对性地梳理、引导,帮助分析利害关系,减轻学生的心理压力和负担,达到解除或减轻他们心理障碍的目的。对有的学生,其心理问题的解决要有一个过程,甚至是比较缓慢的过程,这时需要班主任要善于等待,通过潜移默化的方式、坚持不懈的努力去协调,有的心理问题超出了班主任能够解决的范围,要及时进行就医提醒,建议学生和家长去找专业的心理咨询师帮助。

【拓展链接】

1. 全国教育科学"九五"规划重点课题"中小学生心理素质建构与培养研究"(北京师范大学发展心理研究所)

2. 《班主任如何加强学生心理健康教育》(封德芳,《魅力中国》2011 年第 18 期)

3. 用知觉双关图(又叫双歧图或画中画)引导学生学会换位思考,换个角度看问题,可能会找到意想不到的解决办法

你在第一幅图中看到了些什么? 这是一位少女,还是一位老太太? 你在第二幅图中看到了些什么? 一对年老的夫妇? 一个花瓶? 上面这些图称为是"双关图",就是既可以看成是这样,也可以看成是那样的。之所以会出现这样的情况和人的知觉选择性有关。知觉选择性是指人根据当前的需要,对外来刺激有选择地作为知觉对象进行组织加工的过程。这就是说,我们并不是对同时作用

于感觉器官的所有刺激都进行反映,而是选择一个或几个刺激。这些被选择的刺激就是知觉对象,其他没有被选择的就成了知觉背景。知觉对象和知觉背景之间的关系是相对的。此时的知觉对象可以成为彼时的知觉背景,而此时的知觉背景也可以成为彼时的知觉对象,它们之间是可以不断发生对换的。当然,这种选择性会受到我们已有的知识经验、生活经历以及兴趣爱好等的影响。

看图是如此,人生亦是如此。每天我们都会碰到各种各样的事情,我们也会有各种各样的经历:兴奋的,自豪的,平凡的,受挫的,悲伤的,不堪回首的,等等。面对这些刺激,我们究竟是选择哪些作为我们进行加工处理的对象呢?我们是用何种眼光去看待它们呢?同样的生活,同样的经历,在有的人眼里,它是积极的、光明的、充满灿烂前景的;而在另一些人眼里,它却是消极的、暗淡的、看不到希望所在。同样是夕阳,李商隐叹"夕阳无限好,只是近黄昏";朱自清言"但得夕阳无限好,何须惆怅近黄昏"。不同的感叹,不同的感受,而这一切的关键,只在于我们究竟是选择积极还是消极的眼光去看待。自信乐观的人,享受人生道路上的每一刻时光,他不仅能感受到万物的生长,更能看到自己生命的丰茂。他用成功给自己喝彩,他在挫折中寻求资源,幸福是自信的砝码,而磨难是不可多得的财富。消极自卑的人,他们的眼光总是一成不变地盯在别人的成功、自己的失败上,总是看到事情消极不利、困难重重的一面。成功对他们而言,要么遥不可及,要么纯属巧合;失败与挫折则是命中注定。他们在成功中看不到喜悦,却容易在苦难中掉进深渊。其实我们每个人都可以拥有多彩的人生,只要我们愿意转换我们的视角。

4. 心理健康测试 20 题及参考答案(http://www.gaosan.com/gaokao/220333.html)

三、工作案例

原生家庭困住的玻璃心

小霞是某职高商务班学生,入学成绩第一名,平时经常帮助班主任处理班级学籍录入、收费等工作,没有丝毫差错。按理说这样一个成绩好能力强的女孩,应该时刻洋溢着自信,而她却并非如此。妈妈几次打电话求助说她在家要脾气,在班里同学们也说她很难相处。

寒冬的一天早上,小霞又没来上课,班主任打电话给她妈妈,妈妈说"正把一个人锁在屋里生闷气呢。"班主任又打电话给小霞,她说"老师,我昨晚喝了啤酒,吃了头孢,百度上说这样可以死去,怎么今天还没死呢?"经过之前的多次了解,班主任知道小霞和母亲相依为命,父亲在她小学时就去世了,据小霞和她母亲描述,小霞小时候妈妈工作忙,小霞和无业的爸爸相处较多,而爸爸因为不喜欢女孩,对她百般挑剔,甚至动辄责骂。这让班主任想起了依恋关系理论,小霞在孩童时期反复渴求却得不到需要的爱,因而形成了回避型依恋,表面上她已经放弃和人建立亲密关系,这也是为什么她很容易和人动怒的原因。进入青春期,自我意识增强,她那压抑在心底被认可、被关注的渴求越发强烈了,口头上说不需要朋友,其实内心也在期待有人能懂自己;表面上说希望妈妈再嫁,其实很怕自己不再是妈妈的唯一。这不,就因为妈妈带着正在恋爱的叔叔一起请她吃了顿饭,她就做了傻事,喝啤酒吃头孢,不过是为了验证妈妈是不是还在乎自己。

　　按照班主任对小霞的了解,她为求关注而进行的自杀,啤酒和头孢的剂量一定都不大,班主任安抚了她几句之后,故意找了个理由,把母女俩约到了学校。因为班主任不能任由这种试探继续下去,下午见到小霞和她的母亲,班主任向她们郑重提出了小霞现在的心理问题,建议她们找心理咨询师,母女俩表示认同。专业的事还是应该交给专业的人去做,作为班主任只能积极的配合。

　　之后,班主任又和她的心理咨询师多次交流,才明白幼年的经历让小霞觉得,父亲酗酒、父母感情不好都是因为自己不好。那班主任就在学校创造各种机会让她证明自己很好,广播社投稿、辅导同学数学、创造机会让性格活泼真诚的学生与她合作班级活动。改变她对自己的看法,有助于改变她对过往经历的认识,而改变她对过往的认识将有助于她过好今后的生活。

　　心理学知识帮助发现学生问题的成因,也让班主任找到处理问题的方向。习总书记提出的新时代四有好教师的标准启发我们,面对当代中职生复杂的成长环境和心理问题,我们作为班主任有仁爱之心,更要通过扎实的学识去科学判断、让仁爱有方向,有方法。

(青岛外事服务学校　李梅)

第二节　理解,从共情开始

一、工作情景

　　教师对学生的理解是打开学生心灵窗户的钥匙;学生对教师的理解是使教育教学事半功倍的加速剂;学生之间的相互理解是浇灌友谊之花的清泉;对自我的理解是健康成长的基石。让我们回到理解的起点——"共情",增进理解,维护和发展心理健康。

共情也被称为同理心，指的是设身处地体验他人，从而达到感受和理解他人情感，即超越自身的角度和局限，去理解对方。在师生相处中，共情非常重要。人本主义心理学派的代表人物罗杰斯，也即共情这个概念的提出者指出，共情是一种体验别人内心世界的能力。有共情能力的人，往往能够最大限度地理解别人并赢得别人的理解，因此更能和自己、和别人愉快地相处。在师生关系中，共情是教师与孩子情感连接的桥梁，其重要性不言而喻。

二、工作项目

【工作目标】

教师既要感同身受地站在学生的角度考虑学生的问题，又不要忘记自己作为教师的身份，使学生体会到一种尊重、体贴和善解人意的关注，同时又感受到师长积极督促的引领。提高教师共情力，培养和发展学生的共情力，增进师生之间、生生之间的理解，为学生心理健康成长营造良好的氛围。

【操作程序】

（一）真诚平等体贴学生，温暖共情助人成长

越来越多的人认为，共情是教师的核心专业能力。教师共情是教师能够真诚地从学生立场出发，设身处地，感同身受的体会学生的感受、想法、体验，从而调整自己的语言、情绪等表达方式，促进学生成长。教师共情也是实现学生本位的一种能力。

共情帮助班主任自由出入学生的内心。比如有的班主任在中秋节家人团聚的时候，会主动走到住宿生宿舍，给他们送去月饼和零食，和同学们在操场上散步赏月，这时候很多同学都会愿意打开话匣子和老师聊聊自己的生活，聊聊自己的内心世界。因为班主任老师体会到中秋节不能回家的同学对家人的那份思念，及时的关怀赢得了同学的爱戴。

共情帮助班主任尊重学生现状，善于激发其潜力。高温暖，高尊重的教师在批评班级末尾成绩的同学时，从来不拿班级前几名的同学做对比。因为他知道这样的对比只会打击那些成绩落后的同学，在中职学段，很多同学的成绩受之前初中基础薄弱的影响，提高起来确实很困难。具有共情力的教师，会帮助学生列出小步慢跑的追赶计划，让他们能在一点一滴的收获中获得更多前进的动力。而不是一味严格紧逼，看不到学生的困难和努力，时间久了，不仅打击学生的上进心，更会使学生认为老师不理解自己，造成师生隔阂。

（二）诚恳善意督促学生，激发共情感恩成长

共情并不仅是对教师的要求，教师身先示范理解学生，也将会带动学生共情教师。当代青少年从小在家庭关注度极高的环境下长大，往往不懂得感恩，不理解别人的辛苦。教师应当积极引导班里学生共情任课老师，"张老师教了四个班，每天批改150多本作业，上三节课，如果刚好是下午才上到咱们班的课，老师已经很累了，我希望大家体谅老师的辛苦，不要再出现让老师维持纪律的情况，更希望大家的作业是给批作业批的乏味辛苦的老师眼前一亮的那一本。"

母亲节、父亲节虽然是西方传入的洋节，但也是培养学生感恩父母，促进亲子之间共情理解的好时机，班主任可以利用主题班会情景剧引起学生共情，也可以引导学生与父母之间"微信传书"，请家长记录孩子为自己做的一件事，拍照发在班级群，家长群，营造感恩的氛围，推动共情理解。

（三）循循善诱引导学生，培育共情悦纳自我

如果说与他人共情，是为了增进理解，升华感情，那么与自己共情，就是更基于客观的自我认知，悦纳自我。

心理健康的人首先要有自知之明。对自己能做出恰当评价的人，既能了解自我，又能接受自我，体验自我存在的价值。尤其是中职生经历了中考的失败，又因为社会评价中大家对职业学校学生有偏见，很容易妄自菲薄。做一个悦纳自己的人，并不意味着自己的一切都是完美的，而是说在接受自己优点的同时，也了解自己的缺点，很坦然地承认了自己的不足之处，并通过努力不断克服缺点，注意自我形象塑造，把握自己做人的准则，不断完善自己，更坦然自信的面对生活。这是一种修养，也是一种难能可贵的品质。

悦纳自我是心理健康的表现。当你快乐地接受了自己，你的整个心胸便会舒展和开阔，同时你会发现，你也更加容易接受他人了。首先允许自己有缺点，才有可能允许别人犯错误。良好的自我悦纳可以有效缓解发展中的矛盾冲突，使个体得到健康发展。每天想一次自己的优点和长处，并发扬这些优点和长处，正确看待自己的缺点和不足，理解那些成因寻找解决办法。自我悦纳，产生高自尊，将使学生有更快乐的成长追求，也将使老师更能发挥自己的专业特长，追求更高的职业发展。

（四）运用"期待的力量"，共情梦想静待花开

1. 教师对学生的期待——皮格玛利翁效应

"皮格马利翁效应"给我们一个启示：赞美、信任和期待具有一种能量，它能改变人的行为，当一个人获得别人的信任、赞美时，他便感觉获得了社会支持，

从而增强了自我价值，变得自信、自尊，获得一种积极向上的动力，并尽力达到对方的期待，以避免对方失望，从而维持这种社会支持的连续性。

新班级刚建立的时候，多数学生都对自己的中职生活充满希望，共情能力好的教师善于抓住学生的"三分钟热度"，认可他们改变的初心，发现他们努力的第一步，并将这些好的方面放大，对学生说"原来你们这么优秀，我相信咱们这些优秀的同学凑在一起，咱们的班级一定会是学校里最棒的班集体。"这样的赞美和信任，也会让学生更加努力规范自己的行为，更加珍惜集体的荣誉。

案例：学生小芳是班里默默无闻的小姑娘，宿舍同学也说她不爱说话。某次课前演讲快要轮到小芳，班主任知道她又要忐忑不安了。班主任先找到小芳，对她说："小芳同学，下周该你演讲了，老师好期待你的精彩展示啊。"小芳脸一红，低着头没说话，老师继续说："我有个建议，不知道有没有用？"小芳立刻有了兴趣，"什么建议？"老师说："我知道你 PPT 做得很好，特别希望你能把这个优势展示出来，而且 PPT 精彩一点，也会帮助你克服紧张情绪，大家都去欣赏和赞美你的 PPT 了，你演讲时略微有点紧张大家也不会注意到了。"小芳好像立刻得了法宝，说："对对，老师，我周末一定把 PPT 做得精美一些。"周一，老师又提前和小芳一起浏览了一遍 PPT，对她的图片、模板、动画大加赞赏，告诉她演讲一定会很精彩。果然站到讲台上的小芳比平日都要大方一些，一改大家平时对她的印象。这样的进步，与老师之前期待和鼓励的帮助密不可分，而这种包含热情的期待也来自教师对学生真诚的共情，教师体会到小芳其实也很想避免在班级演讲时的紧张，理解小芳也想找个办法不被大家关注到紧张；也来自教师对学生的了解，知道小芳计算机操作技术较好，并在适当的时候提醒她发挥自己的长处，共情学生的愿望，静待花开。

2. 学生对教师的期待——晕轮效应

美国心理学家凯利对麻省理工学院两个班级的学生分别做了一个试验。上课之前，实验者向学生宣布，临时请一位研究生来代课。接着告知学生有关这位研究生的一些情况。其中，向一个班学生介绍这位研究生具有热情、勤奋、务实、果断等项品质，向另一班学生介绍的信息除了将"热情"换成了"冷漠"之外，其余各项都相同。而学生们并不知道。两种介绍间的差别是：下课之后，前一班的学生与研究生一见如故，亲密攀谈；另一个班的学生对他却敬而远之，冷淡回避。可见，仅介绍中的一词之别，竟会影响到整体的印象。学生们戴着这种有色镜去观察代课者，而这位研究生就被罩上了不同色彩的晕轮。

现实生活中，学生对教师的印象也会影响学生与教师的互动，教师某一方面的"优秀"如果能投学生所好,也会大大改善师生关系,使得教育教学效果大大提高。比如接手体育特长生较多的班级,班主任如果能在运动场上,有某项运动跟学生打成一片,那也会和那些调皮的特长生迅速拉近关系;而做服装表演专业的班主任,可能教师也要略懂一点时尚信息,不至于让学生先入为主地认为班主任啥都不合拍。

【拓展链接】

1. 推荐书目

《共情与教育》(赵晶,浙江科学技术出版社 2017 年版)

《教师怎样说话才有效》(李进成,中国轻工业出版社 2012 年版)

2.《新时期师生关系观察系列评论》(《中国教育报》2015 年 4 月 29 日)

①变革时代如何重塑尊师重教文化。

②以朴素人性培育温和性情。

③育人者要跟上时代学会"育心"。

④"为生之礼"是文明社会应有之礼。

三、工作案例

请看着我的眼睛

"那天我看见你捧着学生的脸说话……"同事见面,笑着打趣我。一语点醒梦中人,胖胖的变化很大,很多人都在问我有何高招,我也在想到底是什么使他有了根本性的转变? 现在,我似乎找到了答案。真心的对待,真情的平视,真诚的引领,这就是真正的教育!

职业学校的学生难于管理,作为中途接乱班的班主任,面临的困难会更多。还未上任,我就"认识了"胖胖——各种渠道汇集来的消息为我描绘了这样的一个形象:他像发疯的公牛一样狂躁,疯狂之时具有排山倒海的气势,无所畏惧不计后果,会对父母破口大骂,更别说老师了。他经常和老师发生激烈的冲撞,也是学校德育处的常客。自己丝毫没有读书的想法,却碍于母亲的要求,滞留在学校里。碍于母亲的要求? 那是否说明他还有为人善良的一面? 一个孩子只要他还在乎父母的感受,他就还有希望。见多了置父母于不顾的辍学生,都是那种在和父母的交锋中占有绝对主导权的,胖胖似乎不是这种情况……

认识胖胖半年多了,还记得第一次走进教室时,迎接我的是他温和的双眼——远没有想象中的狰狞,胖胖的身材更显为人敦厚的一面。平时的接触中,我总是温和友善的对待他,从不在人前批评他,有事单独谈,不夸大其词,不偏袒护短,力求客观公正。一个多月了,一直相安无事,他的火山从未爆发。可是有一天,刚走到教室门口,我就撞见胖胖和任课老师在激烈的争吵:"怎么了?我就不爱学习,你管得着吗?我不愿写作业,不想听课,上课我就是来睡觉的,你管得着吗?""你上课不听讲,课后不完成作业,什么都不学,你怎么可能毕业?""哎,我就不想毕业,我交了学费,你就得让我进教室,学不学习,睡不睡觉,你管不着!""你要睡觉,你就回家睡!""哎,我就在这儿花八百块钱(意指学费)买个板凳睡觉,你管不着!""你这样无理取闹,我给你记违纪,让校规处理你!""记吧,我头疼要上医院,今天的课还不上了呢!"怒气冲冲的胖胖抓起书包,不顾老师的阻拦,号叫着冲出教室。"站住!"我大喊一声,"我要回家!""站住!没有我的签条,你出得了校门吗?""给我记旷课吧,今天我不上了!""那明天呢?""明天我退学!""这个话题我们谈过多次了,你妈妈会让你退学吗?!"突然,他像个泄了气的皮球一样定住了……

　　胖胖不是按照规定录取分数招进来的学生,他的中考成绩(包括体育成绩)刚够100分,也就是说,他的各门功课没有任何基础,学习对他而言,是件非常痛苦的事情。我和他的母亲沟通过,家长对孩子的学习不抱什么希望,他们更多的感觉是找个地方给看着孩子:"老师,这么小的孩子,什么工作也干不了,家里也不缺他挣得那份钱。父母都有工作,谁也不能成天跟着他,放到社会上跟着坏人学坏了可怎么办?拿不到毕业证就拿不到吧,上一天是一天,走一步看一步……""可这里是学校,胖胖既然进了校门,他就是学生。学校对所有的学生都一视同仁,同样胖胖也不享受任何特权,别的学生要做到的他也必须做到!""那是那是,哪有父母不盼孩子好的,我们还是希望他能顺利毕业的!"胖胖的学习成绩多年来一直就不好,他经常失眠,每次退学的想法都是在母亲的眼泪攻势中打消。最近的一次退学风波,胖胖甚至以死相逼,还是以失败告终……

　　"看着我!"胖胖的脚步虽然停住了,可是他粗重的喘息、歪着的头、梗着的脖子、愤怒的双眼无不在诉说着他的愤怒。"请看着我的眼睛!"我再次温和而坚决地提出要求,他极快地瞟了我一眼,迅即移走了目光。在对视的刹那,我温和地注视着他,让他感受不到一点恶意。相反,我从他眼中却捕捉到一丝慌乱,或者说是不知所措。"说话时看着对方的眼睛是一种礼貌。我和你说话,我都看着你,你为什么不看着我?请看着我的眼睛!"我放慢了语速,态度更温和但决不放弃我的要求……这次他把头转过来,眼睛和我对视的时间稍微长了一点儿,那眼神分明是怯怯的!那一刻禁不住对他心生爱怜,其实他的内心远不像他的外表那样强大。

　　"看着我,告诉我刚才发生了什么事!"他一直等着我批评他,没想到我却让他先说，"看着我，告诉我发生了什么事！"我坚持要求他把头转过来，面对我。忽然他说道："老师，我不想上学！我一进学校的门，头就疼！""我知道学习对你来说，有一定的难度，但是你光发愁不解决任何问题，困难不会因为你烦恼就自动减少，你学一点就会一点，不学习是一点都不会！"他把头又转过去了，我伸出手来，用双手捧着他的脸，让他看着我。这次，我看到的是蓄满泪水的双眼："老师，我整晚整晚的睡不着觉！"二年级了，随着学校领导班子的更换，学校的各项规章制度越来越细化，不论是常规管理还是课堂学习，都有明确的要求，所有的学生都感受到了巨大的压力，平常对自己要求不那么高的同学也在悄悄地改变。胖胖不但要面对来自校方的压力，还要面对来自朝夕相处的同班同学的压力——这就像一场田径比赛，其他选手都跑起来了，而胖胖却还停留在起跑线。那是一种无奈的停留，伤自尊的停留，绝望的停留。"老师，不管我怎么努力，我也不可能每门功课都及格，不及格就拿不到毕业证。再说即使毕了业，我这么胖，宾馆也不可能让我去当服务员（胖胖学的专业就是饭店服务）。"终于他一口气说出了心中的秘密，原来真正的愤怒是源于他内心的这种焦虑。"你的担心不无道理，如果你还是老样子，上课睡觉不听讲，课后不完成作业，那么你的担心有朝一日就会成为现实。如果你想改变目前的状况，只要对你学习有利，你提什么要求我都答应，你希望哪位同学在学习上帮帮你，你不好意思张口，老师去找他，行吗？""老师，今天是我不对，一会儿我去向任课老师道歉！""今天你错在哪儿了？""我不该把自己的火发到老师身上，耽误大家上课了。""如果老师伤害你，你会觉得很痛苦；同样你伤害老师，老师也会很痛苦。己所不欲勿施于人！"

从那以后，每次和胖胖打交道，我都要求他："请看着我的眼睛！"在他愤怒的时候，我会捧着他的脸，让他面对我坦诚的眼睛，我用真诚去敲他的心门，总是会受到友好的接待。胖胖慢慢地安静下来，有时甚至觉得他像个幼童一样可爱："老师，我会死吗？""为什么？""你相信吗？我白天好好的，一到晚上我就咳嗽，缓不过气。我很难受，老师我真不是装的！""我相信你，我女儿也这样，这是感冒诱发的哮喘，快去医院看看！""我在我家楼下的小诊所打了十个吊瓶了，也不管用。今天早晨打到四点半，你看看我的手。"他伸出来的手上扎满了针眼！一夜没睡的他7点就坐在了教室里！"你快回家吧，让你妈妈带你去大医院看看，这种病很难受！""不，我要上课！"他在周记里写道："现在的班级像个家，让我觉得很温暖。"后来他又打了几个吊瓶，从不请假，利用中午的时间去医院，有一次回校，午查的老师批评他不带校卡，他伸出小胖手，让老师看那上面的针眼："老师，我着急去打吊瓶，把校卡落在位洞里了，我真不是故意不带的。"午查的老师后来对我说:"别让胖胖认为我们老师光会批评,没有人情味,这次就算了,下不为例。"我说:"他能恳求老师而不是敌视老师,这真是一个了不起的进步!""的确不容易。"

一直到期中考试,半学期胖胖的量化考核成绩仅扣掉一点五分。往常他的分数都会扣成负数。

雅斯贝尔斯说:"教育是一朵云推动另一朵云,一棵树摇动另一棵树,一个灵魂唤醒另一个灵魂。"印度诗人泰戈尔的著名诗句:"孩子的眼睛里找得到天堂。"世间最美好的一切都系于纯真的眼睛。

(青岛外事服务职业学校　邢智宏)

第三节　情绪,从自我管理开始

一、工作情景

情绪,是对一系列主观认知经验的通称,是多种感觉、思想和行为综合产生的心理和生理状态。中职生正处于青春期,其情绪体验具有明显的年龄特征:情绪丰富和细腻,对道德、审美、智慧等有着丰富的思考;具有爆发性和冲动性,中职生对各种事物比较敏感,自我意识迅速发展,心理行为自控能力却较弱;情绪的外露性和内隐性,青少年学生容易将自己有些喜怒哀乐的情绪直接表现出来,淋漓极致地抒发他们的内心感受;但对另一些情绪却又极力掩饰、压抑;情绪的持久化和心境化,心境是一种情绪长期保持而进入的一种状态,有的中职生因为之前的生活体验长期保持挫败的心境,而有的人因为一件事的成功能够持续积极兴奋很久。

二、工作项目

【工作目标】

情绪管理的目的不是要去除或压抑情绪,而是在觉察情绪后,用心理学科学的方法有意识地调适、缓解、激发情绪,以保持适当的情绪体验与行为反应,避免或缓解不当情绪带来的行为反应。对于班主任来说,通过引导学生进行情绪管理,并调整学生之间适宜的情绪互动,可以培养良好的班级情绪,从而养成良好的行为习惯,使学生的学习和生活不被情绪所困扰。

【操作指南】

（一）情绪是个体对于客观世界是否满足自己欲求的一种主观感受，可以通过合理认知进行调节

情绪可以由认知和行为来调节，同时又有着调节行为的功能。一方面，班主任应该引导学生学习准确认知和判断客观世界，从而使自己的欲求更加合理，失望难过往往来自过高的欲求；另一方面有些情绪也会带给我们的行为很多的反作用力，这种反作用力有时候是勤奋、鼓舞、斗志昂扬，有时候也可能是妄自菲薄、消极懈怠。比如有的学生特别在意别人对自己的评价，别人看她的时候笑了一下，她就觉得别人是在嘲讽自己，一股怒气立刻涌上心头，就去质问别人。这样愤怒的情绪之下，不管别人怎么回答她都不会满意的，这时候就很容易引起同学之间的矛盾。这时候就可以使用认知调节的方法，先问清楚刚才别人是看她了吗？笑或不笑跟她有关系吗？

还有的同学在初中时成绩一直居于班级末尾，进入职高依然颓废放任，每天被懒散情绪包围，学习更是得过且过的偷懒。这时候班主任也可以将职高学校课程的难度和普高做下对比，告诉他即使他基础差也大有希望，还可以将班级同学的入学成绩做一下分析，使他清楚看到自己所处的位置并不是班级末尾，点燃他的斗志。

（二）把情绪和人分离开来看，人是情绪的主人，而不是情绪本身

情绪不是个体本身，误把情绪和个体混为一谈的例子在我们生活中很常见，比如班主任发现某位同学在集体面前讲话时很容易脸红、说话声音很小，如果我们说"你是一个胆怯羞涩的人"，这样很容易打击到学生，胆怯和羞涩的标签会让他以后更加没有自信。如果我们能把情绪和个体分离开来，我们会说"某某同学，你刚才讲得很好，我看到你努力克服胆怯和羞涩的情绪，相信多加锻炼，你一定能把'小胆怯'控制好"。这样的表达，告诉学生我看到他在努力克服羞涩情绪的不容易，也让学生更有信心去挑战自己的胆怯。

情绪是个体欲求是否得到满足的一种主观感受，既然是感受就会有产生和消失，因此它不是一成不变的，更不是个体本身。积极正面的情绪如果被定义为人的标签，可能使人获得力量，比如我们说某人是快乐的、平静的、安宁的，听者当然比较容易接受，但是如果我们说某人是悲观的、易怒的、焦虑的，那就很容易加重某些坏情绪。作为班主任，我们必须清晰地认识到，学生本人不是悲观的，而是有了一些悲观的想法，那我们就去努力发现学生悲观情绪的来源；我们要善于观察学生易怒情绪的情景，做好预防和教育，避免学生之间矛盾冲突

恶化,给暴躁易怒以可乘之机;我们还要敏感觉察学生的焦虑,及时沟通做好疏解,不让学生被焦虑情绪掌控。优秀的老师都知道"先处理情绪再处理问题",不在学生有情绪时争论对错,平静地说出"我知道这不是你的本意,是此刻的情绪冲昏了你的头脑,我希望等你情绪好的时候我们再谈"。有这一句为学生的负面情绪撑起包容的伞,往往能化解很多师生矛盾。

(三)情绪产生在大脑复杂的信息加工过程,脑神经科学的进步为我们管理情绪提供了更多方法

丹尼尔·西格尔致力于从人际神经生物学的角度研究心理学,在他的著作中提到"评定刺激和产生意义是心智的中心功能。"整合上下脑、整合左右脑将有助于我们管理情绪。

1. 上下脑的整合

从大脑的结构上来看,如果我们把大脑想象成一座两层小楼,下层大脑包括脑干和边缘区域,位于较低的部分,它们负责人的基本功能和与生俱来的反应和冲动以及强烈的情感,比如呼吸和眨眼、打斗和躲避、愤怒和恐惧等。而上层大脑则由前额叶及大脑皮层各个部分构成,进化程度更高,控制人类的高级分析思维功能,比如做出明智的决策、对身体和情绪的控制、自我认识、共情和道德认知等。只有当前额叶充分发育成熟,才能帮助我们调节情绪,凡事三思而后行,才能懂得考虑别人的感受。上下层大脑整合当然是最佳的运行状态,遗憾的是下层大脑在出生时就很发达,而上层大脑要到 24 岁左右才能发育完成,当青春期的学生因为家长没满足自己的物质需求而赌气,比如没给自己买心仪的手机而发脾气,这可能是来自上层大脑能力不足的表现。前额叶控制着一些高级分析思维功能,比如约束自己的行为、自我认识、共情、明智的决策等,而青春期的他们真的还不能成熟的应用这些。耍态度、闹情绪一方面是他的策略,想要以此迫使家长同意自己的要求,另一方面也是他消费观尚未成熟、只考虑自己的表现。

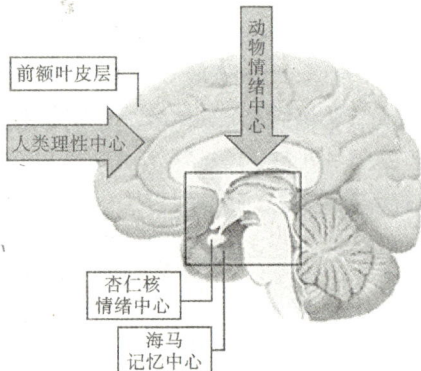

知道了这个道理,我们再面对中职生在情绪激动时做出的冲动行为就不那么抓狂了,而帮助学生调动上层大脑,寻找分析依据、判断事实真相、唤醒共情等成为我们的工作目标。因为神经活动是可以学习和锻炼的,重塑学生在刺激

条件面前的反应模式,可以通过多次反复练习,帮助学生学习调用上层大脑管理情绪,理智思考。

2. 左右脑的整合

从大脑左右脑的分工来看,左脑最大的特征在于具有语言中枢,掌管说话、领会文字、数字、作文、逻辑、判断、分析、直线,因此被称为"知性脑",能够把复杂的事物分析为单纯的要素,比较偏向理性思考。而右脑主要掌管图像、感觉,具有鉴赏绘画、音乐等能力,被称为"艺术脑",右脑负责韵律、想象、颜色、大小、形态、空间、创造力等,并负担较多情绪处理,比较偏向直觉思考。因此当学生沉浸在一种情绪中时其实更多的在使用自己的右脑,而左脑的逻辑思维能力其实被忽略了,那我们作为班主任,就可以帮助其调用左脑,通过左右脑整合来调整情绪。

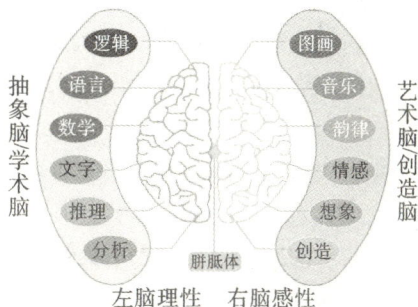

案例:某中职学校一年级同学小衡和楠楠发生矛盾,楠楠值日擦白板时因为推动白板擦伤了小衡的手背,小衡很生气要求楠楠道歉,楠楠认为自己推动白板前口头提醒过"把手拿开",拒不道歉。放学后,小衡在 QQ 空间里发表动态,辱骂楠楠,被同学发现后转告了楠楠,楠楠及好友在班级 QQ 群里反击辱骂小衡,也有另一部分同学为小衡鸣不平。当天晚上,班主任在班级群里发言"谁能复述事情详细经过,谁就发言,不能准确复述两人每句对话的同学请不要发言。"班级群里当晚鸦雀无声。第二天早自习,班主任要求当事人两位同学写出详细事情经过,尤其两人的对话,要逐字写出,还要注明当时说这句话时候的态度和情绪是什么样的,并请两人逐句对证。两名被愤怒和委屈情绪淹没的同学,在写事情经过的过程中发现这么小的一件事搞得这么沸沸扬扬,心里已经觉得很不好意思了,在逐字逐句的核对中也发现了别人的委屈,从而渐渐认识到各自的错误。当老师把两人对证过的事情经过讲给同学们听,那些昨天分别为两人各执一词的同学也发现了自己的不公正。

这个案例中,两人在网上对骂是因为被情绪淹没,进入了右脑掌控,而通过书写和语言对质,梳理事情经过的过程,其实是两人用词语和逻辑在整理昨天发生的事,即调用左脑的逻辑思维为原始情绪和个人记忆赋予新的意义,即帮助两人整合左右脑对事情的认识和思维,当左右脑共同工作才能帮助两人管理了情绪,做出了理智的思考和判断。

（四）育人必先育己,教师自我心理健康,情绪管理恰当都是培养学生做好情绪管理的前提条件

教师的职业特征要求教师要有极强的自我调节情绪的能力,使自己经常处于一种积极、乐观、祥和、稳定、健康的状态,以旺盛的精力、丰富的情感、健康的情绪投入到教育教学工作中,真正成为"人类灵魂的工程师"。而当前现实是:教师职业环境中较多注重教师的专业发展,而忽视教师的个人发展,缺少对教师自身的人文关怀;社会环境中不堪其累的职业压力、难以逃避的职业倦怠和不断加重的问题行为,使许多教师陷入心理困境;而当今社会科学技术突飞猛进、教育改革的需要不断深入及学生发展的诉求不断多样化,对教师的心理素质又提出了新的挑战。三个方面的原因集中在一起,教师自身情绪的管理也会变得难上加难。

国内近年来的研究显示,中小学教师的身心健康状况低于普通人的水平。这让我们为中小学教师的身心健康状况担心,也为中小学生的健康成长担忧。因为教师的态度和情绪状态对学生有感染作用,而作为班主任,必须具备良好的心理素质,善于把握自己的情绪,只有当自己处在正面情绪的状态下,才有可能对学生亲切、和蔼、热情、乐观、宽厚、包容,从而促使学生产生出愉悦、轻松、积极的情绪,进而在健康正常的感染下茁壮成长。

（五）勇于面对挫折,敢于超越自我

挫折是人们在生活过程中遇到的坎坷和不顺,经历坎坷,战胜挫折是人生的必修课,尤其是当代中职生,他们往往抗挫折能力较差,在面对学业、人际交往、竞赛等挫折时心灰意冷,情绪波动明显,甚至影响正常的学习和生活。因此对中职生进行挫折教育,使其正确认识困难、克服瓶颈,有着深远的意义。

培养学生用积极的心态面对挫折,面对问题不进行"我真倒霉"等消极归因,而是主动查找问题原因,分析可能的解决方案,尝试突破障碍,要让他们知道每次战胜困难的过程都使自己变得更强大,同时也让自己积累了更多经验面对今后的挑战。

允许学生用正确的方式释放挫败情绪,而不是一味压制或放大宣泄。鼓励学生通过找同学、朋友、老师或心理咨询师沟通谈心来释放悲伤,也可以到空旷的地方大声呼喊,但是要明白卸下包袱是为了轻装上阵,不可以为了宣泄而宣泄。

引领学生建立健康的自我防卫机制。理想的心理防御机制是升华,即遇到挫折后,将自己内心的痛苦通过合乎社会伦理道德的方式表现出来,例如艺术

创作,良好的心理防御机制还包括补偿、抵消和幽默。比如鼓励学习成绩较差的学生在运动会上取得好成绩,重拾信心;引导"早恋"中情感失落的学生关心集体,在集体重新找到归属感,并且告诉他们"这么优秀的你值得更好的她/他"。

（六）维护积极心境,预防突然爆发的坏情绪

心境,是一种持续性、渲染性、弥散性的情绪状态。愉快的心境让人精神抖擞、感知敏锐、思维活跃、待人宽容;而不愉快的心境让人萎靡不振、感知和思维麻木,多疑看到的,听到的都是不如意、不顺心的事物。所以,积极维护好的心境,也是保持良好情绪的方法之一。

现实生活中,很多人进入"焦虑"或"烦恼"心境,是来自一些并不存在或并不可能出现的担忧。心理学家做过一个"烦恼箱"实验,要求实验者在一个周日的晚上,把自己未来 7 天内所有忧虑的"烦恼"都写下来,然后投入一个指定的"烦恼箱"里。过了 3 周之后,心理学家打开了这个"烦恼箱",让所有实验者逐一核对自己写下的每项"烦恼"。结果发现,其中 90％的"烦恼"并未真正发生。然后,心理学家要求实验者将记录了自己真正"烦恼"的字条,重新投入了"烦恼箱"。又过了 3 周之后,心理学家又打开了这个"烦恼箱",让所有实验者再次逐一核对自己写下的每项"烦恼"。结果发现,绝大多数曾经的"烦恼"已经不再是"烦恼"了。

因此班主任要鼓励学生着眼当下,与其天天担心能否考出 PETS(Pubic English Test System,全国英语等级考试)合格证,不如每天认真背几个单词;与其每天考虑班里同学到底是不是喜欢自己,为了别人的眼光惶惶不可终日,不如积极的帮同学做个值日,坦诚地向同学请教个数学题;与其在实习毕业前担心自己能否适应工作环境,不如扎扎实实在学校积极参与各种活动,全面锻炼自己的沟通、表达、竞争能力。让自己在一种积极的心境里,努力为眼前的事情尽力和负责。

所谓消极心态是指个体因受自身或外在因素影响,不满意于自身条件或能力,而造成信心的缺失,并在社会生活中逐渐形成的,又进而对人的社会生活产生消极影响的消极心理状态。

积极心态与消极心态是相对而言的,面对生活的压力与历练,若积极心态战胜了消极心态即会促进人的进步、激发人性的优点,使之为善;若消极心态战胜了积极心态,即会阻碍人的进步,激发人的缺点,使之为恶。

案例:小黄是中职二年级的学生,即将进入实习分流阶段,家长反映小黄最近在家里特别容易烦躁,家长和他聊天动不动就恼了不搭理父母。一天数学课

上,数学老师提问他,他不情愿地站起来,耷拉着头不说话,数学老师说"请你先站好,回答老师的问题。"小黄竟然恼羞成怒,大声冲老师吆喝"我就学不好了,怎么着吧?"数学老师派班长将小黄送到班主任张老师那里去。张老师先让激动的小黄坐下,对他说:"黄同学,我相信你不是故意要顶撞数学老师,如果有什么为难的事,希望你能跟我讲讲。"黄同学虽然还是有些烦躁,但是因为张老师的共情理解,也无法发怒了。平静下来之后的黄同学说出了困扰自己两个周的烦恼,原来开学初班主任公布了实习分流要参照平日量化表现的原则,他担心自己量化分数较低无法选到满意的实习单位。黄同学越想越担心,但是量化分数是自己过去两年来表现的统计,现在想要努力也觉得没有什么效果,所以他越想越觉得烦恼,还在心里埋怨家长没有及时督促改正行为习惯,也在心里怪老师为什么要看前面两年的量化分,让自己没有改错的机会。这些烦恼和担心天天困扰着小黄,他就变成了一个一点火星都能爆炸的鞭炮。张老师耐心安慰他,并告诉他,只要想努力什么时候都不晚。张老师把自己平日看到的小黄同学的优点一股脑说给他听,比如讲义气、热心帮助同学;形象气质好,很多对外在形象有要求的岗位很适合他等;张老师的话充满期待和希望,让小黄同学知道如果最后两个月的表现好,老师也会在期末鉴定中给他写上好的评语,让未来的用人单位知道这名同学的优点和长处。有了张老师的鼓励和期待,小黄同学在接下来的两个月里果然像换了个人一样,学习和纪律表现都有了很大进步。

【拓展链接】

1. 推荐书目

《第七感》(〔美〕丹尼尔·西格尔,黄珏苹、王友富译,浙江人民出版社2013年版)

《全脑教养法》(〔美〕丹尼尔·西格尔、蒂娜·佩恩·布赖森,周玥、李硕译,浙江人民出版社2017年版)

2. 挫折应对策略

《青少年常见心理挫折及应对策略》(李姝,《心事》2014年第4期)

三、工作案例

小目标

某职业学校2017级日语班一名同学小高,在入学之初就立下壮志,要通过日语最高级别的N1考试,但是其在初中就养成的懒散习惯,让他对待作业及课堂学习的认真程度并不够好,不到半学期日语学习就已经落后于同班同学,几次听写不合格让他更加沮丧,开始出现晚上玩游戏不睡觉,上课趴着叫不起来等问题,整个人情绪低落。班主任提醒小高试着将自己的远大目标划分成若干个小目标,比如先努力实现听写错三个单词以内,每实现一次就奖励自己十分钟游戏时间。小高很快能体会到实现小目标的快乐,这些小快乐使得小高又重新有了盼头,在课堂上能坐得住了,连续几次日语听写合格了班主任还在班会上表扬小高,让大家为小高的进步鼓掌,这让之前颜面扫地的小高体会到进步的自我效能感,这种自我效能感又带给小高很多的正面情绪,让他重拾信心。

班主任还带领小高同学采用《第七感》中讲到的"觉知之轮"的方法,将自己日常表现进行罗列,在罗列过程中班主任提醒小高看到自己打篮球很棒,帮他看到那些自己拥有而未被开发的能力,然后帮他一起列出每日日语学习计划,跟他说没有计划性这不是他一个人的问题,很多同学也都有这样三分钟热度的情况,让他不要太过自责和沮丧。建议他可以通过计划表来督促自己把日语学习热情保持下去。通过日语等级考试的壮志也被班主任和小高一起设计成分步骤的规划,高一年级努力实现每次日语班级测试都及格,高二年级开始尝试N4考试,之后再过半年尝试N3考试。目标按步骤规划之后,不再给小高以遥不可及的感觉,小高整个人的士气又振作了一些。

这个案例中,小高同学的"壮志"难以实现给了自己很多挫败感,在同学面前也会觉得懊恼丢人,帮助他正确进行学习目标规划,使得他的情绪得到了改善,也必将为他今后的学习带来动力。

(青岛外事服务学校　李梅)

第四节　情感,从合理引领开始

一、工作情景

情感是人类生活的一项基本需求,进入青春期的中职生情感需求也有很多变化,特别是男女生之间的情感萌动愈发明显,他们从主要对家庭、父母的情感依赖,转向更多的同伴接纳需求,开始尝试从一个孩子到一个社会人的转变。

中职学生可以通过网络了解到一切他们想了解的东西,他们获取信息的能力是很多成年人无法企及的,大量文学作品、电视节目、网络论坛等也越来越开放,无时无刻不在影响着我们的中职学生,"早恋"成了很多父母和老师的心腹大患。面对中职生早恋数量增加,低龄化明显,早恋对象还有社会人员等特征,作为中职班主任既不可视而不见听而不闻,放任不管终会酿下大错,也不可将其视为洪水猛兽,采取过于极端的措施,非但不能解决问题,还也不利于学生的健康成长。

二、工作项目

【工作目标】

班主任在处理学生早恋问题时,不要一味批评学生,应该多多关心学生生活,发掘早恋成因,用正面的言辞去宣讲,用艺术的手段去引导,用校规校纪去警戒,帮助学生走出早恋误区,追求属于自己年龄段的目标,培养更多积极正面向上的情感。

【操作指南】

（一）合理定位青春期情感

青春期是渴求爱的季节,而爱是纯洁和美好的,作为班主任我们要认识到青春期孩子向往异性交往,是青春期身心发展的必然。异性交往,是培养正确的性别角色和健康性心理的必修课。但同时,青少年情感丰富,情绪容易起伏波动,因为心智不够成熟,对责任担当、未来规划等欠缺考虑,青春期情感的萌动会使他们迷失方向,酿成错误。因此作为老师,既要理解学生在青春期注重自我形象,表现欲增强,渴求异性伙伴关注和认可等情感变化;坦诚承认异性交往沟通的益处和"异性间互补"的不可替代性,这样才能正确看待学生的问题,才能走进学生,读懂学生。在此基础上对学生的青春期情感进行合理引领,态度鲜明的反对中学生"早恋"的雷区行为,与学生约定好异性交往的具体规则,本着共情、析理、尊重、协商的原则处理学生的情感问题。教育学生做好"三要",即一要尊重自己,不要做出伤害自己和他人的行为,不要滥用自己的情感;二要平衡学生阶段学业和情感的关系,在精力分配、孰先孰后的问题上原则坚定;三要慎重考虑自己承担责任的能力和行为权利之间的平衡。

（二）合理开展青春期教育

1. 科学教育,防患于未然

著名教育家苏霍姆林斯基指出,"我们的任务就在于要在青少年性本能觉醒之前,就使他们的理智做好充分的准备"。班主任应该把教育功夫下在平时,教育学生积极向上,自尊自爱,培养健康积极的班风学风。通过班会、演讲、征文等宣讲青春的美好,引导学生珍惜宝贵的学生生活,以积极的心态为未来储备知识、能量和资源,不要急于采摘含苞未放的花朵。同时针对学生的年龄段,及时开展青春期生理和心理教育,使学生得到正确、系统的青春期性教育,避免他们因为好奇去检索和翻阅,而被各种不良信息误导。例如,学校卫生室要求每班派同学去听青春期性教育课,很多同学都不好意思参加,班主任应该积极鼓励支持类似的学习,并将男生、女生的学习视频分别找时段播放给班级的男生和女生观看,大家都要学就减轻了参加学习的代表们的压力。

"适度适量适时"是青春期教育的原则,教育和教唆只有一步之差,青春期的中职生正是长身体长知识的阶段,把握好尺度十分必要。我们应本着关心青少年健康成长的初心,加大清除危害青少年健康成长的精神污染源,积极开展正面适当、形式多样的青春期教育,将性生理、性心理、性道德教育排上课表,搬上讲台。在操作中,可采用集体和分性别授课的方式,让学生避免尴尬心理。

2. 及时发现,深入了解,合理规劝

中职班主任平时应注意留心观察、深入了解学生的心理变化,将早恋意识、行为与正常的异性交往区分开来,掌握教育引导的主动权。早恋的学生会故意的缩小了交往的圈子,局限于两人共同进出,甚至故意创造机会两个人独处,班主任要及时发现蛛丝马迹,不让他们的小心思屡屡得逞。学生出现早恋后,班主任找他们谈话,学生往往感到不满和反感,教师态度尽量诚恳,语言尽量幽默风趣,化解尴尬。即找学生谈话,尽量在一种和谐的气氛中,让学生说实话,说心里话。教师充分了解学生的心理诉求,才可以因材施教,关注学生的情绪变化和情感需要,有时候学生不想要正面回答的问题,也可以通过微信,QQ等进行沟通、分享,把教师自己的成长经历,人生观、家庭观等与学生坦诚交流。有时候还需要与家长互相配合,妥善做好家长的思想工作,切莫让学生把家长和老师的关爱都误解为不懂和束缚,反而引起更强烈的反抗。

案例:某中职学校二年级某班,生活委员是一名文静内秀的女孩小芮,小芮的同桌是一名活泼调皮的大男生,班主任注意到这个调皮的小伙子处处维护小芮,而小芮也对同桌多了几分热情。班主任找小芮谈话,说到同桌怎么样,小芮一下子就脸红了,老师猜这个豆蔻少女正要情窦初开,巧妙地把话题转向了办公室窗台上的百合花,老师指着百合花骨朵问小芮"这百合如果绽放会不会很美?"小芮说"一定很美吧。"小芮话音刚落,老师一把将百合连根拔起,又淡定地问小芮"这样还美吗?"小芮大概也猜到了老师的意思,拘谨的揉搓着自己的衣角。接下来班主任和小芮一起边聊天边把百合种了回去,从种花说到人的成长,两个人,四只手把百合重新种回了花盆,也把更多积极健康的种子种进了小芮的心里。

3. 不歧视,不放弃,追回迷途的羔羊

对于学生的早恋行为,班主任要认清危害程度,及时界定和制止与校外不良人员的往来,因人因事采取不同措施。还要对网恋提高警惕和预防,禁止学生私自见网友等存在安全隐患的行为。有的学生不仅开始了早恋,更可怕的是结交了校外无业青年,遇到这样的情况一定要及时制止,帮助学生迷途知返。

案例:17岁的小红,身材相貌较好,父母离异跟着做生意的父亲生活,父亲经常出差,小红有很多时候是自己一个人生活,因而结识了几个校外的社会青年,之后与班级同学的来往也减少了,放学时候,总会有个岁数相差较大的"哥哥"到校门口接小红,一来二去被班主任发现了。经过询问,班主任知道这位"哥哥"正在和小红搞对象,小红说她也知道自己现在这样不值得,但是她因为常跟"哥哥"的朋友们一起,和班里同学的交往也越来越少,大家没有人跟她玩,她现在就算不跟"哥哥"谈恋爱了,也没法回到班级里重新做回好学生。班主任劝她打消这样的消极想法,告诉她只要她肯回头,大家都做好了准备接纳她。班主任督促小红与校外的"哥哥"划清界限,主动安排活泼外向的学生和她坐同桌,每次班级有文体活动都嘱咐同学叫着小红一起,甚至自己留下来陪着小红和同学们一起彩排节目。同时,班主任还与小红的家人取得联系,讲明与校外青年交往的危害。经过两个多月的督促和陪伴,小红和校外的"哥哥"彻底划清了界限,重新回到了班集体。

作为班主任,要认识到学生早恋行为背后的情感需求,要看到多数早恋的孩子可能都存在与父母、师长的不和谐、不温暖的原因,正是这些情感空洞给了早恋萌生的机会。因此帮助学生修复与家庭的关系,培养与同学的情谊,也是挽回早恋学生的必经之路。

4. 开阔视野,培养更多积极情感

花季是人生最美的季节,青春的萌动美妙而不可抑制,怎样让渴求情感的学生正确处理蠢蠢欲动的小心思,可能是每个班主任都要面临的课题。如果中职校园生活单调、枯燥,加之学习压力较小,有些学生旺盛的精力和心智无处安放,也很容易出现早恋心理和行为。因此丰富学生的课余生活,帮助学生开阔视野,看更开阔的风景,立更长远的目标尤为重要。从爱国爱家爱班级的博爱出发,与师长与同学培养更亲切更纯洁的友谊,将青春期孩子的充沛的精力放到丰富的集体活动中去,用集体的关爱和同学的友谊去滋润那些情感渴求,使那些萌动的幼苗不至长偏长歪。情感引领需要教师在教学中努力创设良好的情感情景,通过自己的爱憎忧乐去感染,激发全体学生的情感,让学生既学到知识,又受到正确的价值观、是非观教育,让他们有一个良好的心态去对待社会,对待他人,对待自己,形成一种积极向上,稳定健康的心理品质。

（三）突破传统、强化落实,正确引领青春期性教育

长期以来,人们把青春期开始产生的性需求视为不健康的思想,甚至视为淫秽观念,总是从道德层面压抑或控制自己的性需求,如同治水一样,堵是被动和危险的,要从根本上解决水患,就要采取疏导的方法。近年来青少年犯罪案件中,性犯罪案件达到18%～25%,且呈现上升趋势,艾滋病的发病率也呈现上升趋势。因此做好青春期性教育不仅对于中职生意义重大,甚至对于维护社会稳定与促进社会和谐都有十分重要的意义。像鲁迅先生所说:"对性问题大可不必羞羞答答,遮遮掩掩,应理直气壮的谈论它,研究它,让更多的人,特别是青少年正确认识它,以增强对性犯罪的免疫力。"

现实生活中,一方面是学生对青春期性知识的渴望与性教育供求不足的矛盾,另一方面是国家政策高度重视和家庭与学校落实不力之间的矛盾。廖红等人对深圳市盐田区沙头角中学参加青春期健康教育讲座的高二女生进行调查的结果显示,女生对学校开展的青春期健康教育感到非常满意的只有5.26%,满意的为27.12%,基本满意的占51.82%,不满意的占15.78%;对父母能否与孩子坦然交流性话题的调查结果非常令人沮丧,能够经常与孩子交流的只占5.66%,偶尔交流的为47.36%,从不与孩子交流的竟然达到49.96%;学生性知识主要来源为:学校占30.76%,父母亲占29.95%,同学朋友占42.51%,书报杂志占34.01%,网络占45.74%,电视占27.12%,其他占11.33%。这些数据告诉我们,如果学校和老师不科学的透明的去组织青春期性教育,学生就会主动去网络、书报等各种媒体,及学生之间去寻求相关内容,这其实是将良好的教育机会和教育平台弃而不用的做法,很容易让学生因为猎奇心理、从众心理而沾染不良风气。

案例:中职二年级男生林某的母亲打电话给其班主任,说儿子将自己关在屋里偷看色情视频,被母亲撞到仓皇跑出家门。事后,虽然林某在小区溜达一圈后自己返回了家中,但对母亲将此事告诉班主任深感恐慌,虽然班主任还未因此而批评林某,但之后很长时间林某总是惭愧胆怯,不敢与老师目光对视,仿佛做了特别见不得人的坏事。正如古罗马哲学家塔西佗所说:"被禁止的东西有它隐秘的魅力",如果让进入青春期的学生可以通过正常的渠道获取完整的

性知识,也许他们因为猎奇而偷看不良视频的想法会减少很多。

1. 青春期性教育的内容应全面而有针对性

在青春期性教育方面,班主任应根据不同年龄层次的青少年的理解和接受程度,提供符合高中生需要的青春期性教育教材,内容应包括性生理、性心理、性道德、行法制、性安全和性审美等各个方面。

2. 青春期性教育的形式应科学而不尴尬

进行青春期性教育是一件科学而严肃的事,但也应注意组织形式,避免学生哄笑或尴尬的场景。比如让学生了解自己的身体发育情况,对生殖器官健康的学习等,需要组织男生、女生分别进行。性教育过程中注重对于生命起源、生命价值、爱与责任的教育,避免使用存在歧义的词语,避免出现过于挑逗、戏谑的语气,避免拿身边的人举例。

3. 青春期性教育需要取得家长的理解和协助

班主任可以向家长开展青春期性教育的宣传,让一直以来为传统思想束缚家长重视当前学生的心理和生理特征,了解青春期性教育的必要性和紧迫性,让家庭教育中尽早渗透青春期性教育的内容。

【拓展链接】

1. 推荐书目:

《爱碰撞——陪你走过青春期》(刘律廷,中央广播电视大学出版社 2012年版)

2. 人际交往的主要原则

黄金法则:你想人家怎么待你,你也要这样待别人。

白金法则:别人希望你怎么样对待他们,你就怎么样对待他们。

白银法则:己所不欲,勿施于人;己所欲,则施于人。

钻石法则:水至清则无鱼,人至察则无徒;金无足赤,人无完人。

翡翠原则:静坐常思己过,闲谈莫论人非;唯宽可以容人,唯厚可以载物。

玛瑙原则:学会换位思考。

三、工作案例

拨开心灵的迷雾

王某,某中职高二在校学生,在高中一年级时她被同校的一个高大帅气的男生所吸引,于是开始注意该男生的所有活动。她打听到这个男生成绩优秀,篮球也打得很好,在同学中很有威信,又很得老师器重,特别是对待女生非常文雅，从不说脏话，于是心生爱慕。随着这种感情的积累，终于有一天，她大胆向男生表白，这位男生也对她早有好感，于是两人坠入爱河，每天不见面就会觉得心神不宁，王某也担心"男朋友"这么优秀，会不会被其他女生抢走。于是经常"试探"和"查岗"，导致两人产生一些误会，吵架、分手、和好的大戏反反复复。这样的情况下王某根本无心学业，成绩越来越差，对班级活动越来越冷漠。

我了解到小王家境富裕，但精神空虚，父母在她小学时离异，她跟着妈妈一起生活。其家庭对早恋是绝对不允许的，她的姥姥和妈妈管她很严，从不允许她单独与男生玩耍，听说了小王早恋的事情时，其母亲更是勃然大怒。我没有和小王的妈妈站到一边，而是给予更多的理解和关心。我把小王叫到办公室，先是打趣地说："听说高三最帅的篮球王子和你谈恋爱了，你很有魅力啊！"当时小王正在和男朋友吵架，听到我这么说，竟然哗哗地掉下眼泪，说："老师，你不知道，我这恋爱谈得太辛苦了。"我赶紧给她拿纸巾擦眼泪，还拉着她的手请她坐下，说说自己受的委屈。

听小王说到他们总是闹矛盾，而闹矛盾之后又都急于和好，我请她冷静地思考一下这样的反复说明什么？小王想了想，苦恼地说："老师，其实我也不知道该怎么搞对象，可是我就是很喜欢他。"听到她说出这样的心里话，我也很感动，告诉她："小王，你对老师说出心里话，我首先感谢你的信任，既然你这么信任老师，我们就来分析一下你们的恋情吧。"接着我引导小王分析继续这段恋情的利弊，每想到一点开心或好处就记一分，每想到一点苦恼或弊端就记负一分，我和小王在一张白纸上左一分右一分地记记画画，最终得出这段恋情带给小王的苦恼和弊端更多，小王对待这段感情的态度也开始动摇了。

我继续问小王，你觉得他优秀，对他有些患得患失吧？你想想靠查岗和频繁约会能紧紧抓住一个喜欢的人吗？聪明的小王当然知道不可能。她说："老师，可是他真的很优秀。"我告诉她："你现在在职业高中，看到的他再优秀也只是一名职业高中学生，如果你有一天考到大学里，你看到的优秀的男孩将是一名本科生；再比如你在一家快餐店吃饭，选最贵的不过是几十元一份的快餐，而你如果去豪华饭店，才有可能点到山珍海味啊，当然，前提是你有足够的'钱'。"小王陷入了沉思，她问："老师，您是说如果我自己足够优秀，会遇到更好的人，是吗？"我会心一笑，告诉她："你值得拥有更好的爱情，当然前提是你得先多积攒点资本。"

对于小王的早恋，我没有歧视，而是给予了同理心，正面疏导，同时我还与其母亲交谈，首先肯定王某的特长，优点，让怒气冲天的王某妈妈先消消气，同时提醒王妈妈要尊重孩子，理解孩子，避免与孩子硬碰硬的冲突。请家长在生活上多关心孩子,让她感受到家的温暖,同时建议王妈妈给孩子多一点空间和信任,允许她自由安排一些和同学一起的活动,让她和更多的同学建立友谊。后来家长也积极配合老师,互相沟通王某在家的表现,老师帮助出谋划策,并经常提醒王妈妈要与女儿做朋友,不仅及时制止了王某的早恋,还帮助家长修复了与孩子的亲密关系。

中职学生的早恋是一个普遍而复杂的现象,值得全社会,尤其是父母和老师思考,只是想让他们把早恋的心思转移到学习上来恐怕难以实现,如何与青春期的学生增进了解,做好沟通,如何以正面积极的情感引领青春的悸动,是一个大工程,学校、家庭、社会和老师要协同合作,共同努力,探索引领中职生的情感成长之路将任重而道远。

(青岛外事服务学校　李梅)

第七章　做时代生活的引领者

班级就是一个微缩的社会，一个个学生在班集体里扮演着各种角色。在这个小社会里，学生要慢慢学会处理与同学的关系、与老师的关系、与社会的关系。和任何社会成员一样，他们会经历许多故事和风雨，特别是职业院校的学生，他们中的很多人要更早地踏入社会，要比同龄人拥有更强的生活适应力。充当家长和导师双重角色的中职班主任，要运用自己的智慧和社会生活阅历，引导学生，学会适应环境、学会待人接物、学会求同存异、学会竞争合作，使之能健康地生活、幸福地生活、有尊严地生活。

第一节　一起走进流行岁月

一、工作情景

当代中国正处于社会转型时期，多元化的流行文化已成为当代重要潮流，深刻影响着青少年价值观的形成和发展。青少年，尤其是中职学校的青少年，作为思想最活跃、最不稳定的群体最易受流行文化的影响。流行文化的发展导致了中职学生在娱乐方式与内容上的升级，他们满足于操作最新的电子产品，需要最刺激的电子游戏，追求最时尚的音乐，欣赏最个性的卡通动画，编造最流行的打油诗，传送最新鲜的文字……与其让中职学生自主消费流行文化，不如对其施以正确的引领，而最合适的引领人选就是班主任，因此，中职班主任不仅要"传道授业解惑"，而且要做流行文化的引领者。

二、工作项目

【工作目标】

作为中职班主任，应当紧跟经济社会发展步伐，用欣赏的眼光看待时下流行潮流，及时了解中职学生关注的社会流行，尊重并理解学生的兴趣所在，正确分析流行的深层原因，对症下药，发挥流行文化的正能量。

【操作程序】

（一）关注学生喜欢的流行风尚，与时俱进

"甄嬛"流行风

"方才看了看表，转眼已是上课时辰。请问小主，我们是否该移驾教室，且去听听今日先生所教何物？""也好，叫上孙贵人（孙某某同学），我们一同前往。"——你瞧，只不过上个教室，前面那几个女生，竟然说得这么文绉绉的，真不知她们葫芦里卖的什么药！带着这样的心思，我踏进了教室。我正要安排组长们分头去检查同学们昨晚家庭作业的情况，一贯稳重的陶梓明同学却突然从座位上站起，手拿一本草稿纸朝讲台前飞快地跑来。我急了："你你你……你想干嘛？"他愣在那。好一会儿，才"谦卑"地说："柯大人……""嗯？"我丈二和尚摸不着头脑。"臣有一事相求。""你说啊？""肚子突然疼痛甚剧，急需出去方便一下。""去去去……快去快回。"恍然大悟的我，一脸的尴尬。其他同学，听了我们的对话，也全忍不住笑得炸开了锅。

查完作业，刚回座位坐稳，就瞥见同桌和邻座用小纸条在聊天。抢过来一看，恨不能当场晕倒……"小主，今日天气极好。若能在放学路上，与三两个小姐妹结伴踏青，真真好上加好。""所言极是。请去通知陶小主、张小主，中午放学，我们一起。""谢小主夸奖。我这就去。"

我再也按捺不住了，涎着脸凑到同桌跟前："你们这是怎么了，说话拿腔拿调的？""柯大人，你想知道？"她不相信，眼睛里写满疑惑。"不是一般的想！是非常想，特别想，实在想！"我一口气把自己能想到的好词，都吐出去了。"本宫写小纸条之事，你不打算向老师禀报？"哦，考验进行时。"肿么（怎么）可能？你把我小柯看成什么人了？""那，最近有没有看《甄嬛传》？""《甄嬛传》？"我更是云里雾里。

当晚回家，我将电视从央视一套一直调到新疆卫视，才发现除了少儿频道，几乎每个台都在放《甄嬛传》。可怜的我，都中学生了，还天天不离少儿频道。好在还有机会！瞧到后来，我终于发现——原来，那些同学口中的文绉绉的话，就是学的《甄嬛传》中人物所言，即"甄嬛体"！

接下来几周，"甄嬛体"就像一阵风扫过咱们校园，连老师们也没放过。换种说法——对，就是老师们也不甘落后。不信？请跟我来！

课间，我捧着一堆作业本走到了语文老师办公桌前。语文老师看了我附在上面的未缴作业名单后，一声低吼："鲁某某那厮，真是该打！""小主所言极是，本宫深有同感。"英语老师连忙附和。我忍不住咧嘴笑了。见我这样,英语老师故意说:"呀,已是上课时辰!本宫我去去就回。"我只好急急地放下作业本,朝着教室所在的方向一路狂奔。刚到教室门口,就大叫一声:"英老驾到!"喘口气后,才一本正经地转身、立正,然后朝英语老师所在的位置微微欠身,"微臣在此恭迎小主"。

写到此刻,我忍不住朝着上半年的自己微微笑了。坐在中学的课堂上,我的手又痒痒了,那就让我再试一试我的"甄嬛体"——皎洁的明月伴随微凉的清风,还有教学楼下同学们的行色匆匆,一切都在表明,天色已晚。今儿个虽然不困,但梦一定是极好的。毕竟,作文已顺利诞生!

(柯云轩,《青少年日记》2014 年第 3 期)

这是在一段时间内风靡一时的甄嬛体,倾倒了无数的时尚男女。除此以外,还有诸如咆哮体、梨花体、元芳体、淘宝体、高铁体……一时间新文体频频出现,百花齐放;王者荣耀、抖音、快手……一时间新事物层出不穷,风靡到爆。

所谓"流行",根据《辞海》的解释,是指"迅速传播或风靡一时",满足这两个条件之一的现象都可以视作"流行现象",简单地说,"流行文化"就是具有流行性特征的文化现象。改革开放 40 年来,流行文化经历了悄然兴起、快速传播、蓬勃发展的过程。流行文化为青年人搭建了展现自我个性的平台,直接或间接地为他们提供了自我扩展的途径。但是,流行文化导致价值取向和社会角色类型错位的情况时有发生,一些充斥着暴力、色情、神秘主义倾向和封建迷信思潮等低格调的流行文化,因为其自身价值取向的偏离、迷失,对青少年的价值观念具有巨大的冲击力、解构力、浸染力和吞噬力。

青少年既是流行文化的受众,也是流行文化的制造者、传播者,其思想观念和价值取向必然深受流行文化的影响。如何引导青年一代正确认识流行文化的利弊,自觉接受优秀传统文化陶冶,自觉践行社会主义核心价值观,已经成为一项重要课题。

因此,中职班主任无论性别如何专业如何年龄如何,都不能固守传统的观念,要熟悉当今社会的流行元素,关注学生关注的焦点,与社会发展同步,与青少年的思想发展同步,找准和学生共同对话的切入点。班主任要适当关注最新的网络游戏,适当关注最热的网络平台,适当关注当前的娱乐新闻,适当关注最新上映的电影,适当关注流行音乐金曲排行榜,适当关注市面上最畅销的青春小说……中职班主任尽管不能深入详尽地了解某些领域的流行和时尚,但应当对社会流行趋势有整体的了解和把握,便于与学生探讨流行话题,避免了"代沟"效应,使得教育更接近学生的生活,更有生命力。

（二）理解学生追求的爱好兴趣，学会赏析

兰亭临帖 行书如行云流水
月下门推 心细如你脚步碎
忙不迭 千年碑易拓
却难拓你的美……

——《兰亭序》

素胚勾勒出青花笔锋浓转淡
瓶身描绘的牡丹一如你初妆
冉冉檀香透过窗心事我了然
宣纸上 走笔至此搁一半……

——《青花瓷》

一壶漂泊浪迹天涯难入喉
你走之后酒暖回忆思念瘦
水向东流时间怎么偷
花开就一次成熟我却错过……

——《东风破》

上面的歌词在青少年学生中耳熟能详,张口即来。说起歌曲的演唱者周杰伦,相信绝大多数青少年学生都会心怀崇拜。周杰伦虽然感觉口齿不清,但他忠于原创音乐,听周杰伦的歌,桀骜不驯中却有着柔曼的小情调,配上方文山的词,将一场小桥风韵,兰亭飘雪的意境缓缓地哼唱出来,是如此的情意绵绵,中国古典意境悠然而出。其他诸如网络游戏《王者荣耀》,海量英雄随心选择,精妙配合默契作战,10秒实时跨区匹配,与好友组队登顶最强王者,使青少年在热血竞技中尽享快感;诸如选秀节目《中国好声音》,围绕音乐本身做节目,不以其他元素为噱头,不作秀,用真诚的人文情怀来对待节目和选手,让青少年用演技去搏击人生;最成功的要数文化电视节目:《中国诗词大会》和《朗读者》,中国的文字之美,曾通过荧屏一次次让众人惊艳慨叹;《经典咏流传》将诗与歌的形式结合,将流传千百年的诗歌与音乐的旋律相碰击,焕发出新的生命力,吸引诸多青少年对文化经典产生兴趣并予以关注。

在长江后浪推前浪的流行时尚中,一批批青少年学生慢慢长大,或许在成年人眼中,这些流行缺乏营养,缺乏时代精神,缺乏主旋律价值,经不住时间的检验。但作为一名当今的中职班主任,应当客观地审视时代特点,不应该生硬地把自己的价值观强加于青少年,而是应当在了解这些流行事物的基础上,尊重和理解学生的喜好,挖掘这些流行现象背后的深刻内涵,从而有针对性地做好疏导工作。

(三)解析学生崇尚的流行成因,对症下药

青少年热衷于追求时尚,与青少年特有的心理特点是分不开的。

(1)猎奇心理。青少年有强烈的好奇心和求知欲,乐于并善于追求新的事物。手机、首饰、奇装、烫染发、电脑等作为新的事物,一旦出现,中学生更乐于接近、了解和拥有它。

(2)从众心理。青少年与同伴交往的频率已大大超过与父母交往的频率,同伴交往与友谊变得日益重要,产生了强烈的归属的需要,渴望被同伴接纳、认同,受到同伴的尊重、肯定。那些不追求时尚的青少年,由于对时尚知之不多而受到同伴的嘲笑,被看作是"老土""异类",与同伴缺少共同语言,沟通交流受到影响,被排斥在同伴群体之外,为了得到同伴的认可和接纳,不得不随大流、关心和追求时尚。

(3)性意识的觉醒。青少年开始出现第二性征,男女在外貌上产生巨大的差异,性意识开始觉醒,对自己产生了极大的兴趣和关注。希望自己有靓丽的外表、苗条的身材;或英俊洒脱、高大伟岸。他(她)们也开始关注异性,产生了喜欢接近异性、希望被异性喜欢的心理。因而,青少年极力打扮自己,追赶潮流,追求时尚,名牌衣服、高档手机、浓妆艳抹、打扮入时,以引人注目,受到大家的肯定与好评,引起异性的关注。

(4)攀比心理。随着自我意识的发展,青少年产生了强烈的尊重的需要,渴望得到别人的肯定、好评,赢得大家的尊重。为此,他们喜欢在各个方面与同伴一比高低,与同伴比学习、比长相、比家庭经济条件等。一些学生在学习、外貌、才艺等方面不如别人,就转向追求时尚,穿高档时装、用高档手机、买高档电脑……通过炫耀自己家里经济条件的优越,获得心理补偿与心理安慰,维持心理平衡。

(5)减压的需要。现代青少年生活在一个充满压力、竞争的环境中,整天面对作业、考试、升学的压力,特别需要放松心灵,寻求解脱、宣泄、释放,追求时尚成了他们的精神支柱。听流行歌曲、看热门影视、上网、化妆打扮、追星等轻松、有趣的活动,成了他们逃避压力的"避风港"和放松身心、调节紧张情绪的有效手段。

青少年追求时尚,有消极的一面,也有积极的一面。班主任要尽量消除其狂热性、盲目性，把它引向正确的轨道，以促进中职学生健康的成长。

（1）追求时尚应不违背社会规范。中职班主任要引导学生正确鉴别时尚，切忌盲目从众。时尚的追求要顾及社会道德规范和学校校规。在某种时尚流行之际，社会道德规范和学校校规常常会对其进行褒贬、加以取舍。如以会说外语为时髦、以善用电脑为时髦等，是积极、健康的，有助于丰富、充实个体的精神生活，培养健康的审美情趣，具有较高的价值，要鼓励青少年去追求。而露肚脐装、化妆、佩戴首饰、烫染发等，虽然社会盛行，但青少年不能热衷于此。即使是社会道德规范和学校校规允许的时尚，也不是所有的人都适合，要因人而异，因性别、身材、风度、家庭经济状况和场合而定，不应相互攀比。

（2）提高审美情趣和鉴赏能力。由于青少年的审美意识还较朦胧，审美能力不成熟。对于什么才是真正的美，认识较模糊，导致盲目追求时尚，既有损于自己的形象，又不利于自己个性的健康发展。因此，班主任要加强对中职学生进行审美教育，提高其鉴赏能力。首先，要使他们认识到自然美胜于修饰美。青少年蓬勃朝气、富有青春活力，拥有明亮的双眸，水嫩的脸蛋，乌黑的秀发，处处散发出青春的光彩，展示出清纯的形象，这是最迷人的，是自然美。完全没有必要在穿着、打扮上刻意追求时髦、修饰自己。其次，要使中职学生认识到心灵美胜于形象美。不少中职学生过分讲究衣服和发式的修饰，追求外貌之美。固然这是美的一部分，但不是美的全部，人的心灵美、行为美远胜于外貌美，心灵美、行为美更令人陶醉。所以应把注意力集中在学习知识、完善人格上，做到自信进取、勤奋好学、文明礼貌、诚实守信、乐观坚强……这才会闪耀出更多的美！

（3）充实精神生活，转移"兴奋点"。青少年富有朝气，精力旺盛，好奇心、求知欲强烈，如果他们有理想、有追求，精神生活丰富、充实，那么就不至于沉迷于盲目地追求时尚。班主任可以通过开展丰富多彩的课外活动，组建多姿多彩的学生社团，充实其精神世界；成立科技、文艺、体操、电脑、写作等兴趣活动小组，举办摄影、书画展览，举行演讲比赛，组织学生对社会热点问题进行讨论、辩论等，培养中职学生广泛而健康的兴趣爱好。人的兴趣爱好有高尚和低俗之分，高尚的兴趣爱好有利于中职学生身心健康发展，并使他们的精神生活充实、有乐趣。因此，要注意培养青少年广泛而健康的兴趣爱好，培养他们学习科学文化知识的兴趣，培养他们参与科技、文体、书画活动的兴趣，培养他们参与社会活动的兴趣……这样，中职学生就会感到精神生活充实，从而热爱生活，好学上进，把主要精力集中在学习上，不再一味地追求外在时尚。

（4）加强行为控制，坚守底线。青少年的神经活动兴奋强而抑制弱，辩证思维还没有充分得到发展，遇事易冲动，容易产生强烈的情绪情感和狂热的行为。

因此,班主任要引导中职学生对追求时尚的行为、情感加以自我控制,正确地看待时尚,理智地追求时尚,把追求时尚的行为维持在合理、适度的水平上。要学会控制自己情绪表现的强度,掌握合适的情绪表达方式,适度、合理地释放情绪。要学会控制自己的行为,使之不背离基本的道德行为规范和校规。

近年来,青少年患艾滋病的比例逐年增高,性行为和吸食毒品是学生感染艾滋病的主要途径。中职班主任必须向学生讲明艾滋病传播的路径。在偶像小说与青春影视剧中,男女主人公山盟海誓使许多青少年心仪不已,多元化的社会风尚也使得青少年学生会突破道德底线而偷尝禁果。面对中职学生越来越开放的思想状况,面对中职学生越来越随意的早恋现象,中职班主任既不能横加干涉,也不能听之任之,要引导中职学生理性地看待青春期的情感萌动,最重要的是要认清网络、影视剧与真实生活的区别,不要过早地品尝禁果。

中职学生正值青春期,猎奇心强,面对社会上的诱惑,特别容易接触毒品甚至上瘾。吸毒的青少年大多数都是从吸烟和泡吧开始的,现在有些毒贩子把毒品混在烟或饮料中,先是免费提供,诱使青少年吸毒上瘾,以便从中捞取钱财或达到其他目的。中职班主任必须向学生宣传"拒吸第一支烟",不到酒吧或夜店,不跟风耍酷而沾染毒品。

(5)发挥大众传媒的正确导向作用。大众传媒形式生动活泼,对好模仿、喜欢猎奇的青少年常常产生广泛而深刻的影响。因此,班主任可以利用各种大众传媒,发挥舆论的正确导向作用,引导中职学生合理、适度地追求时尚,确立正确的价值取向。通过大力宣传无私奉献的人,讴歌品德高尚的人,称颂富有敬业精神的科技精英……引导中职学生以这些人为偶像,学习他们积极进取的精神、无私奉献的精神、刻苦钻研的精神;通过大力宣传学习外语的意义,引导中职学生以学习、运用外语为时尚;通过大力宣传讲文明礼仪的重要性,引导中职学生以讲礼貌、有涵养为时尚等。

【拓展链接】

1. 盘点影视剧中学生喜欢的经典时尚教师形象

《麻辣教师》应该算是关于教师题材的经典电视剧了,反町隆史饰演的鬼冢英吉阴差阳错成了高中老师,最终却凭借自己独特的方法将一帮问题学生收服得服服帖帖。

《死亡诗社》基丁老师,他让所有的学生称他为"船长",他让孩子们写自己的诗,他用自己的方式教会他的学生思考,他成为他们的船长带领他们起航。

日本动漫《灌篮高手》中的安西教练,这个和蔼、海量又很有篮球技巧的教练的精心教育,使得自命"天下第一天才"的樱木花道最终成了真正的"篮球天才"。

《十八岁的天空》中的古越涛,个性张扬、童心四溢、酷爱作秀。他将自己当成学生的朋友,把一个是非多端的班级调整成了一个阳光四射的团队;他用循序渐进的方法,让全班孩子们真切地感悟到素质教育是阳光教育。

2. 娘炮这股流行风,是怎么刮起来的?

2018 年世界杯期间,一张"少年强则国强,少年娘则国娘"的合成图刷爆了朋友圈。同样 19 岁,法国队的非洲裔球员姆巴佩赢球后表情激扬,棱角分明的身体散发着男性特有的荷尔蒙气息,与之形成强烈反差的是,中国某当红男星组合,身形纤弱,口衔一枝花,一副弱不禁风的样子,丝毫看不出青年男性该有的阳刚之气!

如今,我们在国内娱乐界看到的很多"小鲜肉"男星,喜欢涂脂抹粉,画眼线,保养皮肤,以白为美,传统的典型男性特征,比如黝黑的皮肤,有力的肌肉,洒脱不羁的胡须,在这些人身上几乎绝迹,他们也因此被人戏称为"娘炮"。台剧、韩剧热播十多年下来,直接影响到了 90 后和 00 后两代人的审美价值观,这正是如今几年国内娱乐圈"小鲜肉""娘炮"男星大行其道的群众基础。

"娘炮"的存在,以及把男性特征女性化这股风潮的流行,这个现象到底是好是坏,群众的眼睛是雪亮的,群众的观感和风评也是准确的,否则也不会有"少年强则国强,少年娘则国娘"这样的段子出现,而当这个段子一经出现便立即在朋友圈中疯狂刷屏时,反映出来的其实是这个时代对健康向上审美价值观的真正呼声。

（搜狐网,http://www.sohu.com/a/248624759_628945,有删改）

三、工作案例

班级微电影,让每个学生都成为人生的主角

现在,许多教师都会用手机等工具记录学生在学校的生活,待到学生毕业时,把这些素材做成毕业光盘送给他们。2012 年 6 月,在我送走第一个班级的时候,我也尝试了这样的做法。但是,无论学生有多么喜欢这样的内容,那也只是过去式,很难激发学生对未来的热情。

那一刻我就在想,三年为一个反馈周期,是不是太长了一些?我们可不可以调整一下顺序,在学生入校之初就做类似的事情,而不是等到毕业时?我们可否增加一些电影元素,为学生塑造一个全新的角色,发挥心理学的"角色效

应"? 这样的思考一直盘旋在我脑海中。

用镜头塑造不同角色

原本打算重新接手一个新班级开始这个实验，未曾想学校在一年级结束之后，将每个班分流出一部分学生，组建成一个新班级，而我则被任命为这个班级的"后爸"班主任。

从原有班级被分流出来，总是有失落感、被抛弃感。不过，我还是找到了这次偶然分班事件中的正面能量：面对新环境，每个人都会清零以往的不如意，翻开新的一页，这是一个重建个人形象的良机。

新班级组建后迎来的第一个元旦，"除旧迎新"之际，我与学生们商量："可不可以试着拍几部微电影？"

前期，我有意做了一些事情激发学生们的自信心，使得他们愿意去尝试新事物。因此，这个提议很快得到通过。我们一同商定了这次微电影的主题——"青春、励志、迎新"。全班分为四个大组，计划用一周时间进行准备。

现在的学生在新技术使用方面往往优于教师。关于如何选剧本、如何拍摄，我都没做过多要求，只是与组长们简单探讨了微电影的主题。基于相信学生有能力完成任务的前提，我还有意识地减少了自己在活动中的存在，把更多的自主权交给学生，让他们充分表达自己的想法。

学生在自由探讨中发现，班级内潜藏着一位电脑高手，最终完成的四部作品《当末与未相遇》《回家的诱惑》《坚持自我》《锦城》都由该学生完成剪辑合成工作。

作品《当末与未相遇》通过镜头记录了学生们的校园生活常态，通过四个片段——从未欣赏过、从未自信过、从未尝试过、从未关心过，来展示全新的学生视角。难能可贵的是，学生还结合玛雅人世界末日的预言，利用对比的方式，为这些情形重新设置了一种可能，塑造了撑着红伞漫步欣赏校园美景、认真练完一首完整的钢琴曲、充满自信主动参与班级活动、主动给父母打电话送祝福的角色。通过对比，让这些现实中的角色察觉到生活本是一个多选题，会因为我们的主动改变而变得更加精彩。谁说我们的学生不关心父母，谁说我们的学生不知道上进，只是有时候教师和家长不理解他们的表达方式，没有站在他们的立场去理解。

其他三部作品分别涉及情感（《锦城》）、亲情（《回家的诱惑》）、励志（《坚持自我》）等主题。在没有过多的引导下，学生自主地选择这些题材，都是值得我们思考的。从学生的内心来说，还是希望成人多去关注他们的内心感受，正如怀特海所说："学生是有血有肉的人，教育的目的是为了激发和引导他们的自我发展之路"。

"审片"后,我充分肯定了学生的创造性,并与大家一起策划了下一步配套呈现形式。元旦那天,我们邀请了部办的教师,模拟电影节首映式形式召开首届班级微电影首映式,并为"导演"和"演员"颁奖。

活化学生自身资源

首映式结束后,我们的后续活动才刚刚开始。我以多种方式对导演、编辑、演员等角色进行持续跟踪,做个案研究,并成功申报了个人课题。在个案研究过程中,我尝试引导学生梳理自己在整个活动中的内心感受,让他们察觉改变。

如今,各地的校园活动有许多,却往往只是走了形式而未能用心。许多时候,教育者需要察觉到学生身上那一丝微弱的自信之火,让其持续燃烧成不竭的内驱力,如此活动才会变得有意义。

回顾元旦迎新活动,我觉得学生很好地抓住了除旧迎新这个主题,为自己塑造了一个全新的角色,这也是微电影介入班级管理最大的魅力所在。技术的进步,让我们打通了过往、现在与未来的通道,让人们重新审视生命的多元可能性。一个新的角色激发了学生内在潜藏的原动力。我们并没有教给学生什么,我们只是借助技术手段为他们呈现了另外一种可能。只要你能够让学生动起来,方法就会在不断试错中逐步完善。我们的学生不是零基础,我们的学生不是零资源,他们缺的是那个给他们搭建平台的教师。

当学生真的用全部力气完成一部作品后,教师也要用全部力气把这件事再往前推进一小步。在上述活动中,我与学生们基本构建了这样一个流程架构,"拍摄——展示——跟踪辅导"。教师要做的是把握大的方向,具体细节由学生完成即可。

当我们的作品出炉后,虚拟的角色会冲击现实的角色,让他们不得不想到改变。这里不再有太多的说教,有的是虚拟和现实的对话,更多的是一种自我教育。微电影让教师重新审视自己的教育角色,退到幕后做学生的合作者和支持者,把成长的主动权真正还给学生。

小雪球越滚越大

每个人都是班级的明星,每个人都很重要,每个人都值得我们去关注。电影本身是一门综合艺术,有演员、剧务之分,有主角、配角之分,分法有许多种,只要调配得当,我们总是可以为每个人找到适合的角色。正如我最初的元旦创新活动,通过集体活动充分调动全体学生的积极性,让每个人感觉到自己真的很重要。在互联网和自媒体如此发达的时代,每个学生既是信息的接受者也是信息的发布者,凡是从这项活动中受益的学生,都可能自发地影响到周围的群体并不断扩展形成良好的口碑，良好的口碑也是吸引更多学生积极参与的基础。凡是学生感兴趣的事情，能够找到快乐的事情，学生必然会为之倾注自己的时间和精力。当然在校园内，我们的活动基本上是利用午休、自习等相对自由的时间，有时也会延展到放学后做后期的剪辑工作。

在面向全体学生方面，我结合班级实际，选取了班级的几件小事，提炼了"把简单的事做到极致的好"这样一个主题，编辑拍摄了一部成长纪录片。

小雪球越滚越大。在班级发展中期，我从面向学生全体开始延伸到面向学生个人、面向学生小团体等多个维度进行选题，令学生作品变得更加多维立体。

在面向个体和小团体方面，结合学生的音乐特长，我们拍摄了音乐影片《少年中国》；结合非主流小团体的正能量，拍摄了原创故事《你一直都在》和《Trouble is a friend》（与烦恼为友）。

当然，在这个阶段，我们必然会遇到失败、倦怠等负面情绪，再好的事物都会经历这一阶段。《你一直在》拍摄得非常成功，而《Trouble is a friend》（与烦恼为友）却不是很满意，对此我没有做过多的评价，而是接受既成的事实。拍摄团队也遭遇了倦怠的情绪，对此我也没有鼓励他们做过多的尝试，而是让他们接纳自己的情绪，尊重自己的感受，让一切自然存在。无论成功与失败都是一种体验，察觉这种感受就好。所以，我所做的就是安抚他们的情绪，引导他们自己去梳理，让节奏慢下来。不成功的作品依旧在那里，我与他们商量，等他们想做的时候重新整理，拍续集就好了。

那些被唤醒的热情

通常，一些偶然事件在人的成长过程中会起决定性作用。学生秀秀曾经是一个非常内向的孩子，因为微电影，她找到了自信，扩大了朋友圈。剪辑，曾经只是她的一个爱好，却在班级微电影这个平台得到了肯定与关注，重塑了自信。秀秀先后在成人高考时取得年级第一名，并多次代表学校参加各类微电影大赛获得奖项。正是在她的技术支持下，我们的微电影团队和学校的情景剧、广播剧社团实现了对接。当秀秀的父母说"当初选择职业学校是正确的"这句话时，我想这是我所听到的最高评价。而今，秀秀已远赴日本留学，并且在积极冲刺国际名校。

梦婷是一个执着追求理想的学生，她在最后一学期前拍摄的作品《夏末终年》，让她第一次真正爱上这个班级、这个父母替她选择的专业。她还写下《永远不要轻易否定自己》的励志长文，最终成功说服家长，争取到南京财经大学就读自己喜欢专业的机会。小享是这个影片中摔门而出的女孩，正是因为电影角色选择改变自己，在闷热的夏季苦练钢琴，最后专业成绩成为全年级第一。与此同时,她还唤醒了自己对舞蹈的热情,最终也因机缘巧合进入金箔集团艺术团。芙蓉、雅文、文舒、久久、四九、楚静等学生,均在微电影平台最大化地贡献了各自的资源。

电影融合文学、音乐、舞蹈、美术等各门类,作为一种技术手段最能有效合理调动学生已有的资源。在微电影的制作中,我始终坚持学生主导,以学生的视角记录成长故事,不过分追求艺术上的精致,让学生先把事情做起来。最初学生只是在完成教师交给的任务,但是在做的过程中,他们不断地接近活动的意义。当然,我们还不能预言他们的未来如何,但是这段尝试必将是他们人生路上重重的一笔。

每个人来到这个世界是为了成为自己,不必去模仿其他人。每次微电影活动,目标的设定基本上是由学生自主商议确定的,我充分给予他们自由选择、创作的机会。学生通过自己的选择、创造,不断地探究世界,错误、失败是最好的学习资源,教师不能因为追求完美而惧怕失败,反而剥夺了学生自我探究的机会。通过拍摄微电影,学生从实践中不断完善作品的内涵,把所学的知识变现、变活,在行动中重塑自信,在自信中不断推动自己前行。

（陈斌,《中国教师报》2016 年 11 月 8 日）

第二节　遵守网络游戏规则

一、工作情景

互联网是世界第三次科技革命给人类带来的最大礼物,网络以其强大的生命力,迅速地渗透到人们生活的各行各业,从交友到购物,再到衣食住行的方方面面,互联网可以让人跨越地域上的距离与限制,足不出户,就可以完成信息与资源的互换,它的出现极大程度地改变了人们的生活方式。

网络同时是一把双刃剑,运用不当也会产生负面影响。网络心理学研究表明,网络环境与现实环境的差异会对人的心理行为产生影响,比如我国现阶段有部分中职学生因为接触互联网比较早,加上本身年龄小,意志力薄弱,难以抵抗网络世界的诱惑,很容易沉迷于网络,不分日夜地聊天打游戏,伤害身体的同时也影响学习,长此以往会摧残中职学生的精神、意志与心态,沉浸在虚拟世界里也会影响对现实的判断,容易造成青少年学生心理的扭曲,对青少年学生的身心发展造成极大的破坏,如果不及时进行管控与干预,最终会增加青少年学生犯罪的概率,不利于社会的和谐稳定。

二、工作项目

【工作目标】

中职班主任,接触到的是最普通的学生团体,他们中间的很多人过早地接触网络,过深地沉浸网络,网络已经深入到学生生活的点点滴滴,这是一个无法回避的问题。中职班主任要脚踏实地,面对现实,针对学情,化堵为疏,主动占位,善于发挥网络的正能量;要引导学生加强自律,强化防范意识,防范网络的不利影响;要搭建平台和拓展路径,引导学生走出虚拟空间,与学生共同健康成长。

【操作程序】

互联网具有新颖性、互动性、开放性、平等性、虚拟性、超时空性,信息传播的高速性、无限性和复杂性等特征。这些特点既可成为优点,又可成为缺点。如互联网的新颖性深深地吸引着青少年,甚至使他们沉迷其中;互联网的开放性,互动性使人类不受地域和时空限制,在网络世界发布、传播、接受和使用信息都变得极为随意和便捷,但也容易带来无序、混乱、危机;互联网的虚拟性给人们提供了隐身的平台,在互联网中人们的身份、活动的工具等等都是数字化的符号标志,鲜有真实性的意义,但互联网的虚拟化导致了网络犯罪感的虚无化,进而使互联网犯罪迅速增加……网络心理学的研究表明,网络环境与现实环境的差异会对人的心理行为产生影响,尤其是对思想价值观尚未形成,个人约束力相对薄弱的中职学生,更容易造成思想反差,出现诸如上网上瘾、沉溺网络游戏、迷恋网恋、甚至为网络所困走上犯罪。

面对网络对青少年的巨大吸引力等重要因素,我们在解决此类问题时,"堵"不是上策,"疏"才是关键,这才是治本之策。因而,班主任应着力探索贴近学生生活的行之有效的措施,引导学生形成是非意识,合理使用网络,登录健康网站,适度进行网络游戏,发表健康的网络言论,培养合格的社会公民和社会主义建设者、接班人。

（一）主动出击,发挥网络正面能量

案例:据《半岛都市报》报道青岛市某学校一初二男生上网成瘾宁愿不吃中午饭也要省钱上网,父母藏在枕头下的钱经常被偷,于是其父母采取强硬手段加以管束,但该男生却已无法自拔,在家中反省时竟整日哈欠连天如吸食了毒品一般。

一位心力交瘁的父亲说其 18 岁的儿子上网成瘾，一天 24 小时里从中午 12 点至晚上 12 点在网吧"沉着应战"，晚上 12 点到次日中午 12 点在家里"闭目养神"，天天如此。为让其子完成学业一年多竟换了 5 所学校但都不能断绝其子的网瘾。这些报道在报刊及网络上并不鲜见，在我们生活中也时有耳闻。

网络作为一种工具、一种手段、一种生活方式，已经成为人类生活最为重要的载体，为人类生活提供了无可替代的便利，具有强大的知识信息传播功能。因而，网络本身并不是洪水猛兽、灾害祸水，网络的确是双刃剑，但是我们作为新时代的中职班主任，不能看着学生误入歧途，也不可能让学生因噎废食。网络给我们学生思想教育工作带来严峻考验的同时，也提供了新的活动阵地。

首先，借助网络，构建师生交流新平台。优秀的班主任就是善于与学生沟通的班主任。作为互联网时代的中职班主任，需要与时俱进，熟悉网络知识，掌握网络工具，建立网络交流主阵地，在网络上成为学生的良师益友。例如中职班主任可以建立班级 QQ 群，邀请学生及家长以虚拟身份加入，延长交流的时间和空间，及时了解学生和家长的想法和行为，并第一时间予以引导。其次，先入为主，抢占网络教育制高点。中职学生上网带有一定的盲目性，主要是消耗时间和满足感官刺激需求。你不占领别人就会占领，班主任要和学生一道做网络的主宰者，共建网上精彩世界。例如班主任可以建设班级主页，规划学生感兴趣的栏目，组织有意义的网络主题活动，让学生在网络中找到自我，并发展自我。

（二）加强自律，遵守网络道德规则

案例：当下越来越多的学生使用 QQ、微信朋友圈去展示生活精彩，部分学生趋于炫富、攀比甚至误入传销组织或走上犯罪道路。

如果你是班主任，你会怎么办？这就要求发挥新媒体作用，培养学生正确人生观、价值观教育。

随着社会的不断进步，微博、微信、QQ 等新媒体手段越来越深入百姓生活，真正实现了足不出户便知晓天下事。虽然新媒体的出现给生活带来诸多便利，但同时也是一把双刃剑，给我们带来了一些挑战。新媒体中带来的一些负面影响会直接影响学生的价值观养成。中职生正处于发展的关键期，思想、心理等方面不成熟，容易受外界干扰，炫富、攀比就是一种体现。法制教育的缺失，也会导致青少年学生不慎踏入犯罪深渊，比如误入传销陷阱。

作为班主任，可从以下四个方面入手：

第一，班主任以身作则，做好榜样作用，利用"光圈效应"引导学生充分利用新媒体的优势。比如班主任自身兴趣爱好广泛,喜欢写文章、跳舞,并且自己有公众号,可在自己的朋友圈和 QQ 群中发表自己的作品,起到示范引领作用,让学生认识到新媒体还可以如此出彩。

第二,改革传统的沟通方式,尝试用新媒体来沟通。比如引导学生改传统周记为在 QQ、微信群里发表文章,实现资源共享。定期对优秀文章做评比,并且设立奖品,引导学生用新媒体传播正能量。

第三,召开主题班会,引导学生树立正确人生观、价值观。利用平行教育理论,精心设计、由浅入深,逐渐转变学生喜欢攀比,喜欢不劳而获的观念,明确美好生活都是靠努力学习才能获得。

第四,开展法治教育,防患于未然。《关于加强和改进中等职业学校学生思想道德教育的意见》中指出,中等职业学校的德育主要任务之一是进行道德和法制教育。学生如果缺乏法律知识,就不能很好的自我保护,并且容易被带入犯罪的漩涡。在平时管理或者开班会时给学生灌输法律知识,让学生学会如何辨别传销组织,防止上当受骗。

作为中职班主任,要引导学生树立网络道德规范。在信息时代,传统的道德规范已经无法适应互联网对青少年德育发展的需要,引发了大量道德失衡的行为。因此,实施互联网道德规范至关重要。班主任应当制定适合的《青少年互联网道德规范》,"要求青少年善于网上学习,不浏览不健康信息,诚实友好交流,不侮辱欺骗他人,增强自我保护意识,不随意约会网友,要维护网络安全,不破坏网络秩序,要有益身心健康,不沉溺于虚拟时空",使青少年学生自觉地履行互联网规范,培养出自觉的互联网意志,道德责任。作为中职班主任,要培养学生的网络保护意识。要引导家长和学生加装防火墙和反黄软件,建立先进的检测机制,"过滤"网络信息,以防止信息垃圾和犯罪活动的入侵,也防止不良的信息污染青少年学生,要教育学生网上聊天要保守身份秘密、家庭住址和电话,未经父母同意不得随便和网友约会,不相信网络非法集资"发财"的套路,保管好自己上网使用的各种密码……让中职学生做安全的网络原住民。

（三）创新路径,破除网络虚幻魔咒

案例: 网络游戏在学生中较为流行。班级中有一部分学生在课间和晚自习期间经常讨论玩网络游戏的事,有同学在周末相约去网吧玩,甚至个别同学通宵达旦,彻夜未归。

这是班级管理中的什么问题? 产生这种现象的原因是什么? 作为班主任可采取哪些有效措施对学生进行有效教育?

作为中职班主任,应当明确这是学生的自我教育和自我管理上存在问题,是班主任对学生规则的培养和执行上存在问题,同时也存在对学生的理想信念的教育问题和安全管理方面的问题。这种现象产生的主要原因可以分为以下方面:内因主要包括,学生没有树立正确的学习目标,学生自我约束能力较差,自律意识,学生的自我效能感比较低,感受不到自我的价值,体会不到学习的快乐,在现实生活中无法获得肯定与认同,在网络世界寻找存在感。外因主要包括,社会方面网络游戏盛行,学生容易受到诱惑;家庭方面对学生关爱较少,对学生缺乏约束;学校方面教育手段单一,对学生的安全管理存在漏洞。

对此,班主任可以采取以下措施:其一班主任应该努力培植学生的学习动机,提高学生的自我效能感;其二引导学生正确地对待网络虚拟世界,合理使用互联网等新媒体,根据马卡连柯的集体教育理论,组织开展"正确认识网络,合理利用网络"的主题班会,通过集体教育个人,通过影响个别学生而影响集体。指导学生提高使用网络的水平和能力,特别是要提高学生的自控能力;其三在班级的各项工作中,体现"人人有事干,事事有人管",让每个学生都有展现自我才能的舞台,帮助学生建立自信;其四开展丰富多彩的社会实践活动,充实学生的业余生活,从而分解学生业余玩网络游戏的时间。

破除网络虚幻魔咒的主要途径,就是提高集体凝聚力,让学生在现实中获得幸福感。作为中职班主任,首先开展心理辅导,来强化学生的意志力。中职学生一旦形成网瘾之后,在心理上对上网会有一种依赖性,如果靠强制性的不许他接触网络来矫正他的网络行为偏差,只会治标不治本,学生出于心理不情愿和网络的诱惑力,甚至会反抗这种粗暴的干预模式,最后造成与家庭学校更大的矛盾。所以,要从根本上改掉沉迷网络的坏习惯,需要从学生自身入手,对他们进行心理辅导,从思维认知的角度认识到网瘾的危害,通过增强他们的心理意志力来抵抗对于网络的迷恋与依赖。

其次加强对学生的关怀,实行感化教育。无论中学生沉迷网络的诱因是什么,现实世界都是他们必然要面对的,家庭与学校应该多关心这些沉迷网络的学生,通过生活上的关怀,情感上的沟通交流,来让他们的心重新回到现实生活中来,当一个学生拥有充实愉快的生活,高远的理想,和谐的人际关系以及健康的思想观念时,他已经不需要再通过网络世界来填补精神与内心的空虚了,他的现实生活能给他所需要的精神食粮,让他有足够的勇气与信心来戒除网瘾。所以,家庭与学校需要加强合作,随时关注学生的心理状态,及时发现问题解决问题。

再者引导学生参加户外活动,回归集体。中职学生沉迷网络不能自拔,与他们的心理意志有很大的关系,除了必要的心理指导来强化意志,还需要社会实践活动来干预他们对于网络游戏的迷恋,如学校可以组织他们去参加社会性实践活动,去走访养老院,看望孤寡老人,去参加公益性活动,参观博物馆等集体性的、有意义的活动,让学生充分感受走出门外参加现实社交带来的充实感,这种愉快的心理体验能分散他们对于网络的依赖,更加注重线下社交与户外活动,而且实践活动让他们能主动参与其中,实践过程所产生的收获也增加对这种活动的好感,能帮助他们把集中在网络上面的注意力转移到其他有意义的事情上。

【拓展链接】

1. 全国青少年网络文明公约

要善于网上学习,不浏览不良信息。
要诚实友好交流,不辱骂欺诈他人。
要增强自护意识,不随意约会网友。
要维护网络安全,不破坏网络秩序。
要有益身心健康,不沉溺虚拟时空。

2. 国内青少年优秀网站

心域网(http://www.deyu.sh.cn)
中国青年网(http:www.youth.cn)

三、工作案例

你的班级你做主
——利用"网络平台"实现班级自主管理的策略探究

在传统的班级管理中,我们看到许多教师整天忙忙碌碌,亲自过问、处理各种班级事务,而学生只是被管理者。老师们从早上一进校门,就会在学生身边小心谨慎地看护着,直到放学送走最后一名学生才能稍稍松口气。这种"保姆式""警察式"的班级管理模式,使学生对老师越来越依赖。其实,这样管理的弊端还不止这些,最主要的是它不能充分发挥学生的自主性和积极性,严重忽视了学生自我管理能力的培养,忽视了学生内心渴求在自我管理中取得发展的强烈愿望。利用"网络平台"进行班级管理,是我这几年来进行班级管理的新尝试。它是在发挥传统班级管理特色的同时,借助网络的特点,优势互补、因势利导、趋利避害的一种新型的班级管理模式。

一、网络平台管理的基本思路和策略

1. 网络平台管理的基本思路

随着学校网络建设的完备,学生家庭电脑拥有率的提高,网络平台在班级管理中发挥着越来越大的作用,同时对学生的学习和生活也产生了越来越重要的影响,这也对班主任工作提出了新的挑战。作为一名班主任,应该让我们的学生在网络环境下,走进一个属于他们自己的空间,积极主动参与班级管理,发挥其主体作用,并在管理过程中学会自我管理,培养自主性、能动性、创造性。

2. 网络平台管理的策略

(1)班级QQ群——沟通情感的桥梁。在多年的班主任管理工作中,让我感受最深的是要加强班主任与学生的心灵沟通,提升学生对教师的信任和认可。但做过班主任的老师都会发现,我们除了上课、改作业的时间外,很少有时间主动与学生沟通,即使师生间进行交流,中高年级学生也很少当面说出自己内心的真实感受。于是,我尝试着创建了班级QQ群,在我的动员下,家中有电脑的学生都非常积极地加入了班级QQ群,我和他们约定每天在晚上7:00～8:00,周六、周日的下午2:00以后我会打开自己的QQ,与他们取得联系,我要求他们上QQ的时间,一定要在写完作业以后。学生们个个兴奋不已,表示赞同!就这样,我和我的学生们开始了网聊。开始他们对我都很谨慎,只讲班级里发生的一些好的事情,向我提点班级工作的建议,或者向我讲讲当天碰到的难题,慢慢地,我似乎取得了他们的信任,他们开始向我说出他们的小秘密或同学之间不为人知的事情,使我更加了解班级和学生的情况,做起工作来也更加得心应手了。

(2)电子邮箱——打开心锁的钥匙。对于一些比较隐秘的,不好在QQ上发表的东西,我就与学生采用电子邮件的方式互相联系。我教每个孩子如何申请E-mail,并把自己的E-mail地址在班内公布,欢迎他们来信以署名方式或匿名方式交流学习问题、生活问题、思想问题或班级管理问题。由于E-mail匿名、隐蔽的特点,能充分缩短师生之间的心理距离,消除班主任所赋予的权威给学生带来的心理压力,学生可以大胆地各抒己见,真实地表达自己的内心情感。尤其对部分存在自闭与防御心理、以自我为中心等情况的学生,使用电子邮件开展虚拟的隐形沟通对他们是很好的方法。一旦他们利用这种虚拟的方式反映出这方面的问题时,就是班主任做好工作的最好时机。

(3)班级主页——展示才华的舞台。随着与学生们在QQ群的闲聊,渐渐地我发现了我们班的电脑高手——唐唐。我让唐唐带着几个同学创建了"班级主页"。班级主页是实现网络化班级管理的阵地,是虚拟化的班级新舞台。唐唐在班级主页上为每个学生制作了成长档案,内设"我的照片""心语小屋""家园联系""团队活动""作品展示""小小画廊"等栏目。平时,我随时带着照相机,捕捉每个学生的闪光点、记录学生的每个精彩瞬间,促进学生自身素质的提高,树立信心,培养成功感。同时,我要求同学们把自己更多的成长信息存储在网上空间,充分发挥每个学生的特长,让每个学生都成为自己的主人。

每每学生看到自己的成长,看到自己的身影,他们都会兴奋不已,他们每天想的是如何展示自己的才华,怎样为集体争光。而追打嬉闹、矛盾纠纷也越来越少了。

(4)班级博客——管理班级的核心。在唐唐的建议下,我班又建立了一个名为"四(1)班,温馨的家"的班级博客,班长把班级建设思想通过这个平台向同学们发布。慢慢地,这个公共空间就成了我们班网上的精神家园,师生们在这里一起讨论并决定班里的事务。唐唐还为班级各部门设立了"班长""学习部""卫生部""纪律部"等文件夹,要每个部门的班委在每周日之前把工作总结上传到相应的文件夹里,为了更好地落实班级日常工作,他们还设立了"课堂"和"作业"文件夹。

通过班级博客的一篇篇工作总结,布置班级任务的建议等,我看到了这样一个虚拟的网络论坛不仅提高了学生的文字表达水平,也正在悄然提高学生的自主管理能力。

二、初步取得的成果和反思

1. 成果

美国著名心理学家罗杰斯曾经说过,学生只有在紧密、融洽的师生关系中,才能对学习产生安全感,并能真实地表现自己,充分地表现自己的个性,创造性地发挥自己的潜能。两年来,我利用网络平台进行班级管理,与传统的班级管理优势互补,拉近了我与学生的心理距离,有效地节省了时间,起到了高效管理班级的作用,同时也收到了良好的教育效果。在网络环境下,学生走进了他们自己的时空,积极主动地参与班级管理,发挥其主体作用,并在管理过程中学会了自我管理。

2. 反思

在这样的网络平台里,每个学生都是平等的,谁都可以发帖子,谁都可以进行评论,民主地参与班级管理与建设。以前,班主任工作很大的一个困难是,没有多少时间共同处理班级事务,而网络可以不受时间、空间的限制,可以提供给师生共同管理班级事务的空间和契机,使我们的班级管理更加高效。

值得注意的是,网络这把"双刃剑",在带给学生高效、便利的全新交往体验和丰富知识的同时,也隐藏着大量消极负面的内容。教育引导学生正确认识网络,树立正确的网络使用理念,正确地使用网络就显得十分重要。引导学生文明地走向网络空间,充分地发挥网络的文化功能、传播功能,是我们每个教育工作者不可回避的现实问题。

(万发荣,《小学教学研究》2014 年第 29 期)

第三节　从容应对突发事件

一、工作情景

学校里工作最累的莫过于与学生朝夕相处的班主任。一个由数十人组成的团队,不可能永远是和风细雨、风平浪静,时不时会出现一些打架斗殴、扰乱课堂、离家出走等突发事件,尤其在中职学校,班主任经常要面对层出不穷、各种各样的班级学生突发问题。这些突发问题一旦处理不当,就会对学生的教育造成严重的负面影响。因此,合理处理突发事件是班级管理工作的重头戏,也最能考量班主任的工作技巧和能力。

二、工作项目

所谓班级突发事件是指在班级管理中那些突然发生的、意料之外的不良事情或矛盾冲突。突发事件带有猝发性的特点,事件发生的时间、地点、涉及人员、性质、造成的严重程度等都始料不及。伴随着"猝发性"还具有"紧迫性"的特点,由于事件与班级工作管理密切相关,班主任必须及时、妥善地处理,若错过恰当的处理时机,往往会给学校和班级管理造成严重的后果。同时,任何事情都具有两面性,这类事情若处理不当,对班级管理而言,会导致师生、生生对立,影响班级凝聚力;对学生的发展而言,会引起学生的紧张情绪,影响学生的身心健康和可持续成长;对班级和学校形象而言,会造成学生管理一度混乱,影响学校、班级正常的集体舆论和声誉。但如果处理得当,就可以迅速有效地平息事端,化干戈为玉帛,对增进同学(师生)感情,提高教师的威信有很大的帮助,也是班主任对学生进行思想教育的一个良好的契机,进而促进学生整体管理水平的提升。

【工作目标】

作为中职学校的班主任,面对班级的突发事件,要敢于面对,及时处理,果断介入,防止事态扩大;面对事态的不确定性,要保持冷静,讲究方法,有的放矢,注重处理的策略。

【操作程序】

面对突发事件,中职班主任必须敢于面对,化被动为主动,变消极为积极,在工作中深入了解学生现状,认真分析突发事件的特点,深刻把握教育规律,结合学生的心理特点采取科学的、有效的方法,表现出高度的责任心和非凡的教育机智。班主任处理突发事件要注意做到如下几点。

（一）及时处理，快速反应

处理突发事件如同救火,不可临阵脱逃,轻视拖延。有些中职班主任会忽略一些看似无关的细节,如学生无故缺勤、篮球联赛后班级男生的一脸阴沉、放假前学生扎堆私下商议等,其实,一件严重的突发事件往往起源于一两件没有处理好的偶发细节。一些发生在班级内部的偶发事件,如学生之间的嬉闹打架、师生冲突矛盾等,班主任应尽快独立处理,不要把事情移交或夸大化,这样既能提高班主任的威信,又能增强班主任与学生的信任。

（二）沉着冷静，机智果断

突发事件一旦发生,中职班主任必须沉着冷静,保持头脑清醒。如果一遇到突发事件就"怒发冲冠",大发雷霆,失去理智,那不可能找到处理问题的最佳办法。班主任在冷静后要根据不同情况,果断采取应急措施,稳定各方情绪,然后再进一步处理。

（三）深入调查，找出原因

任何事情的发生都不可能是空穴来风,背后总会有其原因。要很好地解决问题,就必须深入调查,找出蕴藏在事件背后的深层原因。调查问题要认真仔细,不能敷衍马虎。我们应该利用各种条件从多方面、多渠道深入去了解,从本质上分析事件发生的因果关系,找出内在原因,然后对症下药。只有深入调查,班主任才不被表面现象所蒙蔽,才能从根本上解决问题。

有一次一位学生跑来告诉李老师,"小黄把小陈打哭了。"小黄是李老师班里比较调皮的学生,脾气比较"牛",有几次打架的记录。李老师一听,脑海里就有一个念头:小黄又闹事啦。打算把他叫来批评一顿。但冷静下来后,李老师决定不要急,先把事情弄清楚再说。于是他分别找来当事人和几个班干部进行了解,发现事情原来是这样的:班上有一位男生想拿小陈的作业去抄,小陈不同意,于是这位男生就去抢,两人拉扯起来,小黄看不过眼,便走去帮小陈夺回作业本,因用力过猛,不小心弄痛了小陈。调查中李老师还发现:原来告密的那位同学与小黄有过节,看到小陈哭了,想借老师的手教训小黄,于是出现前面的一幕。弄清事件后,李老师便对当事人做出恰当的处理。事后李老师庆幸自己能保持冷静,调查清楚再去处理,不然的话,事情可能会适得其反。

一般说来,造成突发事件的因素包括参与事件的学生背景资料、心理道德情况、引发事件的原因等。班主任可以从以下几个方面进行分析研判:一是突发事件的主要责任人是谁? 其平常表现如何? 二是主要责任人的动机是什么? 三是事件造成的影响是什么? 四是突发事件的发生与老师有何关系? 五是班主任对突发事件进行处理,学生可能会有什么反应? 六是对事件的处理是否需要协调学校和家长及其他人员? 七是处理突发事件纠正错误行为对学生发展可能产生什么影响?

（四）选择时机,慎重处理

处理突发事件要根据事件的性质、当事人的个性和年龄慎重采取不同的方法。对性格内向而又犯非原则性错误的学生要进行个别谈话,以正面疏导为主;对脾气暴躁、逆反心强的学生,要心平气和,推心置腹,防止出现"顶牛"现象;对具有道德品质问题的学生,要严肃教育,促其醒悟。同时处理时要善于选择时机,一定要在当事人情绪缓和、充分冷静时才能进行思想教育。

处理突发事件要坚持以教育为主,以理服人,尤其是对情绪严重对立的当事人更要注重感情的教育作用,要让学生体会到教师言谈中流露出的尊重,让学生感到安心,平息心中的怨气。

（五）公正对待,不偏不倚

处理班级突发事件一定要公平公正,切忌偏袒任何一方。不管事情发生在学生与学生之间还是在学生与教师之间,中职班主任都要在充分调查的基础上,公平处理。即使是班主任自己与学生发生矛盾,班主任也要先做自我批评,先检查自己,找出自己身上的原因,而不能一味维护自己,造成"教师什么都是对的,学生什么都是错的"这样的局面。如果这样只能树立起学生的对立情绪,破坏自己的威信。

在处理同学之间的纠纷时,班主任最容易犯的错误就是"先入为主",班主任往往会偏袒自己心目中"好"的学生,对他们在处理上"从轻"或"免除"处罚。而对自己心目中"坏"的学生往往会不论青红皂白,先来一个"重批"。这样做有失公平,会加深同学之间的矛盾,使老师的威信受损。

为了能做到公平公正,中职班主任在处理时可以征求各方意见(例如学校领导、老师及学生干部等），尤其不要忘记询问当事双方的想法，尽可能让事情在尽善尽美中得到解决。

（六）积极疏导，净化品德

突发事件有可能是由于平时中职班主任疏于对学生进行思想、心理的教育，使某些事情在萌发期间得不到解决，经过一段潜伏期后，遇到合适的时间、场合就突然爆发了。因此，班主任在处理时要善于从平息事端中挖掘学生的闪光点，鼓励学生发扬优点、克服缺点，促成其品格的提高。同时也可以把对个别学生的疏导看成是对全班学生教育的契机，通过主题班会等形式，让全班学生的品德在事件的处理中得到净化。

（七）跟踪教育，防止反弹

注意与家长的沟通，处理班级突发事件有时会牵涉到一些学生家长，也可能有一些家长有点蛮不讲理。但无论怎样，只要家长到学校来，班主任都要热情接待，积极和家长探求解决问题的办法。对学生家长的一些想法、疑问，班主任要虚心听取，耐心解释，尽量把事情的真相向学生家长说明白，力求让学生家长理解学校的处理方法。如果在处理中有的学生家长态度蛮横，出言不逊，班主任也要克制，不要和他顶撞。无论怎样，班主任都必须体现出教师的人格魅力。

班级突发事件经过中职班主任的一番处理、教育后，事情往往会告一段落。但有的事情关系错综复杂，虽然表面上风平浪静，内里却波涛汹涌，如果不加以防范，过一段时间可能会"死灰复燃"，所以，班主任一定要进行跟踪教育，注意处理善后，防止反弹。

（八）校园主要突发事件（除去安全突发事件）的模拟情景及处理对策

I.学生思想态度类

案例：小凡在中职一年级的时候因为抽烟被班主任许老师发现，许老师在喊来小凡的母亲共同对其进行教育后给了他警告处分，在二年级又被班主任发现抽烟，按照学校规定，第二次发现就要严重警告，此时，小凡突然哭着跟许老师说"千万不要告诉我妈妈，我怕我妈妈伤心，老师你处分我都没事就是不要让我妈妈为我担心"，经了解小凡是单亲家庭，妈妈一手把他带大的。

面对问题：

(1)这是班主任工作的什么问题？

(2)情境中的小凡为什么会有这样的表现？

(3)如果你是许老师，你会怎么做？

【参考处理对策】

(1)这是学生思想工作、班级管理工作、班主任沟通工作的问题。

(2)学生方面：首先小凡一而再地吸烟是因为他对吸烟的危害认识不够，且缺乏规则意识、自律能力所致。其次，小凡哭泣，是怕妈妈知道后担心，是他单亲家庭的背景，也是他的良知使然，他知道单亲家庭中妈妈的不易。

教师方面：许老师联合家长对小凡做了一定的批评教育，但并未根本上解决问题，以致重犯。学校教育中，惩罚不可或缺，但亦不能以惩罚代替教育，而且学生的行为有反复性，需要教师常抓不懈。

(3)处理程序：

第一，发现闪光拉近距离。小凡宁可接受处分，也不愿让妈妈担心，可见其对妈妈的感恩与体谅。针对这个闪光点，我会先表扬他，便于营造良好的沟通氛围，让犯了错的小凡，更容易敞开心扉，接受老师的教育，并为后面怎样做才是真正体谅妈妈的讨论做铺垫。

第二，反弹琵琶明辨是非。让小凡写十条吸烟的好处，从创新教育的角度，激发小凡的深入思考，让小凡明白吸烟的坏处。

第三，平行教育点面结合。开展主题班会，警示同学们吸烟的危害，并明了怎样做才是真正的怕妈妈担心。启迪思考，达成共识。

第四，同伴教育互帮互助。青少年尤其愿意听取年龄相仿、知识背景、兴趣爱好相近的同伴、朋友的意见和建议。运用同伴教育，拓展教育空间，提升教育效果。

案例：为了规范班级管理，班里在上课期间实行手机统一管理。放学后，小静取回手机放在桌上。负责手机管理的小兰和小静开玩笑，把她的手机放了物品存放柜顶部。柜子很高，班里最高的男生垫脚才能拿到。小杰看到后，想帮小静把手机拿下来，因不知道手机的具体位置，小杰便用手在柜子上摸索，手机一下子掉在地上，屏幕摔碎了。小静拿着碎屏的手机来找班主任张老师。

面对问题：

(1)上述情形中涉及班级工作中哪些方面的问题？

(2)如果你是张老师，你如何处理此事？

【参考处理对策】

(1)这是日常学生的教育问题，主要属于班级管理中的思想教育和突发事件处理的范畴。

(2)处理程序：①调查取证，查清事情的真实情况；②从责任、情感和教育的角度,确定责任的归属,一般情况下三人要共同承担责任,根据学生情况,小兰和小杰要多承担责任;③联系家长,让家长明了事情经过,取得家长的支持;④引导学生认识在这件事中的过失或错误,并且应当承担的责任,达成解决的共识;⑤以此为契机,在班级中加强规范教育和责任教育。

Ⅱ.学生行为规范类

案例:寒假结束后,小帅同学漂染了一头黄发回到校园报到,班主任小王老师立刻把他叫到办公室,问他:"你为什么要违反学校纪律染头发?你觉得这样就好看吗?"小帅低声嘟囔说:"我的偶像黄××就留着这样的头发,我觉得好看。"小王老师给他讲有关道理和纪律要求,他沉默以对,一言不发。小王老师忍不住火冒三丈,高声说:"你以为这样就能变成明星的样子?哼!"说罢立马联系了家长,要求家长带孩子回家整改,将头发染成黑色。谁知,第二天小帅不但没有整改头发,反而说不上学了,家长也表示管不了,小王老师顿时没辙了。

面对问题:

(1)上述情形中涉及班级工作中哪些方面的问题?

(2)请简要分析小王老师的做法?

(3)结合你的工作经历,介绍你在处理这个问题上的做法。

【参考处理对策】

(1)这是个别学生教育问题,主要涉及班级管理中日常规范管理和学生行为习惯教育方面。

(2)班主任把小明同学叫到办公室,先是质问,接下来讲道理。这些做法是没问题的;但大发雷霆,下最后通牒的做法是不可取的,轻易发火容易激化师生矛盾,不利于解决问题。这种做法也容易使老师下不了台。

(3)教师要因材施教,了解学生性格特点和喜好等,学生不回答,也可以从侧面去了解,比如问同学、问家长学生在家里情况等。然后针对学生的具体情况再找他谈,引导学生建立正确的审美观;同时可依据平行教育原则,营造良好的集体氛围,发挥集体教育作用。

Ⅲ.学生职业态度类

案例:顶岗实习学生嫌工作岗位累,闹着要罢工,所在单位感到非常为难,向学校求救。

面对问题:

(1)上述情形中涉及班级工作中哪些方面的问题?

(2)请简要分析出现这样问题的原因?

(3)结合你的工作经历,介绍你在处理这个问题上的做法。如果你是班主任该如何处理?

【参考处理对策】

(1)这是一个职业指导和思想教育的问题

(2)我认为出现这样的问题可能有以下四点原因:

第一,认知方面。可能是学生对自己的定位有偏差,对自己能否胜任岗位工作进而为企业创造价值,没有一个清醒的认识。遇到问题先找对方的责任,依赖学校,而不是找自己的问题。

第二,思想方面。随着国家经济的飞速发展,城市和农村的物质生活水平大幅度提高,有的孩子养成了贪图享乐的习惯,没有责任心。

第三,班主任方面。可能是班主任平时在职业生涯规划、职业道德、职业精神、思想教育方面做得不太深入。

第四,家长方面。为孩子提供了好的物质条件,却忽略了家庭教育,有的甚至是缺失的。

(3)如果我是该班主任将从以下四个层面来解决:

第一,安抚情绪,重于解决问题。用同理心技术告诉学生,这个工作岗位确实挺累,要是我也会觉得累,取得对方信任,避免和学生站在对立面。

第二,根据艾利斯 ABC 情绪理论,引起行为结果 C 的不是激发事件的 A,而是不同个体对激发事件 A 的不同认知和信念 B。采用心理咨询上的面斥技术,指出学生的不合理信念,也就是,自己的能力能不能胜任这个工作。实施时,要分开谈,逐个攻破,避免以一对十,单个学生力量较薄弱。

第三,及时跟家长沟通,陈述事实,告诉家长学生的行为会引起什么后果,家校联合达成问题圆满解决。

第四,根据平行教育理论,针对个别或者部分学生的行为,可采用以下集体教育的方法。①课程育人。在德育课、主题班会等课程中,加强职业道德,职业精神,职业生涯规划的教育。专业课,加强技能技术的学习,强调将来岗位上核心竞争力是技术技能。②实践育人。在教育实训、岗位见习和顶岗实习中,引导学生和指导老师、职业人交流,让职场人现身说法,真实案例教育更容易深入人心。③文化育人。通过组织学生观看视频、参观红色旅游景点,加强艰苦奋斗、吃苦耐劳的传统教育。引导学生既要掌握扎实的专业技能,又要培养良好的职业道德,只有做到德技双馨,人生才能出彩!

Ⅳ. 学生家长沟通类

案例：班主任张老师为加大对学生的管理力度，当学生犯错时，总是立刻通知家长来校，向家长诉说学生的种种不是，让家长与自己一起教育学生。这样的管理方式引起了很多学生的反感，更有些刺头学生故意与班主任对着干，不停地弄出事情来，张老师的时间大都花在给家长打电话、请家长来学校上。张老师伤透了脑筋。

面对问题：

(1)这属于班主任工作中的什么问题；

(2)请对张老师的做法予以评价分析。

(3)实践中，你对学生犯错误是怎样处理的？

【参考处理对策】

(1)这属于班主任工作中的班级管理工作、学生思想工作，以及与家长的沟通协调工作。

(2)案例中张老师工作的出发点是好的，是为了"加大对学生的管理"，但是未免用力过猛，得不偿失。张老师的做法主要存在以下问题：

第一，家校沟通缺乏教育艺术。张老师在和家长沟通时，"诉说学生的种种不是"，没有看到学生身上的闪光点，容易引起家长的反感，不利于争取到家长的有效配合。

第二，解决学生问题缺乏教育智慧。学生一犯错就叫家长，解决问题的方式单一，且从现实反馈来看，已经"引起了很多学生的反感"，形成了师生对立，会给班级管理造成更大的困难。

第三，教育方法不当降低教育效率。张老师的时间都"花在给家长打电话、请家长来学校上"，影响了工作效率，容易产生职业倦怠，降低教师职业幸福感。

(3)在实践中，我对犯错误的学生的处理方法会因人而异，因事而异。

第一，正确认知，理性对待。对于青春期的学生，犯错是正常现象，刚好为我们提供了教育契机，要以正面的态度对待学生犯错。

第二，耐心倾听，积极沟通。学生犯错后，不要急于批评或处理，要放下架子，和学生进行平等的交流，了解事情原委及学生心理，全面掌握事实。

第三，以诚相待，以理服人。与学生进行真诚的交流，激发自我教育的心理，让其明辨是非，认识到错误，从而主动寻求解决问题的合理办法。

第四，严宽相继，奖惩结合。在教育激励学生的同时，也要加强科学严格的管理，做好学生德育考核，定期公示，对学生形成警示作用。

第五,家校沟通,教育合力。对于屡次犯错、自制力弱的学生,必要时也要寻求家长的帮助,与家长进行真诚的沟通后,争取家长的有效配合,共同监督管理学生。

总之,每个班级都有学生在犯错误,对待犯错的学生,老师要付出的是真诚、耐心和严而有格的教育。让学生发自内心地改正错误,让学生在跌倒后能迅速站起来,这是我们教育工作者神圣的责任和永恒的使命。

Ⅴ.学生心理问题类

案例:小菲是单亲家庭,与母亲相依为命,刚刚进入职业学校的一段时间,她总是感到十分孤独,总觉得缺乏爱,不论是在家庭还是学校都缺乏温暖的感觉。班主任张老师一直关注小菲并想方设法给予帮助,但是收效不大。

面对问题:

(1)上述情形中涉及学生管理工作中哪些方面的问题?

(2)请简要分析小菲同学心理状况的原因。

(3)结合你的工作经历,介绍你在处理这个问题上的做法。

【参考处理对策】

(1)这是特殊学生的教育问题,主要属于班级管理中的思想教育和心理疏导的范畴。

(2)单亲家庭的孩子永远都缺乏安全感,在人际交往方面往往存在障碍和严重的自卑。小菲的心理成因可以从个人主观方面、家庭方面、学校和班级方面来分析原因。

(3)在处理这个问题上的做法:①班主任张老师应加强对该生的关注力度,让该生认识到爱无处不在,人间处处有温暖,贵在发现,贵在感受;②通过主题活动或集体活动,让其参与到同学之中,以积极的心态与同学相处,有一颗宽容的心和感恩的心;③增强该生自信心,找到自己的闪光点,快乐的生活和学习;④与家长沟通,共同做好教育工作;⑤必要时寻求心理教师的帮助,做好学生心理疏导。

Ⅵ.学生学习态度类

案例:学生小王重专业课轻文化课。专业课上的表现还不错,常得到老师的表扬。文化课,不但不很好地完成作业,还屡屡在课堂上捣乱。这天,语文课上因没完成背诵文言文的作业,与语文老师发生了争执,双方对峙,课上不下去。气得语文老师只好请班长叫来班主任。班主任来到课堂上,他还振振有词:"我到职业学校就是来学专业技能的,背那么多的古文有什么用!"

面对问题：

(1)上述情景中涉及班级工作中哪些方面的问题？

(2)如果你是该班班主任,如何处理此事？

(3)结合你的工作经历,介绍你在处理这个问题上的成功做法。

【参考处理对策】

(1)归因判断:这涉及学生学习态度的端正和学风建设方面的问题。学生小王重专业课轻文化课,对人文素养认识不足,引发课堂上重技轻文的师生矛盾。

(2)引导学生认识到人文素养属于中学生的核心素养之一,认识到文化课是学好专业课的基础;注意培养学生的综合素养,帮助学生规划人生,做到德能并重,文技双修,这才符合育人的目标要求。这是问题的主要矛盾;师生课堂争执,是问题的次要矛盾,引导学生要尊重老师,遵守纪律。

(3)解决问题:首先要抓好班纪学风,尊重老师;其次要加强学风建设,引导学生树立正确的学习态度;第三要帮助学生规划人生,提升人文素养,实现可持续发展。

【拓展链接】

班主任处理突发事件十条诀窍

一要快速反应

二要深入调查

三要分析原因

四要慎重处理

五要选择时机

六要教育为主

七要公正对待

八要耐心热心

九要亲身处置

十要善后总结

三、工作案例

润物无声,静待花开

苏霍姆林斯基说过:我们应当了解孩子的长处和弱点,理解他们的思想和内心感受,小心翼翼地去接触他们的心灵。

18年来,我在班主任的岗位上笑过、哭过、迷惘过也逃避过。真正让我体味到班主任工作真谛的是2011级旅游韩语班和班里那个人尽皆知的"健哥"。

这个班入学成绩低,300分以上的只有四个人。报到时,教室里坐着浓妆,全身"豹纹"的雯姐;黄发、热裤、露背的"珊姐";当然,还有全身黑色,发型怪异的"健哥"。调整呼吸,走进教室,我清楚地知道,必须拿下"健哥"。

以不变应万变。

在所有学生都离开以后,我把"健哥"留下"商量":改发型。任他软磨硬泡、威逼利诱,我始终微笑、不发火、不提高音量……坚持。两个小时以后,他终于生气又无奈地说:"你厉害,我剪,我剪就是了"。第一回合,小胜!

处变不惊,包容理解。

日子按部就班地过了两周,班里一切都很平静,没有想象中的浮躁,大家似乎都在观察,甚至"健哥"也不迟到,不旷课,作业全部及时完成。任课老师们连连夸我有办法,只有我自己知道,我们之间肯定会有"故事"。

果然,开学第3周周二的下午,班上有五个男生集体旷课了!从教室里出来,我在气愤之余却又有一丝兴奋:这是挑战也是机遇!当天下午,我在班里保持沉默,对"旷课事件"不评论,不打听,让班级在与往日同样平静的状况下结束了一天的学习。

晚上回家后,我先给另外四个学生打电话,获得了意料之中的一致答案:天热,去游泳了!出乎他们意料的是,我并没有向家长告状,也没有狠狠地批评他们,只是表达了我担心他们安危的焦急心情,就挂上了电话。

在给"健哥"打电话之前,我故意间隔了几分钟,我知道,他一定也在了解"情况"。电话接通之后,我很快得到了这样的答案:"下午我拉他们陪我去游泳了!"看来是想把责任一肩挑呀!我用同样关切的语气告诉他,只要他们安全回家,我就放心了。在我要挂电话的时候,他匆匆地说,"我妈在,你不跟她说两句?""现在先不用,等找一个更好的机会吧!"

我的忍耐似乎让他很不理解,但我知道,在我没有走进他的心灵之前是无论如何不能轻易发火的,那样会导致更严重的师生对立,对我今后工作的开展有百害而无一利。

第二天早自习,我当着全班同学的面说出了我担心他们出事的焦急心情,毫不掩饰我对他们的关心,也严厉批评了他们的错误行为,并且告诉全班同学:在集体中,做事不要仅考虑自己的感受,还要考虑别人的感受,更要考虑关心你的人的感受。

这件事对全班起到了比较好的教育作用,在那一周的周记中,90%的学生写了自己对这件事的看法,除"健哥"外的四个学生都在周记中向我认了错,保证今后不会再做让大家操心的事了。而"健哥"的本子上只有短短的六个字：本周无事可记！

看来，我们需要一次面对面的"碰撞"了。

"旷课事件"结束后，"健哥"很是沉默了一段时间，虽然学习依然不够努力，但却明显"安分"了很多。我几次试图与他沟通，都被他的沉默挡回。我很清楚，这个孩子一天不说出他的真实想法，就肯定还会有事发生。

果然，期中考试前的一个周四的下午，刚开完会的我就被班长急急地喊回教室。一进教室，就看见"健哥"捂着脑袋，鲜血已经把夏季校服染透了。在几个男生七嘴八舌跟我汇报的同时，我拉着"健哥"往外走，并对其他学生说："我送他去医院，你们先回家"。

打车、到医院、挂号、看医生、拍 X 光片、缝针……一个多小时的时间里我们两人一直沉默着。

"为什么？"在我送"健哥"回家的路上他终于忍不住问我，"为什么一直不跟我的父母告状？难道我惹的祸还不够大？""你是犯了错误，而且我也是费了很大的劲才忍下的。因为我想知道原因，跟你一样知道'为什么'。我会跟你的父母谈，但绝不是在我毫不知情的情况下。""你是个很特别的老师。""你也是我见过的最特别的学生。"这是开学后我们俩最长的一次谈话。

学校处理打架事件时，我故意没有出现，但恳请领导把最后的谈话权留给我。当他身有残疾的父亲不停咕哝着请学校给孩子一个上学的机会时，当"横行霸道"的"健哥"含着泪表示想继续上学时，我知道，有救！

此后，我们之间的沟通顺利了，我也借机进一步了解了他的原生家庭：父亲残疾，母亲失业，特困。在外面一切的作为，都只是为了掩盖自己内心的自卑。有人说，孩子需要爱，尤其在他不值得爱的时候。但我更想说，除了爱，育人还需要理解和等待。

期中考试结束后的某天早上，我刚进校门就看见班长气喘吁吁地跑来，边跑边喊："快，快，健哥……"冲进教室，我看到的是手持拖把，骂着脏话，满眼通红，目眦尽裂的他。

"你们还想让我怎样？"

"我都这样了你们还不满意？"

"我要揍死他！"

看着这个在崩溃边缘的大男孩，我伸出右手，用力拍了拍他的肩膀，用尽可能温暖的声音在他耳边轻轻地说："我感觉今天的你棒棒的！"话音一落，抬头就看见了他眼中的"不可置信"，呼吸依然急促，但却不再暴走，在全班同学的注视下，慢慢走到教室最后，放下拖把，回到座位，眼睛一直盯着我，似乎在问：为什么？我看懂了他眼里的疑问，大声地面对全班同学说出了理由：人都会犯错，犯错不可怕，可怕的是知错不改。表扬的理由很简单，这个以前一言不合就动手的孩子，今天学会了克制，虽然暴怒，但让我看到了改正的决心。

那之后，我更是利用一切机会，告诉全班，更是告诉他遇事的正确解决办法，利用一切可能的机会对他进行"正强化"，并不断对他"委以重任"，让他在组织活动的过程中寻找自信。

一年后，有次和学管主任聊天，她说：你班"健哥"的眼睛里有温度了！那一刻，泪水真的在我眼里打转，我知道，这一回合，双赢！

从此，我清楚地意识到，教育学生首先要了解学生，只有了解了学生才能增强教育的针对性；教育学生必须以关心爱护学生为前提，让学生时刻感受到家人、老师给予的温暖。只有你真心去爱学生，热情地关心学生，面对学生出现的问题有足够的耐心，你才能发现他们心中的锁簧，才能找到打开锁簧的钥匙。只有对每一位学生倾注教师的"全心"，才能使教育成为真正意义上的教育。

叶圣陶先生说"教育是农业而不是工业"，需要爱心与呵护，也需要静心等待。既然选择了教师这份职业，就让我们把"静待花开"的情怀装入行囊，行走在教育这条充满未知的路上，滋润万物，终身守望。

（青岛外事服务职业学校　毕建英）

第四节　专业成就出彩人生

一、工作情景

在现代的教育体制下，考试是最主要的选拔形式。在每一次考试和选拔中，总有一部分学生由于种种原因而成为失意者。一次的失利，并不代表永远都失利，这些在传统眼光中的"失败者"并非是真正的弱者。尺有所短，寸有所长，按照多元智能的理论，这些学生很可能在其他方面有各自的优势。作为中职班主任，就是帮助这些学生树立自信，了解专业，热爱专业，苦练技能，规划人生，走向成功。

二、工作项目

职业教育在中国教育体系中的比重越来越重，对于中国产业的发展更是具有重大影响。中职学生群体也普遍存在着职业理想不明确、职业信念不坚定、学习动力不够足、职业习惯养成差、职业心态不端正、职业精神意识淡的问题。"打工的状态并不可怕，打工的心态很可怕"（见《工匠精神》，付守永著），因此职业教育中的职业精神和职业技能养成更是个人职业成功和中国梦的前提，既是中国国家战略顺利发展的重要保障，也是职业活动健康进行的保证和良好社会风尚的基础。

【工作目标】

作为中职班主任要帮助学生正视自我，树立自信；了解所学专业，适应专业；树立技能立业的信念，积极参加各级技能大赛；促使学生发挥自身长处，成为岗位行家里手，成为高素质的劳动者和技术技能人才。

【操作程序】

（一）激发学业潜能，引领人生发展

普通教育有高考，职业教育有大赛。从 2008 年开始的全国职业院校技能大赛以及后续的省级、市级、校级的技能比赛，旨在推进职业教育的改革与发展，强化职业学校技术技能人才的培养。数据显示，经过 10 年发展，全国赛参加选手由 2000 多人增加到 1.5 万多人，获奖人数也由最初的 1000 余人发展到 9000 余人。随着一批批优秀工匠能手的脱颖而出，一大批技能精湛的获奖选手在职业岗位上创造出骄人业绩，刘景龙就是其中的受益者。

案例：刘景龙同学 2005 年进入青岛某职业学校，从事汽车电子电器专业学习。赶巧的是 2008 年学校第一次参加全国职业院校汽修技能大赛，经过层层选拔，刘景龙被"齐鲁名师"张老师选中，于当年参加了国赛。因首次参赛，学校也缺少这方面的参赛经验，在张老师辅导下，刘景龙同学克服种种困难，在摸索中进行紧张的训练，反复模拟设备场景，啃了近一米多高的各种资料，最终斩获了三等奖。此次大赛，不仅提高了刘景龙同学的汽修技能，更重要的是锻炼了他过硬的心理素质。对于工作以后遇到的难题，刘景龙笑着说："大风大浪我都经历过，还怕什么呢！"

从学校毕业后，刘景龙自主择业在重庆南路的安利捷丰田 4S 店，做一名普通的汽修工。景龙同学说："那时候，心里只有一个目标：那就是把所有的汽修技术都学到手，做一个能独立接车的大师傅。"他每天上班比别人早，下班比别人晚，积极争取每一个学习培训新技术的机会，把汽修理论与实践结合。那两年，他是"拼了命地学，玩了命地干！"功夫不负有心人，刘景龙同学在技术上提高非常快,而且日益显示出他各方面与众不同的才能,随后被提拔做车间主任,后又任部门经理。2011年初,一个偶然机会,索尔汽车向刘景龙同学伸出橄榄枝,深思熟虑之后,景龙于年底进入索尔汽车。

刚开始,作为总经理的他,并不是一帆风顺,首先面临的难题就是如何赢得同事们的信任。为什么这么说呢?据传,在他之前离职的总经理就是因为给同事们承诺太多,结果兑现不了,最后黯然离去。景龙严肃地说:"我不会轻易承诺,我必须说到做到。"接着,他又咧嘴一笑:"有时和同事们吃饭,我从来不超过一瓶啤酒,绝不会酒后失言。"——一个人能有如此强的原则性,不能不让人叹服!

索尔,这是一个几十年的老厂区,以生产和组装汽车为主,并获得独立挂牌资格,年营业额近千万。公司发展需要掌舵人来把握,每当公司需要做出重大决定的时候,景龙总是列出两种可能:做,不做。每一项都列出若干理由,然后征求各方面意见再自己逐条批驳,从中选出最能站住脚的一个方案。很少晚上12点之前睡觉的他掷地有声地说:"只有把事情考虑周全,才能做出科学的决策。"可见,他做事是多么的严谨和慎重。

随着业务范围的日益扩大,老厂区正面临搬家问题,在离原公司约10分钟车程的地方,一个规模更大、更现代化的厂区正在建设当中,四周已经围栏,两个车间已经封顶,景龙同学兴致勃勃地介绍他的宏伟规划:"这是一个战略大转移,所有设备要迁过来,调试生产,至少需要一年的时间,而老厂区要搞开发,这对我来说可是个全新的挑战。"远处一排排整齐的车间,车间里宽敞明亮,一切都是那么的井井有条:工人师傅们在各自的岗位上忙碌着;一字摆开的新车正整装待发,即将要运往全国各地……

为每一位职教学子搭建实现梦想的舞台,为他们提供人生出彩的机会,在全社会进一步营造"崇尚一技之长,不唯学历凭能力"的氛围,提升职业教育的影响力和吸引力。这正是各级技能大赛设立的初衷。作为中职学校的班主任,要了解各级大赛的要求,引导学生走上梦想的舞台。

(二)提升专业技能,树立人生目标

作为一名中职学校的班主任,既要关注学生的品德发展,还要关注学生的专业学习,做学生专业成长的谋士。首先,班主任要了解职业教育的特点,明确专业内涵,帮助学生树立正确的专业观;其次,班主任要了解本专业的课程计划和课程设置,明确专业出路;第三,班主任要与专业课教师保持有效沟通,及时了解专业学习进度和学生的专业学习状况;第四,班主任要了解专业发展的最新信息和行业企业文化、领军人物,利用主题活动培养学生的专业意识和职业精神;第五,班主任要关注学生的专业学习,参与学生的专业实践,有针对性地引导学生的专业发展。

案例:小付同学来自胶南一个农村家庭,初中学习成绩不尽人意,但是小付也有自己的想法,对汽车的热爱使他毫不犹豫地选择进入青岛某职业学校汽车运用与维修专业学习。几年的学习生活中,小付最为感动的事情就是班主任曹老师对自己专业学习的指导和支持。刚到学校,由于学习基础太差,小付感到非常的迷茫,不知道该如何下手。作为汽修专业课教师的曹老师及时引导:文化课基础差不可怕,我们根据自身情况先把容易的学会,专业课是从头开始,不能落下,自己多努力,有问题尽管问老师。小付豁然开朗,一点一滴地补文化课短板,如饥似渴地汲取汽车方面的专业知识。曹老师成了他的高参,专业基础、专业操作、人生规划,有问必答,办公室、实训室、操场上都留下师生交流的身影。

2014年,小付跟随"齐鲁名师"孙老师学习汽车二级维护项目,一上手,小付就展现出了出色的灵活度和稳定的心理素质,很快就得到了孙老师的认可。但是,参加全国大赛是一个漫长而艰辛的过程,繁复的操作项目令人眼花缭乱,近千道理论复习题更是令人目不暇接。而孙老师又是出了名的要求严格,每一个动作都要求规范而流畅。两个月下来,小付就萌生退意了,训练成绩也是止步不前。他这种情况,曹老师看在眼里,急在心里,和孙老师轮番做他的思想工作。小付永远记得曹老师的一句话:"你要成功就要学会享受孤独;否则你前面的付出就会付诸流水。"是啊!成功者的背后,付出的往往是常人难以想象的孤独,而唯有耐得住寂寞和孤独的人,才能最终有所成就!对汽车的喜爱,对金牌的渴望使他又一次投入到艰苦的训练当中。两年的集训,两年的挥汗如雨,两年的加班钻研,小付成功了,斩获了全国职业院校技能大赛中职组汽车定期维护团体项目金牌,后面也如愿以偿,进入大学继续深造。

由此可见,中职班主任是学生成长的导师,更是学生专业发展的领路人,如果班主任能在学生专业学习上多一份关注,多一份引导,多一份激励,就会使其专业成长收获"柳暗花明又一村"的效果。

（三）超越职业标杆,成就人生梦想

作为新时代社会主义建设者和接班人,中职学生要科学规划人生,树立合理的发展目标,不管是在技能大赛的赛场上,还是在人生的赛场上,都要对照目标,补齐短板,完善自我,追求卓越;要与强者PK,用敢于"亮剑"的精神,创造人生的辉煌。

案例：刘艺，一位其貌不扬，普普通通的女孩，却在 20 年的平凡岗位上成就了不平凡的人生。她的成长，是默默奉献的抒情诗篇，是拼搏进取的励志故事。可以说，她脱颖而出，不是凭空偶然，而是水到渠成。那么究竟是什么原因成就了她人生精彩，这要从头说起……

刘艺，1993 年夏天，青岛某职业学校乘务专业完成学业，被分配在六路青年服务线实习。刘艺时刻提醒自己：要向老员工学习，并确定自己的工作目标——面对乘客，就是面对自己的亲人；踏上车厢，就是踏上人生的课堂。一年下来，她"手勤、眼勤、嘴勤、耳勤、腿勤"，被乘客投票选为"最佳乘务员"，留在了六路线青年标兵车组，成为公司重点培养的年轻乘务人员。

1994 年，在全国公交技能比武大赛上，刘艺的"车到一站文明一点、车行一线文明一片"的理念深深打动了每个人，给青岛赢得了荣誉，当年被破格评为集团的"劳动模范"。

1997 年，青岛开通首条经沿海一线到达崂山风景区的 304 线路，刘艺作为师姐带领某职业学校 45 名乘务实习生，勇敢担起这条城市最前沿公交线路的服务工作，刘艺首开"付公交车票价，享导游式服务"先河，组建了服务艺术探讨小组：揣摩乘客心理、探讨语言艺术、拓展服务技能；利用业余时间查阅资料、请教行家；徒步走遍了沿途 54 个站点，摸清了 200 多个路名；熟记了 130 多条公交线路的首末车时间、起止站；掌握了沿线的每一个景点和不同的风俗人情；为乘客备下暖瓶、纸杯、报纸、杂志、地图、小玩具、针线包等物品；主动为乘客设计游览线路、介绍沿线风光、解答乘客各种问询，被戏称为"活地图""问不倒"。

304 车队先后获得青岛市、山东省"青年文明号线路""全国公交文明线路"的称号；涌现出了一批职业学校毕业的劳模，如陈静、刘仙仙、宋立风等；刘艺也相继获得了"全国十大杰出青年岗位能手""全国五一劳动奖章""全国劳动模范"等百余项荣誉称号。2006 年 11 月 29 日，304 路线被命名为"刘艺线路"，成为全国公交系统首条以个人名字命名的公交线路。

【拓展链接】

1.《工匠精神》（付守永，中华工商联合出版社 2013 年版）

工匠平静、安适、充实、愉悦、幸福，活在当下，强在内心；打工者焦躁、忧郁、惶恐，永远为看不清的明天奔忙，外表强悍，内心空虚。

如果你希望改变现状，打造一个与众不同的自己，成为被需要、被尊重、众望所归的成功者,就从当下的事情做起,成为一个充满魅力的工匠。拥有工匠精神,拥有内外丰盛的人生!

2.《最经典的企业文化故事》(王超逸、马树林,中国经济出版社 2008 年版)

这是一本提倡自主创新的著作,提倡新思维,传播新的管理方法,展示新的经营方式。该书旨在引发读者在踏雪无痕、润物无声中实现思维创新,提升自主创新能力,学会新的管理方式和新的经营方式,实现自我超越。

3.“软控杯”青岛市中等职业学校职业技能大赛

青岛市中等职业学校职业技能大赛是青岛市教育局为适应青岛市产业结构调整与社会发展需要,引领中等职业教育教学改革所设立的地市级技能比赛,届期 1 年,每年三月中下旬举行,共设 17 类 51 个比赛项目。

大赛主办单位依据相关专业教学基本要求和《国家职业标准》高、中级的标准,紧密结合企业生产实际,制定各项目的大赛规程,按照《国家职业标准》,结合教学实际,制定参赛试题。

决赛各项目类别分设一、二、三等奖,获奖选手由市教育局、市人力资源和社会保障局、团市委联合表彰并颁发证书。

学生组:凡竞赛成绩合格的选手,均颁发相应等级的职业资格证书,职业资格证书未涵盖的竞赛项目只颁发相应等级的获奖证书。一、二、三等奖数量分别占参赛选手人数的 10%、20%、30%,并颁发相应等级比赛获奖证书,其中,对各工种一等奖前 6 名的获奖选手颁发高级职业资格证书,并授予一等奖第一名获奖选手“青岛市专业技能未来之星”称号。对获得一等奖选手的辅导教师颁发优秀辅导教师证书。

教师组:竞赛成绩合格的选手,颁发相应等级的职业资格证书,职业资格证书未涵盖的竞赛项目只颁发相应等级获奖证书。一、二、三等奖数量分别占参赛选手人数的 5%、15%、25%,均颁发相应等级比赛获奖证书。其中,对一等奖获奖选手同时颁发相应工种高级职业资格证书,并授予各项目总成绩第一名获奖选手“青岛市青年岗位能手”称号。

市教育局已经建立了由“校赛、市赛、省赛、国赛”组成的全市职业技能大赛体制,推动了“校校都参与、专业大覆盖”的生动局面,彰显了技能大赛参与面的普惠性。下一步,市教育局将在全市中职学生中实行技能抽测制度,将大赛的成绩和学校日常教学结合起来,定期对在校教师及学生进行技能抽测,提高学生的实际动手能力,突出大赛的普惠性。

三、工作案例

80 后女孩独创"刘娟流程"

一张三尺柜台,一双巧手,一份巧思,一套全国推广的"刘娟流程",从最初被储户催促办业务慢的尴尬,到创出一套流程节约 60 秒时间的用心,刘娟,这个毕业于青岛华夏职业教育中心的女孩,从一个岗位新人成长为企业骨干。

2000 年 9 月,刘娟进入青岛华夏职业教育中心电子商务专业学习。在校期间,她担任班里的卫生委员,校卫生部部长。由于工作认真负责,学习刻苦,她经常受到老师好评。在专业学习方面,她肯下功夫、有韧劲,老师也特别注重对刘娟专业潜力的挖掘,这些使她很快成长为专业技能学习的佼佼者。

2003 年,刘娟毕业后成为招商银行的一名员工。工作之初,有一次前来等候办理业务的市民特别多。"真让你给急死了。"突然,由于操作速度一般,值班的刘娟遭到一位排在后面的女士的公开指责,这可让一向好强的她脸上挂不住了。

有什么办法提高自己的操作速度呢? 带着这样的念头,聪慧的刘娟日思夜想,在反复摸索中自创了一套"刘娟流程",将储蓄单笔业务用时缩短为原先的一半。"以往办理银行业务,工作人员都是一个步骤结束后再进行下一个步骤,用'刘娟流程',则是左右开工,见缝插针,左手刷卡时,右手输入账号;取款打印的同时配好现金;客户签名时收拾柜台。"按照办理一笔普通业务 100~120 秒时间计算,"刘娟流程"平均可以节省 50~60 秒。她连续两年业务量均名列青岛分行第一位,月均业务量在 3900~4500 笔,日均业务量不低于 250 笔。2007 年,刘娟的工作方法被招商银行青岛分行正式命名为"刘娟流程"在全国推广。

2008 年刘娟荣获中华全国总工会授予的"全国金融五一劳动奖章"。2011年 5 月,刘娟作为全国银行业唯一一名商业银行基层代表参加了银监会组织的"党委培养青年暨青年与银行业监管事业共奋进报告会",并做现场先进事迹报告。2012 年,刘娟当选为中国共产党第十八次全国代表大会代表,她作为中央金融系统代表团的一员,光荣出席了党的十八大。

(搜狐网,http://m.sohu.com/a/73880147_349521,有删改)

陈乐乐:蜕变源自努力　成功绝非偶然

陈乐乐,是青岛工贸职业学校的优秀毕业生,现在是青岛公交集团一名普通的公交乘务员,翻开她的履历我们看到,她曾经获得"青岛市十佳美德少年""全国优秀共青团员""全国向上向善好青年""全国最美青工"等光荣称号;即便如此,在 15000 名青交员工中,她还是和所有人一样用自己的行动践行着青岛公交人扎根基层真诚奉献的精神,在平凡的岗位上做出了不平凡的事迹。

曾经,面对将要倾覆的家庭,她毅然决然地挑起了生活的重担,而今在青岛公交这个大家庭里,她正在积蓄力量向着更高方向振翅飞翔。这是陈乐乐的成功,也是职业教育的典范,青岛工贸职业学校以其出色的办学质量和扎实的办学理念向社会输送了一批又一批专业技术过硬职教人才,展现了一所职业院校的职业风貌。

出身永远无法掩盖她的光芒

"记得,我刚刚进校门选择公交乘务专业时,便想着,一定要顺利实习,成为公交的一名正式职工,其次利用业余时间参加成人高考,提高自己的学历,就带着这个目标开始了我三年的职校生活。"这是陈乐乐自己的初心,现在作为青岛交运的业务骨干,她向自己交出了一份满意的答卷。

第一次实习是在 908 路公交车,所有课本上的知识都接受着现实的检验,从手忙脚乱,不知所措,到独自面对问题游刃有余,她做出的总结是"我应该对自己有更高要求,向劳模刘艺、刘红春这些前辈们学习,不断提高自己的水平,做一名优秀的乘务员,有幸的是,劳模刘艺老师曾来到路队亲自指导我的服务工作,自己学到了许多,其中最重要的就是为人的谦和与真诚细心的服务,同时,我也注重阅读服务心理,服务语言,礼仪等方面的书籍,提高自己的服务水平。"

"可以说,是工贸职校的培养才有了我今天的成就,"陈乐乐在接受采访时,满怀感恩之情道出对母校深沉的爱,"在工贸职业学校的三年学习,从老师到领导都给予了我莫大的帮助,我的家庭条件很不理想,父亲年近花甲疾病缠身,母亲生活起居也全都由我帮忙打理才能度日,巨大的家庭压力全都落在了我身上,无处倾诉,让我变得沉默寡言,甚至因为学费问题产生了退学的想法,就在这时候,我当时的班主任高建霞老师站了出来,正是由于她的陪伴我才逐渐找到了自信,找到了自我,我非常感谢工贸职校的培养,感谢高老师的鼓励和帮助。"

蜕变如期而至涅槃振翅高飞

青岛工贸职业学校的刘永才校长这样评价陈乐乐,他说:"陈乐乐同学是学校多年进行品牌教育的成果之一,学校坚持成材先成人的育人模式,进行忠孝道义的品德教育。可以说陈乐乐的成功不是偶然是必然的结果,她是学校许许多多的优秀毕业生的一分子,她的成功首先得益于这个学校的品牌塑造,更离不开班主任母亲般的悉心培养与陪伴。对于部分学生来说,选择职业教育是正确的道路,不用去挤千军万马的独木桥,同样可以成材,可以学到一技之长,为将来的工作与生活奠定很好的基础。进入职业学校一样有升学的渠道,一样可以参加春季高考,进入高等学府去深造。所以职业教学需要对学生进行正确的引导,为以后的人生做好准备。"

班主任高建霞回想起这些,也是感慨颇多,"人生总要遇到许多艰辛和酸楚,但不可以一蹶不振。这世间上的苦,熬过了,就会成为宝贵的财富。每个人都能拥有一对闪闪发光的翅膀,在熬的过程中逐渐强大。老师愿意陪你熬过这段最艰难最痛苦的岁月。"高老师这样鼓励她,也悄悄帮她垫上了学费,为了维护她的自尊心,她没让其他同学、老师及领导知道。

后来一次次和高老师促膝长谈,樱花树下运动场上,都留下了他们的身影,也正是这些无声的陪伴,让身处困境的陈乐乐,扬起自信的风帆,绽放出自信的笑脸;而生活总是偏爱自信坚强的人,在老师的鼓励下,乐乐没有放弃自己,半年时间,从一班之长到学生会秘书长,从接力赛到体操赛,从辩论赛到演讲赛,处处活跃着她的身影。这个女孩用她的正能量慢慢完成了人生路上的华丽转变。

踏上工作岗位迈进新的"课堂"

从进入工贸职校那一刻,陈乐乐就知道自己要走的路,从选择了公交乘务员那一刻,对她来说就是职业生涯的开始;2011年的5月31号,在青岛市第二届美德少年颁奖晚会的现场,公交集团邱伟方董事长代表公交集团一万五千名员工欢迎陈乐乐来到这个大家庭。7月1日,陈乐乐与公交集团签订了劳动合同,成为一名正式的公交员工。

青岛公交集团有限责任公司书记赵思崇这样评价她,他说:"陈乐乐的成长进步除了有她自身的积极努力,更与企业的精心培养分不开。近年来,青岛公交集团积极创建'幸福公交',努力为每一位员工搭建梦想舞台、营造奋进环境、创造成才机会。通过'三推一树'品牌文化建设机制,推动先模人物的选树和培养,深入发掘他们的先进事迹、工作创新、服务亮点,大力宣传先模人物和优秀群体,让更多的优秀员工脱颖而出,让员工在得到物质满足感的同时,在精神上有更多的获得感和成就感。"

在同事王君眼中,乐乐和她的名字一样是一个积极乐观面对生活的人,"我们106号线路非常长,从李村公园发往崂山牙口单程就需要两个小时,走一圈下来就是四小时。自从她来到106路线,就打造了很多服务品牌。乐乐现在的特色服务,在整个106线路都得到了推广,如义务邮差,帮山中的居民传递物品,以及导游式的服务,公司也比较重视,在全部的车辆上安装了扩音器,方便大家使用,也得到乘客的认可。"她补充道,"工作之余,乐乐还组建了'乐乐志愿团队',经常去养老院或者孤寡老人家中,陪伴他们和他们聊聊谈,帮助他们打扫卫生,收拾家;在乐乐身上我们学到了很多。就像乐乐经常说的,在她曾经困难的时候,有无数双手帮助过她,现在她有能力了,就要尽自己最大的力量去帮助别人。"

"乐乐车厢"满载的是她的真诚和努力

公交是城市文明流动的窗口,乘务员的言行不仅代表公交企业,更代表着城市文明。当红飘带在岛城高高飘扬时,陈乐乐也在自己的公交车上系上了红飘带,乐乐认为:红飘带精神的传递并不需要有多大的贡献,有时,一个温暖的眼神,一句关心的话语、一个善意的微笑足以感动人心,这就是红飘带精神。"快乐服务、快乐乘车,乐乐车厢给您快乐。"

一次,几位驴友登上 106 路线,一上车,看到是乐乐在售票,他们高兴地向乐乐打招呼:又见到你了,小美女,我们都喜欢坐你的车,以前我们是一周爬一次山,现在,我们一周爬 6 次山了,每次看到你笑得那样灿烂,让我们的心情也跟着开朗了。这些赞扬更激发了乐乐为乘客服务的信心和动力。

有一位 70 多岁的老大爷在乘坐 106 路车后,在留言簿上写下这样一段话:"乐乐车厢好名字,乐在快乐行车,乐在司机开车稳,乐在乘务笑迎人,乐在日新出新车,乐在安全正点,乐在服务为人民!"这是乘客的心声,这是对"乐乐车厢"的褒奖,陈乐乐用快乐积极的心态和对工作的热爱执着赢在了人生的起跑线上,明天她还将迈着快乐的步伐,在公交事业的平凡岗位上,走向更加精彩的人生。

"假如生活欺骗了你,不要悲伤,不要心急!忧郁的日子里须要镇静,相信吧!快乐的日子将会来临。"普希金的《假如生活欺骗了你》向我们传达的是对生活的信心,是走向未来的动力,属于陈乐乐的人生或许不同,但是我们看到的是同样的精彩!为了提高服务标准,她自己查阅导游书籍,编写服务指南,现在,他们成了游客和登山爱好者的"活地图""路路通"。在 106 公交车上,这就是最美的风景线。

(凤凰网青岛综合,http://qd.ifeng.com,2018 年 11 月 28 日)

第八章 做科学评价的践行者

中职教育的目标是培养复合型的技术技能人才,不能单纯以分数或技能作为评价学生的标准,而是应该建立以人为本的综合素质评价。目前我国中等职业教育还没有完全摆脱普教模式,存在中职学生"能力本位、人格本位"的现象。因此有必要对中职教育现行的评价体系进行优化,构建中职学生综合素质多元评价模式,真正体现"以学生为本,以学生的发展为本"的理念,真正破除"唯分数论",促进学生健康全面发展。

第一节 以多元智能确定评价标准

一、工作情景

一段时间以来,相当一部分中职学校的教师总是在抱怨学生生源素质下降,管理难度增大。究其原因,除去极个别智力原因外,多数原因是学生行为习惯和思想态度存在问题。中职学生的能力是多方面的,每个学生都有各自优势。学生在学习过程活动中表现出来的能力不是单一维度的数值反映,而是多维度、综合能力的体现,因此对学生学习评价应该是多元化的。多元评价理论体现了主体多元化、内容多维化、方法多样化、促进学生全面发展。

二、工作项目

【工作目标】

作为中职班主任,应当立足学情,从多元智能理论出发,着眼于学生全面发展,筛选科学的评价指标,开展积极的评价探索,构建新的评价体系,以人为本,因材施教,扬长避短,发挥多元化评价的作用,激发学生潜力,全面提升学生的综合素质,培养复合型的技术技能人才。

【操作程序】

（一）基于多元化理论构建中职学生综合素质评价体系的必要性

（1）社会发展进步的需要。在过去人才匮乏时，只要学习能力足够便可在社会立足。而如今社会不断发展，评级制度不断完善，学习能力不再是评定一个人的唯一标准，综合素质将其取代并成为新的评价模式，中等职业学校的教育成果也直接体现在学生的综合素质之中。只有通过完善中等职业学校综合素质评价模式，不断提升素质教育的质量，才能不断提升中职生实践、实习的能力，增强中职生的社会竞争性，让从学校毕业的中职生满足社会要求。

（2）中职学生自身的需要。中职学生绝大部分是中考的"失利者"，本身在文化学习中处于劣势。如果让他们过多地依靠语言学习能力和数学逻辑能力去与其他学生比较，而忽视他们的空间认知、肢体协调、音乐审美、人际交往、内省反思、探究创新、生存发展等能力，只会给他们永远贴上"失利者"的标签。因此，多元化构建评价体系有利于中职学生建立科学的人生观，促进学生个体的全面性发展和可持续发展。

（3）学校教育创新的需要。如今中等职业学校教育的目标已经不只是对学生学业的考核。中职学校教育教学目标的确定，既要依据市场对人才素质结构的需求，又要考虑学生的现有发展水平，要从学生的知识水平和技能基础出发。只有对学生进行多方面的观察，才能了解学生已有的知识技能、学习态度、意志力等状况，并加以分析研究，进而为教育教学目标的确定、学习计划的制定和有效实施教育资源做出客观准确的判断。同时，面向全体学生，根据不同的学生个体，科学合理地引导学生，促进学生的知识、能力、技能、个性等方面的发展，提高学校教育管理工作的成效。

（4）工作单位考察的需要。现如今，大多数用人单位在选择毕业生时都是通过查看简历、在校获奖情况以及面试情况来进行判断选择。其中一个主要渠道是看学校尤其是班主任对毕业生的评价。而大多数的学校，只是在学生学业方面给予分数的评价，其他方面的评价基本是全篇一律。这其实不利于工作单位去了解该学生的真实信息，很难对毕业生进行正确的判断，从而导致草率录取。在毕业生就职后也会因为对工作的不适应以及公司对其工作的不满意而导致毕业生主动辞职或被开除。

（二）多元化评价引导学生不仅会"取长补短"，还要"扬长避短"

（1）取长补短，获得"新生"。中职学生往往在数学、英语等学科学习起来较困难，有少部分即使经过努力也很难达到合格的要求，更不用说优秀了。按照以往的评价标准,这些学生从开始就注定不是"优等生",甚至于不能顺利毕业。多元化评价可以引导学生在擅长的领域多获取学分或者用"替代学分"来弥补自己在弱项的得分,从而获得更高评价、顺利毕业。

案例:小王是一名汽修专业的中职学生,从初中起就不爱学习,英语课考试基本不合格,但小王动手能力很强。班里的桌椅板凳有点损坏,班主任总是找小王,都是小王自带工具将它们维修好,后来,小王毛遂自荐,成了班级的公物管理员。老师发现小王在汽车修理方面很有天赋,于是特别关注、提携,并推荐他参加学校的技能比赛,没想到他竟然获得第一名。随后,小王又一鼓作气参加了全市、全国的技能比赛,勇夺金牌。最终,虽然小王英语科目没有获得学分,但因为他专业课特别出色尤其是技能大赛金奖的加分政策,小王顺利地完成了自己的学业。如今他已经是一家汽车4S店的维修主管了。

老师没有一味地因为小王英语不好就非要给他补课,而是充分发挥他擅长的领域,用小王在擅长领域内获得的成绩来弥补自己的不足,这样小王不仅完成了学业,还取得了一技之长。如果开始,老师非要抓着他补英语,最终结果可能是英语没什么长进,专业技能也不会那么突出。

(2)扬长避短,获得"人生"。多元智能的研究发现并不是所有的"短"都可以弥补,就算有所弥补,与他人相比还是很普通。因此,对于中职学生来说,更适合的是扬长避短。中职班主任要通过多元评价,让学生发现自己的长处,然后加强学习和训练,以拥有自己的一技之长,在长处中树立自信,重拾学习的兴趣。至于短处,每个人都无法避免,能补则补,不能补就尽量避开。

案例:小萱是青岛某职业学校学生,学习一般,特别在众人面前容易紧张,导致说话口吃,但她在舞蹈方面很有天赋。因为口吃的原因,很少在同学面前表现自己,也不参加班级活动,越来越没有自信。班主任王老师通过与小萱的谈话,了解到小萱十分热爱跳舞,也很想参加学校的文艺演出,可一想到自己口吃就一次次地退缩。王老师鼓励她好好练习舞蹈,并创造各种机会,在办公室、在小组活动中让小萱跳舞给大家看,并在学校艺术节给小萱报了名。小萱终于如愿以偿,成功地参加了文艺演出。通过一次次活动,她找回了自信,不断加强专业学习,最终考上了自己喜欢的舞蹈学院。

说话结巴口吃,不是想改就能改好的,幸亏班主任没有纠结学生的短板,而是很好的从小萱舞蹈特长方面入手,让她充分发挥自己的优点,不断地取得成功,最终成功地在自己擅长的领域找回自我。

【拓展链接】

加德纳(h. gardner)的多元智能理论提出于 20 世纪 80 年代,加德纳在《心智架构》中将智能划分为九种类型:语言表述能力、逻辑分析能力、空间认知能力、肢体协调能力、音乐审美能力、人际交往能力、内省反思能力、探究创新能力、生存发展能力,这些智力因素相互联系又彼此独立。它不仅对当代美国的教育教学改革产生了广泛而深远的影响,而且对世界各地的教育发展也起到了很好的推动作用。

三、工作案例

青岛某职业学校对学生的多元化评价标准(节选)

一、评价内容及分值

学校学生综合素质评价包括思想品德与公民素养、学业水平、身心健康、艺术素养、职业素养与实践能力等五个方面,共计 2400 分(可以适当比例折合为 100 分)。

(一)思想品德与公民素养。包括在校学习和顶岗实习的时间,按照三学年6 个学期考核,每学期 100 分,共计 600 分。

(二)身心健康。主要考核学生在校学习期间的身心发展情况,按照二学年4 个学期考核,每学期 100 分,共计 400 分。

(三)学业水平与专业技能。主要考查学生在校期间基础文化知识、专业知识、专业技能的掌握情况,按照二学年 4 个学期考核,每学期 100 分,共计 400 分。

(四)艺术素养。主要考查学生审美能力和对一项及以上艺术特长的掌握水平,按照二学年 4 个学期考核,每学期 100 分,共计 400 分。

(五)职业素养与实践能力、社会能力。主要考查学生在实习、实训和其他社会实践活动中职业素养、职业能力、爱岗敬业和实践创新能力等情况,按照三个学年,每学期不超过 100 分,总计 600 分。

二、评价组织和评价方式

(一)评价组织。综合素质评价工作由学管处牵头组织实施。各处室结合部门工作实际,科学制定学生综合素质评价办法,建立健全学校管理实施机构,分工负责,组织实施。

(二)评价主体。评价主体多元化,采取内部评价与外部评价相结合,自我评价与他人评价相结合方式,学生本人、班主任、任课教师、同学、家长、实习企业和活动社区等均可以成为评价主体。各评价主体的评价活动应相对独立,对各自评价结果负责。

（三）评价方式。以日常评价为基础，进行日常评价、学期评价和毕业评价。日常评价要收集相关事实材料做好写实记录，整理遴选具有代表性的活动记录及取得各项成果的证明材料，对于学生的标志性成果和事实材料，按照公示制度在校园网或校园公示栏等显著位置公示。学期评价要在日常评价的基础上综合评价学生学期发展情况，毕业评价要将学生各学期评价结果按照一定权重予以计算。

（四）评价载体。建立学生个人成长档案，完整记录学生成长轨迹。逐步将学生个人成长档案与其体质监测报告、体检报告及学校对学生的其他记载方式整合为学生电子档案。

三、评价权限、职责

1. 思想品德与公民素养

由班主任负责录入，学管处负责审核。

2. 身心健康

(1)体育方面由体育老师负责录入，教务处、学管处负责审核。

(2)心理方面由心理教师负责录入，学管处、教务处负责审核。

3. 学业水平与专业技能

(1)文化课、专业课成绩任课教师负责录入，教务处负责审核。

(2)技能大赛成绩由教务处负责录入、审核。

4. 艺术素养

由艺术老师负责录入，教务处、团委负责审核。

5. 职业素养与实践能力、社会能力

由个人、实习教师、企业按权限录入，招生就业处、团委审核。

（《青岛外事服务职业学校学生综合素养评价实施方案》节选）

第二节　以尊重和赏识确立评价原则

一、工作情景

有人认为大多难以教育的孩子，都是失去自尊心的孩子；大多易于教育的孩子，都是有强烈自尊心的孩子。中职学校的学生群体，大多是在义务教育中的失意者，基本处于传统评价机制的下游。其实，每个孩子都有成功的潜能，尊重与赏识能挖掘学生的潜能,使其能力得到充分的发挥。用欣赏的眼光来看待学生,就会发现,其实每一个孩子都很努力。

二、工作项目

【工作目标】

作为中职班主任,在教育中要学会平视,尊重每一个学生,学会换位思考;实施赏识教育,落实多元评价,让每一个学生都扬己之长,成为有用之才。

【操作程序】

（一）尊重与赏识教育的原则

（1）客观性原则。尊重、赏识不是没有理由地乱表扬,而是以正确的标准为指导,坚持实事求是的客观原则,才能尊重、赏识得当,才能使被尊重、赏识的学生正确认识自己的长处,从而向更健康的方向发展。错误的尊重、赏识只会导致学生的盲目自大,这就背离了尊重、赏识教育的初衷。

（2）差异性原则。每个学生都是独立的个体,都有自身的个性特点。就像教育要因材施教一样,赏识也要因人而赏。不同的特点决定赏识点的不同,要认真观察每个学生的优点和细微的进步变化,给予不同的鼓励和表扬,让学生感觉自己是与众不同的,从而能正确认识自己的长处和与别人的差距。

（3）适度性原则。尊重、赏识学生就要客观的分析和了解学生的身心需要及心理状态,掌握好尊重、赏识的"度"。若尊重、赏识不够,对学生不屑一顾或训斥责骂,会伤害学生的自尊心和自信心,产生自卑心理,缺乏自信。

（4）及时性原则。尊重、赏识教育要做到及时,迅速。当学生做出选择时,要及时给予理解、支持;当发现学生某一方面的优点或一点进步时,都要及时地给予表扬。错过尊重、赏识的最佳时机,再进行赏识其效果将大大减弱。

（二）在尊重和赏识中实施评价

（1）让评价从尊重赏识开始。传统的教育观念中,教师习惯于用批评指责来教育学生、评价学生。随着时代的进步,传统的方式受到了前所未有的挑战。如何评价一个处于青春期和叛逆期的中职学生成为教育者热衷讨论的问题。究竟应该以怎样的态度去评价他们呢?下面让我们从学生对教师的评价中来感受他们内心的希望。

李老师在我们面前从不摆老师的架子,她说她小时候虽然是尖子生,也曾被老师指着鼻尖骂过,直到今天自己也成了教师,仍然忘不了当年自尊心受到的伤害。李老师说"师道尊严"在今天的含义首先是平等、尊重、服务,然后才是传道、授业、解惑,如果我们失去了自尊心和羞耻感,那么再好的教育也没用了。为了摆脱批评教育的阴影,我们全班都决心找回羞耻心和自尊心,让老师用鼓励的方式来管教我们,我们心里要比以前舒服多了。李老师说,只要人格健康,其他都可以慢慢补,看你什么时候需要什么了。以前同学们最怕家长会,有的同学想方设法不让父母来参加,李老师当了班主任后,连家长都喜欢来开会,父母都说:"怪了,李老师,孩子被你这么一说,确实是不错的孩子,反而是我们大人还有很多不足。"

李老师最喜欢的口头禅是"真好",我们全班都喜欢!

没有一个孩子不喜欢表扬,没有一个家长不喜欢自己的孩子是优秀的学生。尊重与赏识会让学生找回自尊心、自信心,能提升自身的学习效率;尊重和赏识让家长开心,更愿意关注自己孩子的教育。一句表扬,可能会使一个家庭更和睦,一句讽刺,可能会影响学生的一生。

(2)让评价从换位思考当中实施。师道尊严和中职学生需要的爱与引导相比哪个更重要?换位思考对于客观评价学生尤为重要。只有换位思考,班主任才能从学生的角度出发体会他们需要什么样的评价方式,他们需要什么样的评价语言,班主任也能不断地创新自己的评价艺术。

首先,要对学生有足够的耐心去倾听。倾听学生的见解,甚至对于错误的辩解也不要轻易打断,耐心等待学生讲完,不让学生带有遗憾。延长等待学生回答的时间,生成思维的结果,这样的教学是人与人心灵上最微妙的接触与融洽。

其次,就是用"学生的心灵"去感受,用"学生的大脑"去思考,用"学生的眼光"去看待,用"学生的情感"去体验。

最后,班主任要善于发现学生的优点、放大他的优点,关注学生、解放学生,对学生的错误要加以分析,正确对待,给他改正的机会。

总之,班主任要学会用"假如我是孩子"和"假如是我的孩子"的换位思考方式去对待家长、对待学生、对待教育教学工作。只有这样,班主任对学生才会少了苛刻、多了宽容;少了埋怨,多了理解;少了指责,多了尊重,才能引导学生一步一步走向成功。

(三)实施尊重与赏识评价要注意的问题

尊重、赏识教育实施要有耐心,要能持之以恒。不要当付出一定劳动而得不到回报时,就开始失望、怀疑孩子的能力,甚至对孩子挖苦、讽刺,从而挫伤了孩子的自尊心,降低了孩子的自我评价,并对自信心的形成产生不良影响。

尊重、赏识要恰到好处,不能滥用、过度。在教育中,赏识要正确客观地分析,根据真实需要进行表扬、鼓励,而不能为达到某种目的而牵强地赏识。这不仅对孩子本人起不到真正作用,而且会让孩子感觉到赏识的虚伪性,同时降低对实施赏识教育工作者的信任度。同样尊重、赏识不能过度,这样会导致孩子对自己认识不足,会产生自满自傲的心态,稍遇不顺就会一蹶不振。尊重、赏识并不意味着迁就和放松要求。用尊重传递出来的期望和要求,远比任何说教、批评更有效果,更持久,更能激发孩子的主观能动性。

教师应该关注学生的心灵,关注他们的精神需求,运用尊重、赏识教育来培养每一位学生的自尊和自信。让我们从尊重与赏识开始,让孩子在爱的阳光下健康快乐地成长!

【拓展链接】

食指教育和拇指教育

"食指教育法"是指一种批评性的教育,只看到了学生身上的某一点不足,而看不到其成绩,对学生一味地用食指指指点点。有的老师甚至对学生说出"你真没用""真没出息"之类的话,名曰对学生严格要求,实际上大大挫伤了学生的自尊心和学习的积极性,让学生抬不起头来。

"拇指教育法"则是一种鼓励性的教育。教师在学生身上寻找闪光点,常常对学生竖起大拇指,不断赞美他们点点滴滴的进步。结果学生自信心得到增强,表现愈来愈好。这也就是我们心理学上常说的"皮格马利翁效应"——期望效应:你期望学生成为什么样的人,他就可能成为什么样的人。

"食指教育法"是一种负强化,经常用我们成年人的标准来要求学生,在鸡蛋里面挑骨头,有一种恨铁不成钢的感觉。教师用心虽然良苦,但却让一部分学生丧失信心,甚至可能让一些学生破罐子破摔。"拇指教育法"则是一种正强化。正在成长中的学生都爱听表扬的话,哪怕是比较调皮的学生,只要老师正面肯定他的某一点成绩,就可以激发其兴趣,让他树立信心。他会尽量好好地表现自己,以免辜负老师的表扬和期望。

三、工作案例

运用"绿色"批评,走进学生心灵
——对中等职业教育工作中批评艺术的探讨

学生在成长的过程中,不可避免地要出现这样或那样的错误。作为教师,我们要以负责的态度,敢于批评,善于批评。正如环境经过长期绿化和保护会变得优美一样,学生稚嫩纯洁的心灵也要在绿化和保护中才能健康发展。"吹面不寒杨柳风",学生犯错时,我们不妨采取"绿色"批评,注意善待每位学生,设法走进学生的心灵。

所谓"绿色"批评。就是我们要在批评教育学生时,时刻注意以下几点:一、注意维护学生的自尊心。要随时肯定每个人的优点和长处,处处照顾到学生的人格尊严,教师要关心学生的尊严感,因势利导,不仅要教学生跨过改错的门槛,而且要更上一层楼;二、注意保护学生的自觉性。要细心对待学生的精神生活,在感性认识的基础上形成科学的智力和道德的评价,并在正确的评价中教学生学会自我教育;三、注意树立学生的责任心。在学生对老师的教育产生抵触情绪时,要善于把握时机,及时化解他们与老师的对立情绪,设法让他们在愉悦中进行自我教育;四、注意发掘学生的发展潜力。作为教育工作者,还应注意以全面的、发展的眼光来看待学生,善于从学生的点滴进步中寻找教育的最佳契机,尽量避免偏激和经验主义错误的发生。

"春风化雨,润物无声",道德准则,只有当他们被学生自己去追求、获得和亲身体验过的时候,只有当他们变成学生独立的个人信念的时候,才能真正成为学生的精神财富。而教师恰恰是促使学生有效完成这一过程的人,所以,作为一线的教育工作者,尤其要注意时时以文明而智慧的方式"绿化"学生的思想,尝试运用"绿色"的教育理念,以最终达到对学生终身教育目的。这是贯彻以人为本教育思想的有效途径,也是完善教师职业道德修养的根本之所在。

扬长避短,让学生从自尊的源泉中汲取力量

培养全面发展的个性的技巧和艺术就在于:教师确实善于在每一个学生面前,甚至是最平庸的,在智力发展上最有困难的学生面前,为他打开精神发展的领域,使他能在这个领域达到顶点,显示自己,宣告大写的"我"的存在,从人的自尊感源泉中吸取力量,感到自己并不低人一等,而是一个精神丰富的人。这才是德育工作的真谛。

学生犯错,教师进行批评式教育,这本来无可非议。但面对经常犯错的学生,有的老师就喜欢"一棍子打死",劈头盖脸就是一顿数落,这往往会使学生的心理受挫,情绪低落,从而影响了他及时改错的积极性。这时,我们不妨结合学生的平日表现找出其闪光点,和这次的错误形成鲜明的对比,在表扬中批评,使学生自觉认识到问题,并从因受到表扬而产生的自尊源泉中汲取力量,及时改正错误,往往会收到意想不到的效果。

记得有一天下午语文课,郭某拿着乒乓球拍一头闯进教室,看着他满头大汗,气喘吁吁的样子,联想到高一入学以来他的种种不良表现,一股怒火喷涌而

出。但想到郭某的火暴脾气和倔强性格，我改变了话锋："郭某在打乒乓球上确实有天赋，不但球技高超，而且非常守时，每天自由活动课风雨不误去练习。如果这种精神与拼劲用到学习上，相信也会有骄人的成绩的。希望郭某好好对待自己的学习。"课后，我又找机会有意接近郭某，和他谈心，谈文化知识的基础作用，谈他的特长、他的前途……郭某对我没有直接当着全班同学的面批评他本就心存感激，又加上我对他能力的肯定，他感到自己有了希望，对学习的自信心增强。此后，学习成绩大幅度提高。

可见，教师只有关心学生的人格尊严，才能使学生真正受到教育。它的核心就在于让学生始终体验到自己的尊严感：我是一个有能力做得更好的人，是一个有着高尚的志趣、激情和不断取得进步的人。

循循善诱，尝试让学生学会自我控制

学生如果没有自我认识，就既不可能有自我教育，也不可能有自我纪律。一个年纪幼小的人，不论他把"懒惰是不好的"这句话记得多么牢，理解得多么清楚，但是如果这种情感没有迫使他在实际行动中管住自己，那么他就永远不会成为一个意志坚强、成功的人。同样，学生犯错误，教师如果仅仅通过批评，甚至逼迫的方式使他改正错误，就永远不会使学生学会自我教育，也就不会达到最佳的教育效果。

作为老师，批评学生大多是针对事而不针对人。所以有必要让学生理解自己的良苦用心，让他们从心理上愿意接受批评，从而真正认识到自己的错误所在，以达到批评的最佳效果。刘某有个坏习惯，爱和老师顶嘴，爱接老师的话柄，有时甚至出言不逊。各科老师对此都很头痛。针对这种情况，我没有直接对他进行严厉批评，以免伤害他的自尊心，而是找他单独"谈心"："告诉你，我小时候有个同学也是这样，他成绩不好，一向不被重视，所以想通过和老师顶嘴、接话柄等方式，引起老师和同学的注意。老师多次批评教育，他都不服气，而且越发使倔，你也有这种心理吗？"他点点头。"可是后来的事情使他尝到了苦头，他勉强读完烹饪职高，好不容易在大酒店找到一份不错的工作，结果一次与大厨的顶嘴结束了他短短的学徒生涯。以后几次工作都因这话那话说得不合时宜而被迫放弃，找工作又四处碰壁。直到现在，还在为生活四处奔波呢……你能明白老师的意思吗？""好话一句三冬暖，恶语伤人六月寒。"我设身处地为他着想的一番话，如春风化雨，化解了他心中对老师的积怨，也使他感到了恶习带给自己的麻烦。之后，他在课桌上放置一个"三缄其口"的小牌，慢慢地，他变成了一个上课认真听讲和认真记笔记的学生。

"战胜自己是最不容易取得的胜利"，而刘某做到了，他从这里开始认识自

己、教育自己，并达到了理想的效果。

控制情绪，设法对学生的违规行为因势利导

每一个学生都是带着想好好学习的愿望来上学的。这种愿望像一颗耀眼的火星，照亮着学生的情感世界。他以无比信任的心情把这颗火星交给我们做教师的人。这颗火星很容易被尖刻的、粗暴的、冷淡的、不信任的语言所熄灭。这就需要我们做教师的善于因势利导，保护好这颗火星，把无限的信任同样的给予他们，设法建立一种富有人情的相互尊重的美妙的和谐。而在实际工作中，则要求我们不仅要保护好这种上进心，更要想办法使它形成燎原之势。

刚工作时，我想了许多所谓"治"学生的办法，或斥责或惩罚，都没有起到很好的教育效果。直到有一次我偶然用了"怀柔"政策，才不由得茅塞顿开。一次语文课，两名男生竟然在我眼皮底下看小说，真想夺过来撕掉扔进垃圾箱里，转念一想，我破天荒地不怒反而笑了，说："你们两个真聪明，深知最危险的地方也是最安全的地方啊。可是，如果你们错过了最好的学习机会。升不上学踏上社会时，就不能天天靠看小说过日子了，那时你们若要在工作时干别的，恐怕就没有人会纵容你们了，而是会永远'放你们的学'。"一个男生脸红了，自觉地收起小说。另一个男生却高扬起手中的书说："老师我看的是语文课外阅读，不是小说。"我一怔，随着又说："你看课外阅读是好的，能提高阅读和写作水平，如果平时能挤时间看就好了，但是现在老师讲课，你看岂不耽误学习？"那男生哑然。

此后，上课看课外书的情况再也没有出现。相反地，因我肯定学生看课外书有益，导致班里掀起了一股读书热，这真是"无心插柳柳成荫"。设想若当时自己暴跳如雷，冲动之下撕毁了他们的小说，那后果又会怎样呢？我为自己保护住了这颗火星并使它形成了燎原之势而感到庆幸。

冷热适度，及时化解与学生矛盾冲突

有些教师认为，少年的倔强说明他不愿意承认自己是不对的，不愿意改正错误，但这只是表面上看来如此，实际上学生只是装作坚持己见的样子而已。作为教师就要善于把握住教育契机，善于教会孩子看到自己行为的后果，并学会设身处地为他人着想，从而自觉改正错误。这是德育工作中所必须做到的。

一般说来，学生犯错后，老师往往会趁此机会，进行批评教育，如果不及时处理，事过境迁，就会淡化学生的受教育效果，甚至会使学生产生反感和抵触情绪。所以把握机会适时进行"热处理"是很有必要的。但有时，也需要我们讲点"冷处理"的艺术，把事情搁一搁，以缓和学生的消极情绪，暂时给他一个台阶下，以免把事情闹僵。

潘某课堂纪律不好，时间观念差，每次上课都要提醒他做好课前准备。时

间一长,我也稍有心烦。有一次,提醒的语气稍微重了些,他竟然故意"乒乓"作响地找起书来,找到书后"啪"往桌上一扔,全班同学的目光都聚焦在他身上,批评几句,他竟大声狡辩,一时全班哗然。我意识到这正在影响着全班同学的正常上课,我立刻冷静下来,对他说:"现在先不讨论这件事,认真上课,下课后我俩再沟通,好吗?"冲突平息下来。下课后,我先自我反省:自己的态度生硬。这使本来等着批评的潘某有些意外,我趁机指出:"你完全有能力自己做好课前准备,而不应该每次上课都浪费大家几分钟。不妨置换角度想一想,别人这样,你会喜欢吗?长此下去,你又怎能让大家尊重你,信任你呢?"说到大家的尊重和信任,一下子触到了他的痛楚,我趁热打铁,"要想得到别人的尊重,你首先得尊重别人,对人有友爱之心……"他心悦诚服了,自觉变成了一名遵纪守时的学生。

洞微知著,用发展的眼光看待学生的表现

作为教育工作者,最忌戴着有色眼镜看学生,对于学生一些小的进步视而不见,一味按照自己的习惯思维,凭以往经验对待学生的所作所为,往往会犯经验主义的错误。做老师就要做一个洞微知著的美的发现者,要善于发现学生身上哪怕微不足道的闪光之处,并给予恰当的肯定,而不能总是在学生身上挑刺。

一节语文课上,徐某又走神,朝窗外看了半天,我气不打一处来,毫不犹豫地把他叫到办公室,劈头就说:"你怎么就不能改一改呢?即使不为父母着想,也该为自己的将来考虑考虑。成天不是看武侠小说,就是上课玩、睡觉。这样下去怎么能行?"他低着头一声不吭,我更来了气,"你要是再愿意玩,干脆回家好好玩,玩够了,再回来!"谁知他抬起头,眼中噙泪,满怀委屈地说:"老师,我一直都在改,我尽了最大的努力。"我一愣,猛然醒悟,高一下学期以来,他因玩而迟到的次数少了,上课打瞌睡、看武侠小说的情况也不多了。作业虽然不算认真,且经常迟交,但总算能交上了……想到这里,惭愧使我脸红,我知道,我错了。

此后,这件事一直提醒我:做老师要做一个实事求是的实践者,不要总是清学生的旧账,夸大他们的缺点,更不能武断地指责他们将来没出息。我们要善于看到他们的进步,善于看到他们的发展潜力,实事求是地评价他们,这是教育的基础,更是有效教育的保证。

苏霍姆林斯基说过:"不要去强制人的灵魂,要去细心关注每个孩子的自然发展规律,关注他的特性、意向和需求。"我认为每个教育工作者都应努力做到这一点。十年树木,百年树人,教书育人任重而道远,需要我们每个教育工作者用心去呵护孩子美好的心灵,在教育中切实实施"绿色"教育。

(青岛外事服务职业学校　姜封祥)

第三节　以多主体评价确保评价公正

一、工作情景

在中职学校学生多元化评价中,评价主体的多元化十分重要,不但要有教师对学生的评价,还要有学生自评、互评,家长以及企业评价等。全面的、多样的评价有助于学生客观地认识自我,不断反思改进,全面主动地发展。

学生是第一主体,通过自评形式有利于学生对自身发展有清晰的定位和认识,互评形式有利于使中职生更客观地认识到自己的优势与短板,教师和家长评价有利于为学生未来发展提供参考方向,企业评价有利于学生制定职业生涯发展规划。

二、工作项目

【工作目标】

中职教育需要多方携手,打造教育合力。作为中职班主任,不能只凭一己之力,作为学生单一的评价方,任课教师、学生、班级、家长、社区(企业)都应参与评价,成为多元化评价主体。同时采取他评、自评、互评等形式,定性和定量评价结合,过程评价和结果评价结合,多主体、多角度展开综合素质评价。

【操作程序】

（一）在关爱中进行教师评价

教师评价是指教师根据指标体系,客观、公正、实事求是地对学生做出评价。

教师的评价要有常识性和期待性。善待每一位学生,赞赏每一位学生的独特性,赞赏每一位学生的微小进步,赞赏每一位学生所付出的努力。让学生在教师的赞赏性评价中获得自信,感受到自我价值。如"努力啊""加油啊""相信你能做得更好"等。

教师既要有耐心,也要有爱心,应时刻关注学生的生活、学习,认真发现学生的"闪光点"。

（二）在尊重中进行学生互评

学生之间朝夕相处,相互了解,所以学生之间的评价,最能反映出学生在成长中的细微变化。"学生互评"弥补了教师对众多学生难以一一关注的不足,他们在互评中往往会找到自己难以发现的长处或短处,在评价他人的同时,也能更进一步地认识自己。不过在"生生互评"中,我们要引导学生学会互相尊重、互相理解、互相学习。优等生不能骄傲自满,评价潜能生不要取笑,不能使用过激的语言,发现别人的错误时,要像"小老师"一样耐心地给予帮助,要让他们改进后再进行评价。

（三）在反思中进行自我评价

学生要在成长中学会自我评价进而学会自我反思,这是我们要追求的目标。自我评价既有利于培养自主学习的能力,也有利于培养学生健康的心理,初步学会正确地看待自己。在自我评价中,学生为欣赏到自己的成功而倍感自信,为发现了自己的不足而反思改进。

（四）在沟通中进行家长评价

家长的评价能架起家长、学生、学校沟通的桥梁。俗话说:"庄稼别人的好,孩子自己的好。"家长评价一般会偏高或偏低,教师有必要引导家长给孩子以恰当的评价。让家长参与评价,既拓宽了评价空间,弥补了学校教育的不足,更能充分利用家长的智力资源,促进学生的可持续发展。

（五）在发展中进行企业评价

企业了解本领域内发展的最新趋势,在需要什么样的人才方面有绝对的发言权。因此,企业参与学生评价,有利于学生了解企业的用人标准、能用到的专业知识,从而引导自己在学校的学习过程中加强专业知识的学习,同时提升自己的职业素养。

【拓展链接】

《多主体评价在学生综合素质评定中的运用》——《多主体评价》课题的终结性结题研究报告(陈国裕,《二十一世纪教育思想文献》2007 年第 1 期)

三、工作案例

星级多元评价体现学生主体

目前,很多中职学校学生学习成绩的评价模式在很大程度上还是沿用普通教育的做法,主要是以考试成绩来评定等级。而随着社会的发展、教育的改革,这种单一的评价模式越来越不利于人才的培养、个性的发展和特长的发挥;越来越不利于激发学生学习的积极性;越来越不利于学生创新精神和实践能力的培养;也不符合职业教育发展规律和社会各界对高质量职业教育的迫切要求。

因此,改革旧的单一的评价模式,构建新的多元评价模式是中职学校的当务之急。笔者对中职星级多元评价进行初步探索。

(一)星级多元评价是什么

从评价主体的角度看,现在的评价逐渐发展为多元的趋势。在以往的评价中,评价的主体往往是教师,而学生总处于被评价的地位;而多元评价(评价主体有教师、学生、家长、企的师傅、各鉴定机构和部门等)过程中,学生不但是被评价的客体,也是参与评价的主体。

这种多元主体共同参与、交互作用的评价模式,加强了评价者与被评价者之间的互动,既提高了学生的主体地位,又将评价变成了促进学生主动参与、自我反思、自我教育、自我发展的过程,形成了积极、民主、平等、开放的评价关系。

星级评价是在多元化评价基础上,根据五星制的不同要求而定的。每一星级有对应的分值和对应的等级,例如语、数等公共基础课程五星对应分值为90分以上,对应的等级为A级;四星对应分值为80~89分,对应的等级为B级,以此类推。星级评价不但顺应了学生"追星"的心理需求,更为重要的是刺激了学生学习的主动性和积极性,提高了学生的上进心。

(二)多元评价主体指什么

由于中职学校学生的学业水平考试主要包括考试(公共基础课程考试、专业综合知识考试、专业技能考试三大科目)、学习过程(课前预习、学生出勤、课堂表现、课后作业、学习反思、成果展示)、个性发展(个人特长、社团活动、公益活动)和职业能力(职业素养、学习能力、岗位能力、合作能力、创新能力)等方面内容,这就要求评价主体是多方参与的。例如,教学过程评价就需要学生自评、学生互评、教师评价、教务处或实训处评价。实习、见习过程评价就需学生自评、小组评价、跟踪指导教师评价、企业师傅评价、企业单位鉴定和就业处评价。对于形成结果的评价还需要各级考试机构、技能鉴定机构等参与。从以上多元评价主体中不难看来,新的多元评价,学生既是评价客体,也是评体主体。这就改变了以往学生被评价的被动地位,成为评价主体之一,这不但激发了学生的主体意识,而且还激发了学生的学习积极性和主动性,更为重要的是有利于提高学生的自信心和个性特长的发展,真正体现"人人出彩、人人成才"的新人才观。

(三)多元评价对学生主体地位的作用

1. 激发学生的学习兴趣。兴趣是最好的老师,学生只有对学习产生了浓厚的兴趣,才能有发自内心的原动力。而中职学生在中考中大多为失利者,在初中阶段得到的更多是批评和冷语(因为初中教师关注的是学生的成绩,是考上重点高中或达标中学的人数),因而缺乏学习动力,甚至对学习失去信心,产生厌学情绪。针对这一现象,中职学校要顺应社会的发展和时代的需求,改革不符合学生身心发展的评价方式,树立发展的评价理念,建立新的星级多元评价模式,这样不仅能关注学生的基础知识与基本技能,而且能关注学生的认知、能力、技能、个性、特长、情感、态度、价值观等各方面,且学生也是评价的主体之一,这就大大激发了学生的参与热情和学习的积极性。

2. 让学生充分认识自我。美国心理学教授加德纳在《多元智能在全球》一书中指出了人的智能可分为八种,即语言智能、身体运动智能、空间智能、自我意识智能、音乐智能、人际关系智能、逻辑数理智能、自然智能。中职学生由于语言智能、空间智能和逻辑数理智能较差,在初中阶段往往是不被老师看重的,而多元评价改变了原有的单一评价,从而使评价的目标、主体、内容、方法等都走向多元化。学生的各项智能都得到客观、公正的评价。例如,在设定教学目标时,应特别注意多用几把尺子衡量学生,从备课、讲课、设问、练习、作业的布置等教学活动中,根据不同的学生制定不同标准,提供不同的选择,力求使每一个学生各取所需、各尽其能,在原有水平上有新的提高和发展,这就是因材施教。

又如,在教学过程中,根据学生的差异,教师可以设计不同层次的问题,让能力稍差的学生掌握基础知识和基本技能,让能力较强的学生进一步深化,发展思维,这就是我们通常所说的分层教学。这样的结果可使不同层次的学生在心理上都得到满足,在学习过程中都能品尝到成功的喜悦,从而找到自我,增强自信。

3. 增强学生自主意识,增进学生交流互信。学生是学习的主人,是多元评价的主体之一。学生参与评价自己、评价他人,这不但增强了自主意识,也激发了学习热情,营造了比、学、赶、帮、超的氛围,促进了学生的全面发展。

在学校学生生活中教师要不断引导学生对每一节课、每一天、每一周、每一月、每一学期都进行客观公正的自我评价,例如,课堂自评:"我认为我课前预习不够,课堂发言不积极";周自我评价中:"我认为我学习还不够主动,应该在这方面多下功夫"。自我评价是一种自我激励、自我教育、自我发展和完善的过程。

在学生互评中,教师要引导学生欣赏他人的优点,又要客观地指出不足,这就要求学生在互评中既要用委婉的语言,又要做到公平、公正。这样才容易被同伴接受。学生在评价同伴时,自身的分析、思维、语言表达能力也会得到提升;学生在被同伴评价时,要善于从他们的语言、动作、表情中了解自己的言行对错和问题的症结,从而调整自己的行为表现和解决问题的方法,达到完善自我、发展自我、提升自我的目的。例如,"你的设计不错,但我想在这里做些调整会更好的,你看呢?""你跟我想的一样,但我觉得还要注意一点……"总之,互评可以使学生之间相互取长补短,这不仅提高了学生的参与意识,而且也增强了同学之间的信任、交流与合作的能力。

4. 星级多元评价,彰显个性特长。星级多元评价倡导"以人的发展为本"的思想,体现对学生个性发展的尊重,关注和承认评价对象的差异性。评价的内容涉及学生素质发展的各个方面,包括知识、能力、方法、态度、情感、表现、技能、考证、社团、公益、特长、实训、实践、创新等。同时注重设计不同的评价标准和方法,对学生要"择善而教",让学生扬其长,补其短。

星级多元评价,不但注重评价标准、主体、手段、内容的多元化,同时还建立各种星级评价制,如特长之星、技能之星、体育之星、创新之星、班级之星、学习之星、智慧之星等,星级评价还可以对应学分。星级评价坚持多元化评价,在量化过程的基础上,通过学生自评、同学互评、家长参评、教师参评、班主任总评、部门复核等方式,评选出班级星级学生和学校的星级学生。每一星级都有对应的评价细则要求。在各方面全面发展,表现优秀、成绩突出和在专项技能大赛中获省一等奖以上的学生,就授予最高的"五星级学生"称号。凡是获得"三星级学生"以及单项"技能之星"三星以上荣誉称号的,学校每学期将给予表彰,并张贴所有星级学生照片、简介的"群星荟萃"榜。

星级多元评价,不仅激发了学生的学习热情,而且帮助学生更清楚地认识了自己;不仅增强了学生自主意识,而且还促进了学生个性特长的发展;不仅帮助学生找回了自信,而且还让学生体验了成功。总之,星级多元评价就是为了让"德艺双馨"成为学生自主发展的愿望,让健康快乐成为中职学生人生的常态。

(吴启筑,《教师》2016 年第 10 期)

第四节 以私人定制凸显评价个性

一、工作情景

俗语道,"尺有所短,寸有所长"。美国心理学家加德纳指出,"每一个学生都有自己的智力强项和独特价值,对所有的学生都采取同样的评价标准和评价方式是不合理的。"因此,在确定学生的评价内容和评价标准时,应充分考虑个体发展的差异性和多样性,以最大程度的个别化方式,促进学生个性的发展,促进个体价值的最大程度的实现。多元化评价承认学生发展维度和发展水平的差异性,注重用个性化的标准来评价学生,重视学生的实际发展,允许学生在自己的兴趣和特长上有发挥的空间,实质上是为学生提供了一个更为广阔的舞台,每一个学生都能在这个舞台上找到自己的位置。

二、工作项目

【工作目标】

作为中职班主任,要着眼于个性化评价。在教育工作中,注重对学生的日常学习和发展过程的评价,探讨实施思想道德素质学分,实行"替代学分",突破只有通过考试才能拿到课程学分的限制,把课程学分分解为"过程学分"与"终结学分(即考试学分)",充分体现以人为本,着眼成长,突出多元德育理念。

【操作程序】

（一）个性化评价的原则

1. 导向性评价——帮助学生深化认识,提升体验

评价是引导学生发展的重要手段,它的重要功能之一就是导向。好的导向性评价能起到画龙点睛、总结学法和深化认识的作用。

案例: 在语文课上,李老师让同学朗读诗歌。第一个学生用低沉的语气抑扬顿挫地读了一遍,李老师评价"读得真棒"。第二位学生朗读能力差一点,还有点紧张,读得也没有激情。李老师评价:"你要继续努力"。第三位学生用比较低沉、舒缓的语气读起来。老师评价:"读得真有感情"。整堂课,李老师对每个学生进行了点评,但这些漂浮在课堂表面的模糊评价没有起多少作用。如果李教师能把对第一位学生的评价变成"从你低沉的语气中我听出了你此时的心情是难过的",能把对第二位学生的评价变成"如果你读的速度稍微慢一点,语气稍微低沉一点,把课文中描述的情节浮现在脑海里,肯定会读得很棒",能把对第三位学生的评价变成"从你低沉、伤感的语气中我体会到了作者那强烈的爱国之情",我相信,不管是朗读的学生还是听读的学生,都会收获朗读此类诗歌的情感体验,并使之巩固下来。

2. 诊断性评价——引导学生确立正确的价值观

在学习活动中,假如学生的行为偏离了我们设定的价值取向,教师就要发挥评价的诊断功能,及时引导学生走出认知的误区。

案例："……荡起生活的双桨吧,在人生的大海上乘风破浪,直挂云帆,在彼岸你会收获累累硕果。"这是姜老师为学生写的作文批语的最后一句,这篇批语用了近四页稿纸,1000多字。一篇小小的作文何以值得我长篇大论?事情是这样的,姜老师的学生卢某以"我的天空"为题写了一篇作文,颇有文采,极富情感,但思想格调不高,字里行间流露出对他人和集体不屑一顾的态度。这位平时表现不错的学生为何有这种思想呢?通过了解姜老师得知,原来担任班干部的她,因能力有限,魄力不够,在班中威信下降,在选举中"下岗"。这本是正常的,然而有些同学对她冷嘲热讽,她倍感委屈,以致悲观失落,无心学习。姜老师觉得作为一名语文教师和班主任,不仅要教好书,还要善于从学生的文字中发现学生的思想动态,帮助学生解决成长的困惑,做好心理指导工作。于是姜老师写了这篇超长批语,鼓励她正确面对生活,放下包袱,做生活的强者。随后姜老师又找她谈心,彻底解开她的思想疙瘩,使她恢复了自信。这位同学在日记中写道:"老师的话就像温暖的春风,吹开了乌云,使我重新看到那蓝蓝的天空。"

3. 激励性评价——引领学生体验成功的喜悦

只有富有感染力的评价才会真正产生激励性效果。实践证明,激励性评价可营造宽松、和谐、民主的教学氛围,让学生在自由空间里不断获得成功的体验。

案例:班里有位比同龄人大2岁且成绩平平的女孩,她从不敢回答问题,目光总是怯怯的。趁这个机会,我找了一篇《装在信封里的小太阳》,让她提前读熟,然后在班上朗读,开始时她的声音还有些颤抖,慢慢地,她的声音洪亮了起来,眼里也有了自信。文章读完时,她的眼里已盈满了晶莹的泪珠,大家的眼睛也湿润了。等到掌声响起来,我陡然发现,她的眼中多了许多平时没有的东西,脸上也漾满了从没见过的红晕,目光热切而又大胆地注视着我。我走到她身旁,拍了拍她的肩膀,郑重地说:"孩子,真棒!"此后,这目光时时追随着我,而且也时时能听到她那朗朗的笑声和读书声了。

"教育是用心点燃心",激励性的评价,能让整个校园充满阳光,从而使学生的个性都得到充分体现。

4. 层次性原则——激发学生努力进取的兴趣

在实施评价的过程中,教师应通过精心设计,根据不同层次的学生,在评价时采用不同的评价标准,激励每一个学生"跳一跳"都能摘到"果子";坚持多把尺子量人,让每一个孩子都感到"我能行,我快乐",激励他们向下一个目标奋进。

例如,在评价学生的学习习惯时,有老师把它分为如下几个层次:一是能按时、规范、独立地完成作业;二是大胆质疑、积极探索,能做到敢于和善于提问;三是主动查找作业和试卷中的错误原因,并及时改正;四是自觉做好预习和复习工作。

二、个性化评价的措施

1. 注重对学生的日常学习和发展过程的评价

在学生发展的过程中不断给予评价和反馈,能有效地改变评价过分偏向终结性的现象,也有助于实现评价的个体化,是实现评价发展性功能的重要途径。

在日常学习中给予及时的评价。关注学生在学习过程中的点滴进步和变化,充分发挥评语的及时性优势和激励性作用,加强师生之间的联系,使学生能够及时了解自己的进步和不足,从而改进自己的学习。

关注学生发展的过程。利用一些成长记录的方法为学生建立成长记录袋,收集学生方方面面的资料,包括父母的期望,教师、同学和自我的评价、各次的作业和竞赛成绩,自己满意的作品等等。让学生通过成长记录看到自己进步的轨迹,发现自己的不足,并通过成长记录加强自我反省和锻炼自我评价能力。

将日常学习和发展过程的评价体现在学期总评成绩中。学期结束时,将日常评价、阶段评价和期末评价等有机地结合起来,日常表现和作业、单元测验以及期末考试成绩各占总评成绩一定的比例,促使学生和家长不再只关注期末考试,将形成性评价的精神融入日常教学中,做到教评相长。

2. 注重给学生利导,让学生的个性火花喷发

中职学生在这一年龄阶段属个性形成时期,因势利导是培养学生个性发展的好方法,在平时教育教学过程中,应多鼓励学生"别出心裁""标新立异""独立思考",使学生成长为既符合时代共性要求,又具有鲜明个性、创造力和开拓精神的新世纪弄潮儿,将来更好地服务于社会,体现他(她)们的人生价值。如组织学生参加学艺竞赛活动,竞赛的特点之一是参加者都想尽可能争取优异成绩。青少年一般都具有"好胜""向上""不甘落后""不服输""自尊心强""荣誉感强"等心理特点,适当地组织竞赛活动,不仅可以提高学生坚持学习的兴趣,而且有助于培养他们良好的个性心理品质。

3. 给学生尊重,在亲切中发现学生个性的光芒

班主任应注意学生独立意向的发展,尊重他们的要求,平等相处,考虑他们的愿望与兴趣,引导他们正确认识自己和完善自己,促进其个性的健康发展。

世上没有两片相同的叶子,性格也是一样,学生个性发展需要尊重的养分。对有"棱角"的学生,我们要见"怪"不怪,要主动接近他们,充分了解和尊重他们的个性。如果我们不考虑他们的需要,他们就会感到委屈,并采取不听话、固执、粗鲁或孤僻、消极等形式进行反抗。很多学生是模仿老师去为人处事的,老师的言行、举动很大程度上影响着学生,多给学生尊重,就像把人间美好的品格传递出去,让它永存在学生的心里。

4. 给学生关注,让学生在受重视中将个性放飞

中职学生正处于青春发育阶段,具有活泼好动的天性,在这一年龄段给他(她)们关注,会让他(她)们感到自己的生命很受重视,就会有展现自我的欲望,关注学生是使学生张扬个性的好途径。对每一位学生都要有一种耐心的期待,要引导他(她)们自己和自己比,看到自己的进步,在进步中充满自信,从而不断向前发展。有些老师在教育教学过程中,焦点往往集中在优秀学生身上,对班级里的其他学生就"漠然视之",对少数学困生更是轻视。这违背了教育的根本目的,不利于他们的健康成长。

案例:毕老师班里有个学生与社会上一些不良青年打得火热,抽烟、喝酒、骂人、旷课多、经常不交作业,上课不是说话就是拿小纸团丢同学,总是静不下来。他还经常和毕老师顶嘴,成绩在班里倒数第一,毕老师针对他好说好动的特点,对症下药。班里有什么活动,就让他参与出点子;课堂上多给他回答问题的机会,让他感受到老师对自己的重视,当他有独到见解时,便当着大家的面表扬他有创新精神。这样,他不但取得学业的进步,而且很快就改正了身上的毛病,身心发展也更加健康,从而更多地表现出良好的个性品质。

5. 培养学生团队意识,让学生的个性在集体中互耀

团结就是力量,人只有在集体中才能更好地发挥出自己的潜能。学生需要在集体中互相吸收彼此的优点,在集体中互相烘托,将个性互耀。同时,还要注意培养学生的团队意识,鼓励学生在与人交往中做到礼貌、大方、真诚,与同学伙伴和睦相处,使学生养成团结互助、奋发向上,守纪律、有礼貌,具有集体主义观念的良好个性品质,使他们能够拥有一个良好的人际关系,有利于形成良好的心理氛围,从而使学生在愉快中自觉接受教育。所以,中职班主任要培养学生的团队意识,使学生具有良好的人际关系,成长为有健康的心理,良好的个性,德才兼备的社会主义建设者和接班人。

【拓展链接】

1.《立起来的学生评语》(徐力,班主任之友(中学版))2013 年第 6 期)

2.《上海市中等职业学校学生综合素质评价实施办法》(沪教委职〔2015〕35号)

三、工作案例

建立符合中职学生发展的多元化评价平台

德育评价是学校德育管理工作的重要环节,建立现代中职德育教育体系必须借助德育教育的科学评价,通过德育评价推进德育工作的科学化,通过德育评价促进学生不断进行自我调节、自我完善,进一步提高德育的效果。在工作中我们可针对学校实际推出特色评价措施,以评价体系引导学生逐步树立自我管理、自我教育意识,能从学习、纪律、劳动、文明等方面对自己提出更高的要求,促使学生个性得以充分地发展。根据中职学生的实际情况,确定成长评价指标,可着眼于五个评价维度:思想品德与公民素养、学业水平、身心健康、艺术素养、职业素养与实践能力。基于此来实行中职学生综合素养评价,突出成长过程。

创新中职学分内涵,学校探讨实施思想道德素质学分、实行"替代学分",突破只有通过考试才能拿到课程学分的限制,把课程学分分解为"过程学分"与"终结学分(即考试学分)",充分体现以人为本,着眼成长,突出多元德育理念。综合素养评价以他评、自评、互评等多角度展开,教师、学生、班级、家长、社区(企业)都是评价主体。在每学期的综合评价报告中,分别呈现学生个体某时间段内五个维度指标发展情况及该学生个体在同年级同专业中的横向对比情况,在每学年综合评价报告中,分别呈现学生个体五大指标发展变化情况。六个学期的六份综合评价报告展示出该学生个体三年内各方面素质的发展曲线。

A同学个人素质综合评价图

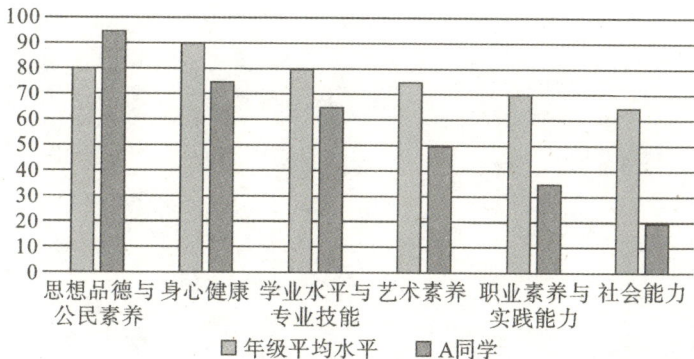

思想品德与公民素养　身心健康　学业水平与专业技能　艺术素养　职业素养与实践能力　社会能力

年级平均水平　A同学

A同学身心素质成长变换图

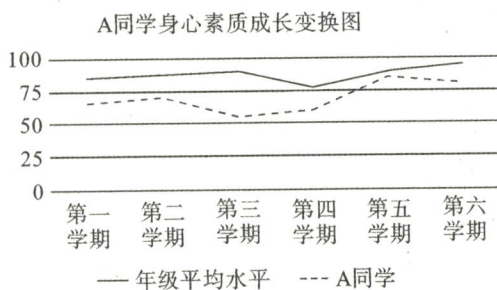

——年级平均水平   ---A同学

　　为更有效地实现中职教育的目标,必须做好教育的供给侧结构性改革,作为新时代的德育工作者必须更新德育理念,健全德育体系,抓实队伍建设,拓展德育路径,因人定法,因生选材,因地行路,因材施教。通过体系化德育实施,达到"培养一个自立公民,造就一个幸福家庭,促成一个和谐社会"的目的,为建设和谐美丽中国提供充沛的教育原动力。

(青岛外事服务职业学校　姜封祥)

第九章　做生涯发展的导航者

职业教育是让受教育者获得某种职业或生产劳动所需要的职业知识、技能和职业道德的教育。这是职业教育与普通教育相比最大的不同。中职新生入学意味着他们开启了自己人生崭新的篇章,因此,作为中职班主任,首要任务就是要对学生进行职业生涯规划教育,让学生了解自己的职业,喜爱自己的职业,有信心有热情在自己未来的职业工作中发挥自己的光和热。

第一节　理解专业内涵,合理规划人生

一、工作情景

中职学生比普高学生更早地接触社会、接触职业知识与技能,这样的一批学生,在这一阶段常常感觉人生充满了迷茫,他们在报考时迷茫,对自我认知定位不准,对报考时选择的专业缺乏了解;在学习时迷茫,对自身的专业兴趣、专业方向和未来的就业形势缺乏全面的了解和规划;在毕业时更迷茫,初入职后职场环境适应不良,对自己将来的人生规划存有诸多困惑……因此班主任作为领航人要引导学生分析职业教育特点、学校人才培养目标、所学专业实际情况、社会需要及个人情况,制订学业生涯规划和职业生涯规划,确保学生健康成长。

二、工作项目

【工作目标】

中职阶段的学生正是人生观、世界观形成的重要阶段,因此班主任对这一阶段的学生开展生涯规划教育就显得至关重要。班主任在帮助学生分析自己所学专业、了解将来所从事行业的过程中,促使学生明确社会对所需人才的要求,制订合理的职业生涯规划、养成自我职业生涯的意识。

【操作程序】

（一）班主任对学生进行的职业生涯指导要分阶段、有层次，渗透专业内涵

从学生入学到毕业的每个阶段，班主任都应开展针对性的职业指导。

1. 新生入学之初

新生刚入学，中职学校的一切对他们来说既好奇又陌生。此时，作为班主任，要引导学生主动适应新生活，向学生介绍在中职阶段学习的课程内容，让学生初步了解职业内容，帮助学生适应新环境、初步树立新的学习目标和生活目标，做好帮助学生完成角色初步转换的工作、启蒙学生的职业意识。

2. 学生适应学校生活后

经过一段时间的学习生活后，学生已经逐步适应了学校生活。此时，班主任要引导学生了解自我，对自我有个客观的评价。首先要引导学生进行准确的自我定位，指导学生了解自己想干什么，适合干什么。要积极引导学生兴趣爱好，让自己的兴趣爱好与专业结合起来。教会学生善于听别人的意见，比如向毕业生询问就业情况等。其次要让每个学生都清晰地了解所学专业的特点，知晓未来工作内容、就业渠道、就业前景、职业发展方向等。

3. 在专业学习的后期

在这个阶段，班主任要指导学生进行社会环境分析，包括了解专业优势与发展趋势，自己在这个环境中的地位，环境对自己的要求等。结合专业特色和学生自身优势，引导学生确立职业目标，包括短期与长期的职业生涯发展规划。在接近毕业时，班主任还可帮助学生完善求职材料，进行面试或就业指导等。

案例：小张听了亲戚朋友的建议报考了国际贸易专业，一入学看到课表后发现英语课程占了一大半，而小张的英语基础并不好，于是他就产生了强烈的厌学情绪，甚至有了退学的想法。面对像小张一样的学生，班主任该如何做呢？

首先，新生可能对所学专业一无所知，因此作为班主任有必要介绍专业的发展背景，让学生了解所学专业的现状以及前景，使他们建立本专业学生应有的自豪感；其次，班主任向新生介绍作为本专业学生应该掌握哪些基本技能，学习哪些主修课程和专业科目，并帮助学生建立起学好专业课程的信心；第三，引导新生进行正确的学业规划，根据每个学生学业基础情况，指导新生客观、冷静地制定学业生涯规划。在帮助学生制订个人学业生涯规划时，应使新生全面地了解自我，发掘自身的兴趣爱好，以自身的个性特点和能力所长作为学业进步的原动力。

班级管理中的班主任职业指导工作并非是孤立的,应积极争取政府、学校、社会、家长等各方面的支持和配合,各任课教师在专业教学中渗透职业指导,形成一个立体化、多方参与的职业指导体系。

（二）班主任对学生进行的职业生涯指导要形式多样,渗透职业精神

班主任在开展职业指导工作时不应仅仅是单一的理论说教,而应坚持理论和实践相结合的原则,通过一系列有针对性的实践活动帮助学生真正了解职业,理解专业内涵,进而培养学生的职业素养和职业能力。班主任对学生职业生涯地指导可以采用多种多样的形式,具体通过以下形式对学生进行职业指导:一是专题宣传,即借助班级网络平台、黑板报、宣传栏等加强对职业指导的宣传,让学生充分了解本专业发展前景、职业发展方向;二是主题班会,开展以职业生涯为主题的班会,培养学生职业意识,提高职业素养。三是组织社会实践,如组织学生参观用人单位、招聘会现场,让学生了解将来所从事行业现状,以及用人单位对学生职业能力职业素养的要求。四是邀请优秀毕业生现身说法,将自己的亲身经历与体会分享给学生,让学生知道应该怎么发展,进而有意识地发扬自己的优秀品质,形成职业生涯规划。五是讲职业故事,让学在聆听故事时收获自我对社会的反思。六是开展丰富多彩的班级文化活动,并积极引导学生参与校园文化活动,指导学生将自己的追求与职业规划结合起来。七是组织学生参加职业体验,在学生实习的过程中,结合学生的职业工作心得开展教育。这一系列以理论带动实践的活动,可以解决学生切实的职业困惑,帮助学生更加合理地规划自己的职业发展,同时通过有目的、有计划地组织各类活动,让学生不断提升技能,全面发展综合能力,在潜移默化中培养了学生的职业精神,帮助学生为踏入社会做准备。

案例:某职业学校组织开展了"青春导师进课堂"活动,邀请劳模进校园活动,通过优秀毕业生现身讲述自己的经历,和学生对话的思想碰撞,引发学校师生热烈反响。学生们纷纷表示要向优秀的学长学姐学习,通过这样的活动不仅帮助学生明确了将来的发展方向,而且还帮助学生树立了正确的劳动观与价值导向。

【拓展链接】

1. 生涯规划测评系统(http://www.zgxyzx.net/free.html)

2. 霍兰德职业兴趣测评系统(http://www.apesk.com/holland/index.html)

3. MBTI 职业性格测评系统(http://www.welefen.com/lab/mbti/)

三、工作案例

我的职业生涯设计书

一、自我介绍与汽车业现状分析(略)

二、确立目标

通过以上分析,可见汽车行业发展前景广阔,考虑到自己的爱好和优势,最终我确立目标是:做一名汽车改装技师。改装行业现在正处在起步阶段,前进得比较辛苦,不过现在汽车改装越来越时尚,相对来说还是比较吸引客户的,而且在国内,如果一个新兴行业可以被大众接受的话,在它的起步阶段,竞争对手就相对较少,可以趁此机会抢占先机。

三、规划发展阶段

远大而美好的目标需要漫长而艰苦的追求过程,我将我的"汽车改装技师"的奋斗过程规划为以下四个阶段:

第一阶段:在校期间(1~3年),了解汽车知识

在校期间,是职业生涯奠基的关键时刻,我要好好把握。在中职这三年时间里,努力学习文化知识和专业知识,我坚信"只有知识才是经济和事业的酬劳"。还要培养情操和学习做人的道理,做一名汽车制造专业优秀的毕业生,为职业目标的实现打下坚实的理论基础和品德基础。

第二阶段:工作初期(3~6年),积累实践经验

我毕业后,准备先在一家合资或独资的汽车制造厂从事制造工作,在掌握一定的技术之后,转入修理或再加工工作岗位,进一步将理论知识实践化,积极努力地实践,向老前辈学习,做到充分、全面、细致地了解汽车的结构、制造、控制和修理技术,增强自身分析问题、解决问题的能力,做一名技术全面的优秀员工,为汽车改装做好充分的准备。

第三阶段:工作中期(6~10年),掌握改装技能

在这个阶段,我要研究新的汽车改装理念,努力学习和钻研相关的汽车改装技术,特别是对那些以改装原车性能为目的的技术,如加装空气动力套件,改装底盘和动力系统等。

第四阶段:工作后期(10年以后),成为改装技师

在积累了丰富的经验,提高了理论和实践能力的基础上,我要选择一家大型的具有独立品牌的汽车企业从事改装工作,成为改装行业的"领军"人物,将我的能力和全部的力量无私地奉献给汽车产业。

四、制订实现措施

只有付诸行动,目标才可能实现,为此我制订了以下的行动措施。

第一步:我要在中职这三年中,努力学习专业知识,全面掌握汽车的基本知识和理论。

第二步:在学好理论的同时,认真完成好每一次的实习任务,尽可能多地向师傅学习,在实践中学习,争取能参加学校与国外的联合办学活动,学习国外的先进技术和经验。

第三步:多参加社会性的汽车专业的展览会和交流会,听取专业报告,了解汽车发展的最新动态。

第四步:做一名优秀的中职毕业生,争取考上高职院校,继续深造,同时争取一份相关工作,拉开职业生涯重要的一幕。

第五步:在工作中,继续努力,钻研业务,争取更大的进步,努力成为行业精英。

（中等职业教育规划教材《语文》　山东省职业教育教材编写组）

第二节　了解社会需求,强化职业意识

一、工作情景

我国中等职业教育发展迅速,为经济社会输送了大批优秀技术性人才,对维护社会稳定和繁荣各项事业发挥了重大的作用。中职生作为即将走上工作岗位的"准职业人",作为企业员工的"预备军",他们是否具有正确的职业意识,关系到企业的发展甚至关系到国民经济的发展。

二、工作项目

【工作目标】

面对日益严峻的就业形势和日趋激烈的就业竞争,作为在学历上相对劣势的中职毕业生压力也越来越大。而对中职学生进行就业指导工作是实现"人尽其才"的基础,因此作为中职班主任必须予以重视,对于毕业生的就业指导工作进行科学合理的安排。职业教育就是就业教育,中职班主任要把学生当作"未来职业人"看待,使现在的学习、生活适应未来的职业要求,引导学生顺利完成由学生向职业人转变,通过各种途径帮助学生培养职业意识、建立职业自信。

【操作程序】

（一）理性分析就业形势，引导学生合理定位

我国是个拥有14亿人口的国家,随着我国市场经济的发展,在一个相当长的时期内,劳动力供大于求的基本格局没有改变,但在如此巨大的劳动力供给面前,适应社会经济快速发展的高素质的劳动力仍然十分短缺。加之,很多大型企业对于学历的高要求,就业压力随之增加,市场竞争激烈,中职毕业生如果专业技术不够精湛,就很难找到自己期望的就业位置。

作为中职班主任来说,应该帮助学生了解职业、准备职业、适应职业,更应该帮助学生冷静地面对中职生的就业形势,分析当前市场形势以及社会发展走向,增强学生的就业意识和竞争意识,帮助毕业生根据实际情况及时调整就业期望,引导学生转变就业观念,提高就业质量。

中职毕业生对待就业,往往有一个误区——他们不能正确认识自身的价值,眼高手低,就业期望值较高,理想与现实存在较大差距,就业观念并没有得到根本的转变,不能正确处理"我要做什么"和"我能做什么"的关系。因此作为中职班主任应引导学生从自身素质和就业形势两方面出发,树立合理的就业目标,进行科学的职业规划。在选择单位和具体工作时,要量力而行,切忌好高骛远,并鼓励学生在生产和建设的第一线增长才干、积累经验、锻炼技能。同时还要打破学生"一步到位"的就业观,树立不断进取的职业发展观念,树立"先生存、再发展,先就业、后择业"的观念。

（二）肯定学生优点特长，增强学生岗位自信

1. 调整心理预期,正确面对求职挫折

（1）班主任首先要帮助学生做好择业就业的心理准备,特别是受挫折的心理准备。通过教育,引导学生克服不良的择业心态,树立健康的择业心理,从而提高心理承受能力,以一颗平常心坚强地面对就业压力。

（2）班主任在学生实习过程中要帮助学生在挫折中树立自信。中职学生刚刚踏入实习岗位必然面临许多与学校生活不一致的地方,会遇到一系列的问题与困难,很多学生在遇到问题时,他们往往不能够正视挫折,也不会积极寻求克服和战胜挫折的有效途径,选择"破罐子破摔",甚至出现逃避实习、暴力伤害的现象。针对这种情况,班主任要在平日的工作中善于抓住机会教育学生遇到挫折时要保持冷静,把挫折看作是考验自己、锻炼自己的机会,让学生们从心理上正确认识挫折,在挫折中磨炼自己的意志。

　　案例：学生孔某、刘某等人在东部一家大型商场的面试中未被录用,看到大多数同学都兴高采烈地去参加培训了,他们倍感失落、心灰意冷。在他们黯然神伤之际,班主任姜老师找到他们,和他们一起分析失败的原因,调节他们的情绪,他们逐渐恢复了心理平衡。最后班主任姜老师鼓励他们:要正确对待生活中的失败,失败是成功之母,要重新振作,找回自信。后来,他们参加并通过了四方一家大商场的面试,实习期间表现优秀,重新找到了自己的位置。

　　(3)在实习管理中,班主任要注意创设一种宽松的育人氛围,允许学生犯错,尝试挫折,重要的是要及时引导他们分析原因,让学生在反思中提高。

　　2. 增强学生信心,鼓励发挥自身优势

　　自信是一个人成才素质中的重要因素,它能使一个人将潜在的能力激发出来,而且能以最高水准发挥。从心理角度来看,人没有足够的自信,就无法正确认识自己,就会畏首畏尾,自甘落后,即使有成绩也不敢承认自己有能力。中职学生大多数是中考的失败者,他们往往对于自己有着较低的评价,做事缺乏自信。因此,面对这样的一批学生,作为班主任首先要注意发现每个学生身上的闪光点,帮助学生树立自信心。其实,每一个学生都有优点和长处,关键是教育者要善于发现和引导。其次,要鼓励学生发挥特长。中职班主任要多给学生锻炼自己的机会,让学生在一次次的锻炼中,认识到自己的长处,产生"我能行"的信念。

　　案例：高二期末,班主任姜老师发现班里有部分学生面对马上就要开始的实习工作出现了自卑、逃避的心理状态,针对这种情况,实习前除了实习教育之外,姜老师还召开了主题班会——寻找闪光点。在主题班会中,主持人邀请每一位同学站到讲台上介绍他的优点,回忆他做过的最成功的事情,并给每位同学做出点评,让同学们在讲台上体验着被肯定、被赏识、被赞美的感觉。实习中,班主任还注意组织同学办好"实习快讯",及时表扬学生中的先进典型。每一次实习学生会上,姜老师都会总结同学们的进步,并让表现优秀的同学介绍自己的经验。有一次,一位平时很不起眼的女生被实习单位评为当月优秀员工后,她介绍了自己的一些做法:1. 每天早到15分钟,做好上班准备,并清扫休息室;2. 尊重师傅,帮师傅做点力所能及的事;3. 真诚待客,给顾客介绍、推荐他们最需要的物品……介绍结束后大家对她报以热烈的掌声。那一瞬间,她满脸自信,满脸灿烂,在今后的实习中愈加出色。

　　（三）培养学生开拓精神,把握创业机遇

　　面对激烈的社会竞争,中职班主任培养学生的开拓精神和创业意识不仅可以帮助中职生拓展就业创业本领、还提高了学生就业率,有效缓解了结构性就业矛盾。

作为中职班主任,培养学生的创业意识,应着重做好以下几方面的工作。

1. 培养开拓精神,激发创业兴趣

班主任可以通过指导学生开展社会调查的方式,帮助学生认清社会现实,使学生明确创业的积极意义以及"就业"与"创业"的区别。学生明白,创业不只是为了金钱和财富,同时可以最大限度地发挥自己的潜能和特长,提高自己的知名度和社会威望,自塑辉煌的人生,最大限度地实现人生价值,从而获得成功的满足感,从而产生对创业的向往。

除此之外班主任要鼓励学生参加创业实践活动,在实践中培养学生的开拓精神,让学生体验创业乐趣,收获创业实践成果,成功的创业实践可以激发创业兴趣,帮助学生形成自主创业意识。

2. 营造创业氛围,树立创业理想

班主任可以通过黑板报、手抄报、宣传专栏等宣传阵地,宣传创业知识、创业意义以及创业者成功创业的案例,尤其是注重宣传本校"创业之星"的创业历程,弘扬创业精神,使之成为学生学习的榜样。向学生直观、生动地展示成功创业者的创业精神、创业历程、创业方法和创业规律,从而了解创业知识、增强创业意识、树立创业理想。

同时,中职班主任还要鼓励学生树立继续教育、终身学习的意识,培养和提高自学能力,鼓励他们抓紧业余时间进修学习,为自己充电,努力提高综合素质,以适应未来工作岗位和自身发展的需要,这也是现代社会对提高从业人员的整体素质提出的新要求。

【拓展链接】

1.《职业意识训练与指导》(劳动和社会保障部培训就业司、中国就业培训技术指导中心组织,中国劳动社会保障出版社 2004 年版)

2.《职业意识与职业认知》(吴光林,科学出版社 2013 年版)

3.《从优秀到卓越》(〔美〕吉姆·柯林斯,中信出版社 2009 年版)

三、工作案例

杨佳:笃定就业的职场准新人

杨佳,一个 19 岁的职高生,喜欢黑色和红色,喜欢上网,喜欢逛街,喜欢音乐……一方面,她是杭州中策职高应用外语专业的学生;另一方面,她是杭州一家做家纺产品进出口公司的实习生。与很多怀揣简历辗转于各大招聘会的大学生相比，杨佳显得笃定得多，"老板对我的工作很满意，留在目前的实习单位一点问题都没有。"

在遗憾中选择适合自己的

能在一所重点高中读书，曾是杨佳一家人的梦想。"上重点高中，就是希望可以上好的大学。"3 年前的中考，杨佳并没能如愿。"与其将就，不如选择适合自己的。"选择职高，对杨佳来说，也许是人生的另一个开始，也许是一次"曲线救国"。"我比较喜欢英语，就选了应用外语专业。父母对我选择去读职高，也只能以沉默表示赞同。"

本以为职高学习是轻松的、无拘无束的，但在失望中，杨佳更多的是欣喜。"在中策读书，可能比重高要轻松，但学校的学习气氛比我想象中的要好得多，老师在教学上也很严谨。"杨佳是学应用外语的，据她说，这个专业需要记的东西很多，如果自己不重视，很放松，就容易掉队。外向的杨佳调皮地说道："我们这个年纪，面子还是要的，总不能让自己成为最差的吧。"

忙碌着并快乐着

杨佳的家住在滨江，而实习的单位在朝晖二区。每天早上，杨佳 6 点起床，在实习的 4 个月，每天都是在 8:30 之前赶到公司。"我每天的工作其实很简单，主要是把业务员拿来的业务单子输到电脑，拉出来，然后配箱、交单。"由于联系采访的时候，杨佳一直告知笔者"很忙，能不能过两天。"实在没办法，我们把采访的时间定在了晚上。"这两天有客户过来，其实我是不用去接待客户的，可我希望可以学到更多，我去给他们泡泡茶，打个招呼，有时老员工也会把我介绍给他们。"杨佳老练地说道，"做外贸的，谁不是从最底层开始，我才 19 岁，趁年轻，多积累点经验。"

做过外贸的人都知道，做外贸非常辛苦。"外贸工作涉及的知识很多，我们所要面对的客户是各种各样的，做这行是需要吃苦精神的，听那些老员工说，很多大学生干不到几天，就跑了。"我们的主管常常说，"职高的学生专业扎实，干活勤快。"在杨佳所呆的实习单位，有很多外语专业、外贸专业的职高毕业生，他们都很年轻，但他们中很多人，都有了很好的机会，有了更大的发展空间。

我的世界也可以很精彩

"我刚到实习单位报到的时候，主管还考了考我，他让我看信誉证，做外贸的会看这个是基础。"不仅在学校里学过相关的理论知识，而且凭着对做外贸的兴趣，杨佳还在学校外专门的培训点学过。"虽然我是个职高生，可我对外贸的专业知识一点都不会比大学生少，我参加过很多专业的培训，也去过外贸公司实习。"

在实习中,杨佳也碰到了困惑。"这家进出口公司的主要客户是日本人,可我学的是英语。"好强的杨佳告诉笔者,"我已经参加了自学考试,想一边工作一边读书,现在也在自学日语,如果有时间会系统地找个老师学日语。对学语言,我还是很有信心的。"机会是别人给的,但是需要自己去争取的。"如果我想做外贸这一行,就得不断地给自己充电,'对路求学'是关键。""等我到了 25 岁,学历+经验,我的世界应该很精彩吧。"杨佳笑了。

(杭州市中策职业学校　郑效其)

第三节　注重细节技巧,争取职业岗位

一、工作情景

求职面试是中职学生顶岗实习和就业的必经之路,如何引导学生把握好人生的第一次面试,迈出职业生涯的第一步,直接影响到毕业生的就业质量和个人发展。

二、工作项目

【工作目标】

中职班主任作为学生进入社会的领路人,应该在平日关注生活细节,注重对学生的养成教育,培养学生养成良好的行为习惯。同时教授学生面试技巧,帮助学生从容地面对踏入职场的第一步。

【操作程序】

(一)关注生活细节,注重学生养成教育

中职教育不仅要培养学生的动手能力,还要让学生养成良好的行为习惯,培养自学自律的能力,从而使学生离开学校也能做好自我管理、适应工作岗位、实现自我提升。因此中职班主任要根据行业企业的需求及新时代中职生的特点,树立正确的行为养成教育工作理念,从学生的日常学习生活做起,并优化设计每一个环节,培养学生良好的学习习惯和生活习惯,规范学生的行为举止、文明礼仪等,只有依规行事、正确引导、严格管理,才能培养学生的良好品质和行为习惯,好的行为习惯会在学生未来的发展中起到举足轻重的作用。如班主任根据行业标准,规范学生的坐姿站姿、仪容仪表、语言表达和行为举止等,把教室卫生、集会要求、教室管理制度、卫生值日制度作为常态化要求并开展日常督查,针对问题现象和行为提出整改措施。长此以往,学生的职业意识逐渐体现出来,并把学校要求内化为自己的行为习惯,言行举止中慢慢渗透出符合行业标准的职业素养,为成为优秀职业人做好准备。同时班主任还需要借助活动、社会实践等多种方式为载体对学生进行行为养成教育,帮助学生养成自我管理、自我约束的习惯,培养学生团队合作能力、沟通能力、责任意识,让学生具备良好的职业精神、乐观的职业心态及规范的职业行为,成为社会满意的有用人才。

案例1：小王去一家外企公司面试高管职位,在排队等候的洁净的大厅里,在人们乱乱的脚下,他看到了一个有些脏的纸团。从小爱卫生的他感觉很不和谐,就顺手捡了起来,可大厅里没有垃圾筒,只好放在衣兜里。面试开始了,前面30多人很快就一个个沮丧地走了出来。轮到小王了,在大学里当过学生会主席的他还是十分紧张,因为这是他第一次面试公司高管职位,太多的未知。

面试官冷冷地看着他说:"请问你对我公司有什么直接的建议,请用一句话说明。"小王当时脑中就一片空白,"这个……就一条:大厅里有个垃圾筒就好了。"面试官:"用什么证明你的建议是正确的?"小王想起了刚才的小纸团,他从衣兜里拿了出来,"这就是证明"。面试官:"请打开纸团。"小纸团变成小纸条:"恭喜你被我公司录用!"

案例2：现在大部分同学都喜欢玩手机,上课也沉迷于手机,为帮助学生改变这种不能自控的行为,班主任建立手机代管制度,严格控制手机使用时间。要求学生每天早上到校首先把手机放到手机休息室里,由班主任统一代管,下午放学时再统一发放。学生在上课期间没有手机玩,自然会投入更多精力到课堂上来。这样不但使学生更专注于学习,而且无形中适应了未来工作的要求,提高了学生的职业素养,为未来职场做了隐形铺垫。

(二)传授面试技巧,突破求职关键环节

随着时代的发展,招聘已经从主观印象发展到科学评价。用人单位要对应聘者的形象仪表、职业道德、专业技能、心理品质等方面进行全面考察,因此面试直接影响到毕业时职业地发展、自我价值地实现,是每个毕业生都要认真对待的问题,所以中职班主任在学生实习应聘前要帮助学生做好面试准备、传授学生面试技巧。

1. 面试前的准备

(1)面试要从设计职业生涯入手,帮助学生选择合适的单位。中职班主任首先要让学生对自己有一个定位思考:"我的专业特长是什么? 我的爱好理想是什么? 什么性质的工作最适合我……"这样能够使学生对自己的未来进行理性的定位,为职业前途定下准确的基调。在明白自己的职业方向后,选择最合适的工作单位是关键。什么是最适宜的单位呢? 班主任要让学生明白,薪酬待遇固然重要,但更要注意这个单位企业文化的先进性与管理系统的规范性。当然还要提醒学生要根据自身实际来选择单位,切不可好高骛远。

(2)面试要从切身实际出发,提醒学生做好准备工作。

● 简历要备好

求职简历的好坏对于应聘是否成功极其重要,个人简历在求职的过程中起到"敲门砖"的作用。因此班主任在学生实习前应督促学生制作一份能够反映学生自身能力的精品简历。简历地制作要内容重点突出、形式简洁美观,能够充分展现学生的核心能力。

● "道具"要备好

在学生参加求职面试前,班主任要提醒学生除了随身携带必要的简历之外,还应准备好相应的证书、文凭、照片等,同时要提醒学生,在求职时,尽可能不穿太休闲的服装,更不能穿拖鞋,以免给面试官留下太随便的印象。发型和化妆,也会影响一个人的形象,应以自然、庄重为好。

2. 面试实战技巧

随着时代的发展,招聘已经从主观印象发展到科学评价,用人单位要对应聘者的形象仪表、职业道德、专业技能、心理品质等方面进行全面考察,因此面试直接影响每个人事业地发展、自我价值地实现,是每个人都要认真对待的问题,所以面试前要做充分的准备、掌握恰当的技巧。班主任在对学生进行面试前培训时,可提醒学生着重注意如下几个问题:

(1)保持镇定。一般面试官都认定应聘者应该有一定的社交能力,以及有在众人面前开口说话的勇气,这是最基本的应聘品质。因此,在面试的过程中不要思前想后,表现的唯唯诺诺,诚惶诚恐。

(2)学会倾听。参加面试,要耐心听完面试官的问题,切忌在面试官还没有问完问题时就争答抢答,打断面试官的讲话,还应弄清楚他要面试者回答的究竟是什么。重复发问或屡次打断对方,都会给人留下不好的印象。

(3)注意表情。在面试中,要抓住每个机会展露自信及自然的笑容。笑是所有身体语言中最直接有力的一种,应好好利用。常犯的面部表情错误有四种：一是僵硬的笑容、抽搐的表情，给人的印象是不能承受压力；二是极少视线接触，显得信心不足和胆怯；三是皱眉头、东张西望，让人觉得傲慢、不专心；四是撅起嘴唇，别人会以为面试者为人不够真诚。

　　(4)适当发问。准备好在面试中将要询问的问题。请记住，面试是一种"双向选择"。招聘者要通过提问来确定面试者是否有资格从事该项工作，而面试者也必须通过提问来确定公司是否给你机会以发展个人理想。面试者可从该项工作的详细情况、该项工作尚有空缺的理由、公司的文化背景、将来的就职与培训计划、公司的发展规划、销售最好的产品或服务等方面准备要询问的问题。

【拓展链接】

浅谈面试中的基本礼仪

　　有一个求职者经常到我这里来求职，可求职面试就是过不去。我觉得很奇怪，因为这个求职者各方面条件都还可以，应聘一般岗位应该是没有问题的，可为什么就是没有通过面试呢？

　　后来一次无意间观察到了他的面试过程才恍然大悟，简单罗列几个他在面试过程中的表现：第一，坐姿不正，在整个面试过程中人是趴在桌子上的；第二，在面试官问问题及自己回答问题的过程中，一直头低着在看手机；第三，回答问题心不在焉，说话含糊不清，根本就不知道他说话的完整意思。

　　众所周知面试在求职过程当中是一个非常重要的步骤，单位通过面试对求职者有一个初步的了解，求职者通过面试对单位有一个直观的印象。不少求职者在这个过程中感到不知所措或做得不好，使自己在求职中因小失大，达不到招聘方要求。那么怎样才能增强面试的有效性呢？

　　首先，按时到达。一旦和用人单位约好面试时间后，要提前5～10分钟到达面试地点，以表示求职者的诚意，给对方以信任感，同时也可调整自己的心态，做一些简单的仪表准备，以免仓促上阵，手忙脚乱。为了做到这一点，一定要牢记面试的时间地点，有条件的求职者可以提前去一趟，以免因一时找不到地方或途中延误而迟到。如果迟到了，肯定会给招聘方留下不好的印象，甚至会丧失面试的机会。

　　其次，不要紧张。如果面试场所门关着，应先敲门，得到允许后再进去。开关门动作要轻，以稳妥、自然为好。见面时要向招聘者主动打招呼问好致意，称呼应当得体。在用人单位没有请你坐下时，切勿急于落座；用人单位请你坐下时，应道声"谢谢"。坐下后保持良好体态，切忌大大咧咧，左顾右盼，满不在乎，以免引起反感。离去时应询问"还有什么要问的吗？"得到允许后应微笑起立，道谢并说"再见"。

再次，从容应答。对方给你介绍情况时，要认真聆听。为了表示你已听懂并感兴趣，可以在适当的时候点头或适当提问、答话。回答主试者的问题，口齿要清晰，声音要适度，答话要简练、完整。一般情况下不要打断用人单位的问话或抢问抢答，否则会给人急躁、鲁莽、不礼貌的印象。问话完毕若有没听懂的，可请面试官再重复一次问题；当回答不了某个问题时，也应如实告诉用人单位，含糊其词和胡吹乱侃反倒会导致面试失败。对重复的问题也要有耐心，不要表现出不耐烦，也许这是面试官故意在考验你的耐心和反应。

最后，热情大方。如果用人单位有两位以上主试人时，回答谁的问题，你的目光就应注视谁，并应适时地环顾其他主试人以表示对他们的尊重。谈话时，眼睛要适时地注意对方，不要东张西望，显得漫不经心；也不要眼皮低垂，显得缺乏自信；激动地与用人单位争辩某个问题也是不明智的举动，冷静地保持不卑不亢的风度是有益的。有的用人单位专门提一些无理的问题试探你的反应，如果处理不好，容易乱了分寸，面试的效果显然不会理想。

（上海市人力资源保障局，http://www.12333sh.gov.cn/12333web/dzbz/wz/201807/t20180731_1284874.shtml）

三、工作案例

中职学生应聘合理应答

甲：尊敬的经理先生，您好！

乙：你好！请坐。

甲：谢谢。我是来应聘的。

乙：请说说你为什么要到本公司应聘。

甲：前几天，我从报纸上看到贵公司的招聘广告，说是要招聘汽车电工方面的技工。我对电脑及办公软件使用十分熟练，英语基础比较扎实，具有常用英语的听说读写能力，并在汽车机械、电子技术方面有一定的特长。我觉得贵公司的招聘条件和我的特长非常相符，所以就冒昧前来应聘了。

乙：能说说你的具体情况吗？

甲：我是交通职业学校的应届毕业生，今年6月份就要毕业了。我学的专业是汽车电子技术。在校学习期间，我能够刻苦学习，成绩优良，通过了汽车维修中级技术等级考核，曾被评为"三好学生"。我知道我的学识水平也许与贵公司的要求还有一些距离，但是我品行端正，身体健康，工作认真负责，有一定的组织管理能力，我有充分的信心，保证能适应新的工作，与同事密切配合，做好我的第一份工作,开始人生的新旅程。

乙:你忘了告诉我,你的姓名。

甲:哦,非常抱歉! 我叫于阳,是交通职业学校的应届毕业生,今年6月份毕业。这是我的应聘书面材料。(递上书面材料)

乙:请说说你有哪些特长,好吗?

甲:好。刚才我说了,我已经以优异成绩通过了汽车维修中级技术等级考核。在学好本专业的同时,我对本专业以外的知识进行了系统的学习,文学、历史、地理等我都十分爱好。特别是在英语和计算机方面我都取得了较好的成绩,通过了全国英语初级考核和全国计算机应用能力一级考核。

乙:你还有什么爱好?

甲:我这个人兴趣比较广泛,爱好也比较多,主要是喜欢踢足球,我们自己组织的"海啸"队在去年全市的"市长杯"足球赛中,力克群雄,获得了第三名。

乙:你对工作报酬有什么要求?

甲:我的信念是"不求报酬多少,只求全力贡献"。我真诚地希望能成为贵公司的一员,不管贵公司的什么工作岗位,我一定能努力做好。我期待您的答复。

甲:好,今天我们就谈到这儿。再见。

乙:再见。经理先生,我等着听您的好消息。

(青岛外事服务职业学校 姜封祥)

第四节 培养职业道德,实现华丽转身

一、工作情景

《中华人民共和国职业教育法》第四条规定:"实施职业教育必须贯彻国家教育方针,对受教育者进行思想政治教育和职业道德教育,传授职业知识,培养职业技能,进行职业指导,全面提高受教育者的素质。"在现代的市场经济环境下,培养"技能至上"的职业人才已不能满足当代社会的需求。国家、社会和企业对中等职业教育提出了更高的要求,中职学生不单单需要具备特定的专业技能以及知识,还需要具备较强的工作责任感与事业心,按照规章制度以及操作规程开展工作,有奉献与敬业精神。因此培养专业知识、职业技能和职业素养相结合的人才成为新时代对我们的要求。

二、工作项目

【工作目标】

良好的职业道德是中职生成功就业和可持续发展的关键品质。班主任在培养学生职业素养和职业道德过程中具有不可替代的地位和作用。作为班主任,可以在日常管理中深化职业意识教育,利用主题班会、社会活动等开展职业道德教育,通过强化实习过程管理等多种途径将学生培养成具备良好职业道德的高素质劳动者和高技能人才。

【操作程序】

职业素养一般包含职业信念、职业道德、职业技能、职业行为习惯、职业作风和职业意识等方面。良好职业素养体现出的创新精神、竞争精神、协作精神和奉献精神能使得员工更快更好地适用工作岗位,提高了工作的核心竞争力,为学生成为合格的职业人奠定基础。班主任如何培养学生的职业素养,应从以下几点做起。

（一）引领职业道德养成

职业道德,简单讲就是指社会人在从事某一具体活动中所应具有的素质和修养,或者说是指职业内在的规范和要求,是在职业过程中表现出来的综合品质。要将职业道德的相关规范、准则内化成人们的潜意识,就必须通过教育活动。因此中职学校的职业道德教育需要以学生的养成教育为基础和核心,积极地将日常的规范和引导与学生个人的职业道德学习相结合。可以通过主题班会、实践活动等形式培养学生爱岗敬业精神,引领学生职业道德养成,更重要的是在日常的教育管理中,需要逐步把质量意识、敬业精神、职业道德等价值观念根植于学生心中。

案例:某职业学校班主任组织开展"劳模进校园"的主题班会,对学生的"工匠精神"进行教育,邀请劳模和优秀毕业生来校做讲座,他们用专业的理论知识与丰富的实践经验感染学生,让学生感受劳模崇高的职业道德与个人风采。通过这样的方式,使学生在平日的学习中以劳模为目标,在实习与工作中像榜样看齐,增强了活动的实效性。

职业道德的教育如果只是空洞的说教,学生并不能够真正理解。因此班主任在对学生进行职业道德教育时还需要与社会实践密切结合起来,学校中的社团、实习、实训、各类竞赛既是职业学校专业实习训练的需要,也是职业道德养成过程中必不可少的关键环节。班主任要鼓励学生在职业实践中去深刻感受、体会和认真锻炼，提高学生对职业道德的认同，增强自身的职业道德修养，逐渐形成优良的职业道德，将良好的职业道德内化于心、外化于行。

案例：班主任张老师一直鼓励班里的学生参加学校举办的各种活动，诸如争当"文明个人"、创建"文明宿舍""技能大赛"等争先创优活动，培养学生热爱专业、文明礼貌、遵纪守法、团结友善、服务人民等良好职业品质。通过开展多种活动，不仅丰富了学生的文化生活，而且有效地促进学生职业道德水平地提高。

（二）强化实习过程管理

在学生实习期间，班主任要关心实习学生的实习生活，了解实习学生思想动态，规范实习学生在企业的行为举止，提醒实习学生遵守企业的管理制度，更好地完成实习任务。同时班主任还需及时记录学生实习期间的劳动态度、工作质量和思想品德等情况，并会同实习单位对学生实习期间不同阶段、领域的表现以及专业技能掌握情况开展全面多样的立体性评价，建立"多元立体"的学生综合素质实习考核评价制度，并在观察考核的过程中及时发现和培养实习典型，表扬先进、指出不足，将提升学生的职业技能、职业素质为最终目标，确保学生在完成顶岗实习之后，能够有效提升自身的综合素质，帮助学生实现从"学校人"到"职场人"的华丽转身。

【拓展链接】

1.《劳动法》第三条第二款规定："劳动者应当遵守劳动纪律和职业道德。"职业道德是劳动者职业活动的行为规范，是其基本道德要求。无论用人单位是否在规章制度和劳动合同中对此予以明确规定，劳动者都不得违反职业道德。否则，用人单位可以依照劳动法的相关规定，行使劳动合同解除权。

2.《职业学校学生实习管理规定》第三条指出：职业学校学生实习是实现职业教育培养目标，增强学生综合能力的基本环节，是教育教学的核心部分，应当科学组织、依法实施，遵循学生成长规律和职业能力形成规律，保护学生合法权益；应当坚持理论与实践相结合，强化校企协同育人，将职业精神养成教育贯穿学生实习全过程，促进职业技能与职业精神高度融合，服务学生全面发展，提高技术技能人才培养质量和就业创业能力。

3.公司坚持用人的6个标准，你都做到了吗？

工作以德为先

"以德为先"是选用人才的第一个标准。没有良好的职业道德、人生观和价值观的人才,往往缺乏奉献精神,很难将做好本职工作作为对自己的第一要求,严重时,其不良倾向会波及和影响整个团队,进而给团队带来较大的管理难度和管理风险。我们知道,能力越强的员工,如果职业道德不佳,对团队的危害就越大。另外,需要引起我们注意的是:岗位技能可以培养,但人的品质一旦形成,就很难改变。因此,在选用人才时,我们需要首先把好应聘者的"职业道德"关。

工作务实为本

"务实为本"是选用人才的第二个标准。现在大学毕业生越来越多,好工作越来越难找,虽然一定程度上打击了这些天之骄子们的"嚣张"气焰,但自认为怀才不遇、眼高手低、好高骛远者还是大有人在。这样的人才,往往"头重脚轻根底浅",他们浮躁、不务实、投机取巧、热衷于做表面文章,很难对团队有较大贡献。其实,任何成功都是从点滴积累开始的,务实型人才"深谙此道",他们往往乐于从基础工作做起,一步一个脚印——这样的人才方能成为团队的栋梁。

良好的团队精神

"良好的团队精神"是选用人才的第三个标准。现代企业中几乎不存在个人英雄主义逞能的土壤,成功离不开团队全体成员竭诚协同努力。一个缺乏团队精神的人,表现为自私、利己、很难与别人合作、很难认可别人的贡献。这样的人会与团队格格不入。如果无法融入团队,即使有一技之长,也很难有机会施展,最终无法为团队创造应有的绩效。现在的大学生,大部分都是独生子女,家长的过分溺爱导致了自私倾向的滋生,招聘时要特别关注这一点。

较扎实的基础知识

"较扎实的基础知识"是选用人才的第四个标准。较扎实的基础知识是能否进行有效培养继而使其成为"能人"的前提条件。如果应聘者的基础知识很差,则会大大增加人才培养的难度和风险(因为基础知识是一个人通过多年的学习和积累固化在自己头脑中的,很难通过短时间的培养产生效果)。在这些基础知识中,专业知识固然重要,但笔者认为,最重要的是语文知识和数学知识。因为一个人如果具备了良好的语文基础知识,则理解和表达能力通常不错,这有利于与人的沟通。要知道,现代社会人与人的沟通是相当重要的;如果具备了良好的数学基础知识,则逻辑思维能力会比较强,处理事情时一般会比较严谨和细致。

另外,良好的语文知识和数学知识对以后掌握新知识、新技能也非常有利。

认同企业文化

"认同企业文化"是选用人才的第五个标准。认同企业文化与被聘后人才的稳定程度有关。人才不稳定,不但不利于团队工作的开展,而且会增加人才招聘成本,从而给企业带来不必要的负担。

较好的发展潜力

"较好的发展潜力"是选用人才的第六个标准。较好的发展潜力是一个人能否快速成长的先决条件。企业需要的是这种具有较好发展潜力的人才,因为企业为这样的人才付出的成本可能不会很高,但其创造的价值却会不断增长。

(搜狐网,https://www.sohu.com/a/203332067_729724)

三、工作案例

优秀职业人物事迹

★从只有初中文化水平的汽车修理工,到硕果累累的工人发明家,宝钢运输部技能业务专家孔利明用智慧和汗水谱写了一曲华彩辉煌的人生乐章。多年来,孔利明为企业解决各类设备"疑难杂症"340 余个,创造经济效益 1400 万元,个人拥有国家专利 52 项,成为上海市职务发明专利第一人。孔利明曾经深情地说:"我的大学在宝钢。"怀着对岗位的无限热爱和对企业的高度忠诚之情,孔利明在知识的海洋里尽情遨游,岗位需要什么就去学什么,企业需要什么就去补什么。为了不断夯实自己的知识基础,他每年花费 600 多元订阅各种报纸杂志,不但对电子、汽车、无线电、电脑进行钻研,而且对医学、法律等方面的知识也有所涉猎。他长久保持着旺盛的学习精力和蓬勃的创新激情,把知识转化为创新动力和创新能力,成功地实现了向知识型、智能型工人的转变。

★1990 年,颜建国从浙江省台州工业学校毕业后,到玉环县的净水设备厂担任会计工作。他对原有的混乱的财务状况进行了系统化梳理,建立了明确、规范的财务制度,使企业的效率和效益得到明显改善,仅 20 岁就跻身企业的中层。但颜建国认为会计这个职业太安静、太程序化,社会化工作才是自己的特长与兴趣所在,于是,他辞职到一家节能净化器材厂做营销员,他自掏腰包也支付差旅费,一年内跑出了 150 多万元的业绩,而当年全厂的销售额也不过 500多万元,在接下来的两年内,由于业务网络不断拓宽,他先后被提拔为销售科长、副厂长,1994 年,颜建国在职业道路上又有了新的梦想:创办自己的净化设备厂。他费尽周折为企业注册,到广州和北京联系用户,四处寻求产品加工商,企业从小小的节能净化球起步,产品结构不断向纵深发展,2001 年,颜建国到北京大学经济学院系统学习工商管理知识,2002 年在北京注册成立了一家环保设备有限公司,步入了更辽阔的发展空间。

2007 年 3 月,颜建国作为"奋斗改变命运,梦想让我们与众不同",具有锐意进取的精神的"全国先进青年",成为《中国青年》杂志第 5 期封面人物。

★你们听说过李素丽吗？她是北京市公交总公司公汽一公司第一运营分公司 21 路公共汽车售票员。她自 1981 年参加工作以来，十几年如一日，在平凡的岗位上，把"全心全意为人民服务"作为自己的座右铭，真诚热情地为乘客服务，被誉为"老人的拐杖、盲人的眼睛、外地人的向导，病人的护士、群众的贴心人、老百姓的亲闺女"。她用心钻研与乘客沟通、为乘客服务的业务技巧，使之成为一种具有独特魅力的艺术。她被授予"全国劳动模范""三八红旗手"和"首都楷模"等光荣称号。她的美德和事迹传遍大江南北，长城内外，成为 20 世纪 90 年代中国青年的楷模。

（山东省职业教育教材编写组　中等职业教育规划教材《语文》）

后记 再致中职班主任

中职班主任的确很辛苦,但绝不是痛苦,辛苦可以带来的是收获、幸福和快乐,但痛苦却只能让我们失去。所以各位班主任一定要让我们的辛苦变成收获的资本,而不要成为痛苦的理由。请你们坚信"爱出者爱返,福往者福来",你们对孩子付出的真爱,在未来一定会天下桃李芬芳。在此,以下面的诗歌致全体中职班主任。

有一首歌最为动人,
那就是教育;
有一种人生最为美丽,
那就是班主任;
有一道风景最为隽永,
那就是师生真情。

不要说我们一无所有,
我们拥有同学们纯真的世界,
我们拥有家长们满满的信任,
那么,就让我们在职教这片土地上,
用爱和责任幸福地走下去……

构建魅力德育,
托举出彩人生!
愿你我都有个好心情,
永远如这人间四月天。

学为人师,行为世范。有理想信念,有道德情操,有扎实学识,有仁爱之心,让我们每位中职的班主任都成为新时代的"四有"好老师!最后让我再次把祝愿送给昨天、今天和明天投身于教育事业的班主任老师们!

姜封祥

2019 年 9 月